Friedrich Herber

SEZIERTE WAHRHEIT

Friedrich Herber

SEZIERTE WAHRHEIT

Aus den Annalen des Gerichtsmediziners Richard Kockel

 Militzke

Die deutsche Bibliothek – CIP-Einheitsaufnahme
Herber, Friedrich:
Sezierte Wahrheit : aus den Annalen des
Gerichtsmediziners Richard Kockel / Friedrich Herber. –
Leipzig : Militzke, 2000
ISBN 3-86189-179-4

1. Auflage
© Militzke Verlag, Leipzig 2000

Lektorat: Monika Werner
Umschlaggestaltung und Layout: Ralf Thielicke
Druck und Bindung: Steidl, Göttingen

Inhalt

Vorwort

Dieses Buch ist kein Krimi und enthält auch keine Krimis, sondern sachliche Berichte über die Tätigkeit des ersten Direktors des Instituts für gerichtliche Medizin der Leipziger Universität, Prof. Dr. Richard Kockel. Er hat dieses Institut vor nunmehr 100 Jahren gegründet, aufgebaut und bis zu seinem Tode im Jahre 1934 geleitet.

Kockel hatte eine sehr umfassende Vorstellung von den Aufgaben der gerichtlichen Medizin – für ihn waren auch Untersuchungen, die inzwischen seit Jahrzehnten zum Aufgabenbereich der Kriminalistik gehören, Gebiete, auf denen er für seine Zeit Maßgebliches geleistet hat.

Nicht immer ist diese universelle Sichtweise der Aufgaben der gerichtlichen Medizin von seinen Fachkollegen anerkannt worden. Heute allerdings ist die Persönlichkeit Richard Kockels in die Fachgeschichte eingegangen als die eines der bedeutendsten Gerichtsmediziner des ersten Drittels des 20. Jahrhunderts.

Aus Richard Kockels Zeiten und aus seiner Feder sind zahlreiche Gutachten erhalten, die in ihrer Aussagekraft und in der Art ihrer Darstellung – ebenso wie seine zahlreichen Publikationen in wissenschaftlichen Zeitschriften – noch heute selbst für den Fachmann beeindruckend sind. Beeindruckend nicht zuletzt deshalb, weil sie auch für den medizinischen Laien komplizierte medizinische Sachverhalte in einer außerordentlich klaren und sehr gut lesbaren Sprache darstellen. Und natürlich hat sich auch in den Zeiten Kockels reichlich kriminalistisch und gerichtsmedizinisch höchst Interessantes ereignet.

Dieses Buch hätte nicht geschrieben und publiziert werden können ohne die sehr wohlwollende und großzügige Unterstützung der vier Enkel von Richard Kockel, der Herren Andreas, Franz, Martin und Valentin Kockel (deren akademische Grade wegzulassen gestattet sei), der Söhne seines ältesten Sohnes Carl Walter Kockel. Der Kontakt zu Franz Kockel – ein langjähriger und ausführlicher Briefwechsel über das großväterliche Leben und Wirken – muß dabei besonders hervorgehoben werden.

Ich bedanke mich bei allen Kockels sehr herzlich für diese wertvolle, letztlich unentbehrliche Hilfe.

Dem Militzke Verlag sei gedankt für die Bereitschaft, der »sezierten Wahrheit« zum editorischen Durchbruch zu verhelfen.

Leipzig, Januar 2000
Friedrich Herber

Aus den Annalen
des Gerichtsmediziners Richard Kockel

Die Sachsen und der Selbstmord

Der erste Fall, der im neu entstehenden Institut für gerichtliche Medizin untersucht wurde, war ein Suizid. »Tod durch Erhängen« hat Kockel als »anatomische Haupt-Diagnose« vermerkt. Er hatte den 45jährigen Mann, einen großen kräftigen Schmied aus Leipzig-Neustadt, am 6. April 1900 – Wochen vor der eigentlichen Institutsgründung – seziert. Doch schon die von ihm skizzierte Krankengeschichte läßt erahnen, daß der Mann sein Leben nicht einfach »weggeworfen« hatte: »Am 19.VIII.1899 ist dem Lehmann ein Hammer gegen die rechte Stirnseite geflogen; dort entstanden zwei Quetschwunden. Seitdem war Lehmann oft von Kopfschmerzen geplagt, war nachdenklich, selbst trübsinnig, klagte über herabgesetzte Arbeits-Fähigkeit und über ›den Kopf‹, sorgte sich auch sehr um seinen Verdienst, obwohl hierzu kein Grund vorhanden war. – Hat sich am 4.IV. in kniender Stellung an der Thür-Klinke erhängt.«

Die eigentliche Sektion ergab nichts, was gegen eine Selbsttötung sprach: eine Strangmarke am Hals, ein paar Zerrungsblutungen an den Ursprüngen des großen Kopfwendermuskels, Totenflecke, die sich der Aufhängesituation entsprechend – in kniender Stellung an der Türklinke – an den jeweils tiefstliegenden Körperpartien ausgebildet hatten. Sie waren von typischer blauvioletter Färbung.

Auch die beiden Narben an der Stirn – von dem Unfall im Jahre 1899 zurückgeblieben – sind im Obduktionsbericht beschrieben. Sonst war der Mann »eigentlich« gesund, er hätte aus natürlicher Ursache also zu diesem Zeitpunkt keinesfalls sterben müssen.

Am 17. April wurde der Obduzent von der Betriebskrankenkasse der Königlich-Sächsischen Staatseisenbahnen um ein Gutachten gebeten; insbesondere interessierte die Krankenkasse, ob Kockel einen Zusammenhang zwischen dem Unfall mit dem Hammer und dem Schritt Lehmanns, aus dem Leben zu gehen, sähe.

Über mehrere Seiten beschreibt Kockel, was er gesehen und festgestellt hat, wägt die Befunde ab, berücksichtigt die Vorgeschichte und kommt zu dem für die Witwe des Verstorbenen und deren künftige Versorgung sehr wichtigen Schluß: »Da der von Lehmann begangene Selbstmord zweifellos ein Effekt jener durch den Unfall erworbenen Erkrankung ist, so ist der Tod des Lehmann als die direkte Folge des Unfalls vom August 1899 zu bezeichnen.«

Soweit Richard Kockel zu diesem konkreten Fall. Aber welche Bedeutung hatte das Problem »Selbsttötung« im Königreich Sachsen überhaupt?

»In mehr als einer Beziehung haben wir Sachsen Ursache, auf unseren Volksstamm stolz zu sein, denn wenige Staaten in der Welt befinden sich in einer so erfreulichen Entwicklung aller Volkskräfte und leisten in diesem Jahrhundert in Gewerbe, Kunst und Wissenschaft so Hervorragendes wie gerade Sachsen.«

Mit diesen Jubelworten auf die Leute in Sachsen hat der Herausgeber des 1901 erschienenen Buches »Sächsische Volkskunde«, Robert Wuttke, ein von ihm verfaßtes Kapitel eingeleitet.[1] Dieses Kapitel trägt die Überschrift »Verbrechen und Selbstmord«. Schon die Kombination der beiden Begriffe deutet an, daß man eine Selbsttötung noch zu Beginn des 20. Jahrhunderts als etwas durchaus Unehrenhaftes, ja Anrüchiges ansah, eben als einen Selbst-»Mord«: Der Selbstmörder entzog sich der irdischen Gerechtigkeit, er ließ sich vom Satan dazu verleiten.

Neben dieser eher mittelalterlichen, theologisch gestützten Anschauung gab es jedoch schon im Zeitalter der Aufklärung sehr fortschrittliche, naturwissenschaftliche Ansichten zu diesem Problem. So sprach die Juristische Fakultät der Universität Leipzig in einem Gutachten vom 21. Januar 1777 von dem Selbstmörder als von einem »Unglücklichen«. Eine suizidale Handlung sei zwar eine widernatürliche Handlung, man müsse es aber den Ärzten anheimstellen zu untersuchen, inwieweit eine Unrichtigkeit der Sinne darunter verborgen liege. Der Selbstmord sei nach der Beschaffenheit der Luft und des Landes immer einem Volke mehr eigen als einem anderen, er sei nicht etwa das Schicksal leichtsinniger Gemüter, sondern im Gegenteil meist gesetzter und nachdenkender Menschen.

Gerade in Sachsen scheinen Luft, Land und Leute seit Jahrhunderten so beschaffen zu sein, daß Selbsttötungen häufiger vorkommen als in anderen deutschen Gegenden. Der Italiener Bianconi spricht in Briefen aus Dresden (1762) von der »Raserei des Selbstmordes ... Soviel ist gewiß, daß es hier Leute giebt, die sich leicht das

Leben nehmen und bin ich oft Zeuge davon gewesen.« Melancholi-sche Sucht und Tiefsinnigkeit seien den Sachsen eigen und Ursache für die »Gemütskrankheit«, die zum Suizid führe.

Als Wuttke sein Buch vorbereitete, konnte er auch Zahlen anführen: Entfielen im Gesamtdurchschnitt des Deutschen Reiches im Jahre 1896 auf eine Million Einwohner 206 Suizide, so waren es in Sachsen 308, und besonders in den westsächsischen und ostthüringi-schen Regionen bis hinunter nach Coburg lagen die Zahlen noch dar-über.[2]

Im Jahre 1903 lagen dem Blättchen »Der Nachbar / Sonntagsbote für Sachsen« die Zahlen für das Jahr 1901 vor – sie waren »leider wie-der gegen früher gestiegen. 11 833 Selbstmorde in einem Jahre in Deutschland! Wo will das noch hinaus? Und unser Sachsen marschiert an der Spitze. In den einzelnen Teilen Deutschlands gibt es recht ver-schiedene Zahlen. Auf je 100 000 Einwohner kommen in den Provin-zen Posen 9, Rheinland und Westfalen 11, Ost- und Westpreußen 14, Pommern 16, Hannover 21, Schlesien 24, der Stadt Berlin 27, der Pro-vinz Sachsen 30, Hamburg 30, dem Königreich Sachsen 31, Sachsen-Altenburg 33, Bremen 35, Koburg-Gotha 41 Selbstmorde. Unser Land übertrifft also sogar Berlin und Hamburg. Statt daß, durch solche Zah-len erschreckt, die Volksanschauung ernster über diesen dunklen Punkt denken lernen sollte, wird anscheinend immer weniger im bewußten Selbstmorde eine grauenhafte Sünde gesehen.«

Die Statistik hat sich bis in die Gegenwart übrigens kaum verändert. Ein Suizid wird heute zwar nicht mehr als »grauenhafte Sünde« ange-sehen, aber natürlich ist er meist für die Angehörigen ein schreckli-ches, oft unerwartetes und schwer zu überwindendes Ereignis.

Fabrikbrand in der Webergasse

Am Sonnabend, dem 7. April 1900, 19.03 Uhr, lief vom öffentlichen Feuermelder der inneren Ost-Feuertelegraphenlinie in der Sternwar-tenstraße 32, Ecke Glockenstraße, bzw. 4 Minuten später vom öffentli-chen Privatmelder der Firma Breitkopf & Härtel, Sternwartenstraße 20, auf der II. Bezirksfeuerwache im Gerichtsweg 9 und auf der Haupt-feuerwache am Fleischerplatz 7 die Meldung »Großfeuer« ein. »Beide Wachen rückten hierauf ... ab und trafen nach Zurücklegung der Fahr-strecken von 1,6 bez. 2 km an der Brandstelle Webergasse Nr. 12 und

Glockenstraße Nr. 11 7 Uhr 10 Minuten bez. 7 Uhr 12 Minuten ein, nachdem schon zuvor in der Sternwartenstraße den anrückenden Löschzügen von den vorausgeeilten 2 Radfahrern gemeldet worden war, daß Menschenleben bedroht seien«, hieß es im offiziellen Bericht, den das »Leipziger Tageblatt« und andere Zeitungen am Montag abdruckten. Die Feuerwehrleute waren eben im Begriff, die große mechanische Schiebeleiter zu besteigen – denn der Hausflur war verstellt mit Druckpapierballen, großen Zelluloidvorräten in Kisten, Holzwaren und Geschäftshandwagen –, als im Innern des Hauses eine mit dumpfem Knall verbundene Explosion erfolgte. Tür- und Torfüllungen, Mauerstücke und Fensterrahmenteile wurden an der Vorder- und Rückfront herausgeschleudert, Glassplitter schossen durch die Luft. Die Haustreppe vom ersten bis zum dritten Obergeschoß brach zusammen, eine riesige Stichflamme schoß aus dem Haus über die 9 Meter breite Webergasse. Mit rasender Schnelligkeit hatte sich das Feuer vom Keller bis zum Dach ausgebreitet.

Die Feuerwehr kämpfte verbissen: 1960 laufende Meter Schlauch waren nötig, um das Löschwasser aus Wasserposten in der Nürnberger, Bauhof-, Brüder-, Friedrich-, Glocken- und Sternwartenstraße mit drei Dampfspritzen aus 7 Stahlrohren mit hohem Druck und in großer Menge auf die Flammen zu bringen. Weitere Löschzüge aus dem Süddepot in der Schenkendorfstraße trafen ein.

Nach 1,5 Stunden hatten die 59 Feuerwehrmänner, geführt von zwei Brandmeistern und dem Branddirektor, mit ihrem Gerät – »nebst 22 Pferden zur Bespannung« – das Feuer zum Stehen gebracht, nach weiteren 1,5 Stunden war alle Gefahr beseitigt, die Brandstätte konnte begangen werden.

Acht Menschen kamen bei dem Brand damals um: In der Dachgeschoßwohnung, der Wohnung des Hausmeisters, fand man dessen Frau und das sechsjährige Pflegetöchterchen, im Kontorraum der im zweiten Obergeschoß befindlichen Buchdruckerei Barth den Druckereibesitzer und seine beiden 10- und 7jährigen Söhne Werner und Fritz, den Buchhalter Faber, die Buchhalterin Uhlich und einen weiteren 13jährigen Knaben.

Die zum Teil stark verkohlten und durch teilweise Verschüttung mit Brandschutt auch verstümmelten Brandopfer wurden zunächst im Leichenkeller des Pathologischen Instituts aufgebahrt. Polizeibeamte waren zugegen, als die Angehörigen der Verstorbenen am Sonntagmorgen zur »Recognoszierung«[3] herbeigeholt worden waren. »Die

Leichen der 8 ... ums Leben gekommenen Personen sind nur so weit gezeigt worden, als es zur Recognoszierung derselben unbedingt notwendig war«, schreibt Verwaltungsdirektor Oberinspector Helbig auf die Beschwerde der Witwe des mit umgekommenen Buchdruckereibesitzers Barth, man habe auch anderen Personen die Verstorbenen gezeigt. Man habe die acht Leichen zunächst nebeneinandergelegt; »sobald eine Leiche mit Bestimmtheit festgestellt war, wurde sie mit einem Zettel versehen und in einem anderen Raume untergebracht«.[4]

Alle Opfer wurden eindeutig identifiziert; bei der 19jährigen Buchhalterin gelang dies durch ein »Miniatur-Photogramm der Uhlich, im Portemonnaie gefunden«, wie Richard Kockel in ihrem Sektionsbericht notiert hat.

Das Miniatur-Photogramm der verunglückten Buchhalterin (Originalgröße)

Am nächsten Tag untersuchte Kockel die Leichen, um die Todesursachen eindeutiger feststellen zu können.

Später hat Kockel über das Unglück eine wissenschaftliche Arbeit publiziert.[5] »Die im Institut für gerichtliche Medicin ausgeführte Obduction der acht Leichen ergab bei den sechs in dem Contor gefundenen Körpern ausgedehnte Verkohlung und vielfache Verletzungen. Außerdem aber wurde an den Lungen von vier dieser Leichen ein schwacher, aber deutlicher Blausäure-Geruch wahrgenommen. Bei den übrigen zwei Leichen konnte dieses Merkmal nicht festgestellt werden, ebensowenig an den beiden Leichen, die im zweiten Stockwerk des in Brand gerathenen Gebäudes aufgefunden wurden und in weit geringerem Grade verbrannt waren.«

Schon am 9. April wurde über die Brandursache in der Zeitung offiziell berichtet: »Nach Aussage des Lehrlings Lasalle von der Celluloidwaaren-Fabrik Engelmann und Richter ist beim Aufstapeln von circa 200 kleinen Kisten in einer unter der Hausthür liegenden und direct an die Keller- und hölzerne Haupttreppe angrenzenden Kellerabtheilung eine brennende Petroleumlampe mit Glasballon durch herab-

fallende Kisten zertrümmert worden; das Petroleum ist herausge-
laufen und in Brand gerathen und hat die im Keller und theils noch
auf der Kellertreppe liegenden Kisten, Holzwolle, Celluloidabfälle in
Brand gesetzt. Lasalle hatte die Geistesgegenwart, vom Keller bis nach
dem ersten Obergeschoß zu laufen, dort im Comptoir vom Brande
Mittheilung zu machen und dann vom Feuermelder Sternwartenstraße 32 der Feuerwehr ›Großfeuer‹ zu melden. Brandwunden hat
derselbe nicht erhalten.«

Die sechs Personen, die unmittelbar nach dem Ausbrechen des
Feuers durch den Lehrling noch gewarnt worden waren, mußten, so
schreibt Kockel in seiner Publikation,»mit aussergewöhnlicher
Schnelligkeit den Brandgasen erlegen sein; denn das einzige Fenster
des Contorraumes war verschlossen, auch hatte niemand Hilferufe
gehört, obwohl die Brandstätte mitten in einer äusserst dicht bevöl-
kerten, sehr belebten engen Strasse sich befand«.

Über die Art der bei der Verbrennung von Zelluloid entstehenden
Gase hat Kockel mit Unterstützung des hygienischen Instituts – das
übrigens von seinem Schwiegervater Prof. Dr. Franz Hofmann (1843-
1920) geleitet wurde – Tierversuche angestellt. Opfer dieser Versuche
waren Kaninchen, die durch Zelluloid-Brandgase vergiftet wurden.
Ergebnis dieser Versuche war die Erkenntnis, daß bei der Verbrennung dieses Kunststoffes zwar auch Kohlenmonoxid (und, wie heute
bekannt ist, auch andere giftige Gase wie Stickoxide) entsteht, daß
aber die bei der Brandkatastrophe in der Webergasse verstorbenen
Menschen – und natürlich auch die in Tierversuchen geopferten
Kaninchen – in erster Linie einer sehr rasch eingetretenen Blausäure-
Vergiftung erlegen waren. »Es ist somit erklärt, warum nicht einer der
sechs in dem Contor aufhältlich gewesenen Menschen im Stande war,
auch nur das Fenster des Zimmers zu öffnen und um Hülfe zu rufen«,
schreibt Kockel in seiner Arbeit.

Aus der Untersuchung der Brandopfer und aus den Experimenten
sollten »allgemeinere Consequenzen« gezogen werden. Diese berühr-
ten in erster Linie das Gebiet der Gewerbepolizei: In Zukunft sollten
»Fabriken von Celluloidwaaren nicht mehr in nächster Nähe bewohn-
ter Gebäude oder in Grundstücken geduldet werden«, es müßten
besondere Brandschutzvorschriften gelten und Möglichkeiten zu
raschester Flucht bei Bränden in solchen Fabriken geschaffen werden,
das gelte auch für Werkstätten, wo Zelluloid bearbeitet werde und z. B.
Drehspäne anfallen. Es müsse gefordert werden, »daß außer der aus

Stein herzustellenden Haupttreppe noch geeignete Nottreppen und Nothausgänge vorhanden sind. Weiter ist unbedingt zu verlangen, daß Celluloidwaaren-Fabriken lediglich elektrisch beleuchtet werden und daß jedes Anzünden von hellem Feuer innerhalb der Betriebsanlagen strengstens untersagt wird.«

Ein letztes Duell in Leipzig

Fünfzehn Schritt Distanz und dreimaligen Kugelwechsel hatten Rechtsanwalt Dr. jur. James Breit und der Student der Rechtswissenschaften Richard Oettinger für ihr Treffen im Leutzscher Wald vereinbart. Beide Herren und ihre Sekundanten trafen sich am 16. August 1901 »des Morgens halb 5 Uhr im Holze zwischen Leutzsch und Böhlitz-Ehrenberg«, wie die Zeitung später berichtete. Ein Versöhnungsversuch des Unparteiischen wurde von dem stud. jur. abgewiesen.

Es wurde Ernst: »Mittels Schnur wurde die Distanz abgemessen, es waren vier gezogene Pistolen vorhanden, die nach jedem Kugelwechsel ausgeloost wurden. Auf das Commando ›Fertig‹ lagen die Gegner im Anschlag, zwischen den Commandos 1-3 wurde geschossen, die Schüsse fielen fast gleichzeitig. Beim dritten Kugelwechsel traf Dr. Breit.«

Oettinger brach – wie vom Blitz getroffen – zusammen, und noch ehe die anwesenden Ärzte die Schwere der Verletzung festgestellt hatten, verließ der Rechtsanwalt den Kampfplatz. Der schwerverletzte Student wurde ins Krankenhaus »St. Jakob« gebracht, wo er, noch nicht 21 Jahre alt, bereits zwei Stunden später verstarb.

Als Dr. Breit gegen 8 Uhr morgens vom Tode seines Kontrahenten erfuhr, stellte er sich der Königlichen Staatsanwaltschaft. Man nahm ihn in Haft, doch gegen Kaution kam er nach wenigen Tagen wieder frei.

Eine gerichtliche Sektion des Studenten wurde angeordnet. Gerichtsarzt Dr. Thümmler und Professor Kockel führten sie noch am gleichen Tage im Hörsaal des Pathologischen Instituts durch, wahrscheinlich nicht wenige Medizinstudenten haben zugeschaut. Der Professor protokollierte, daß es sich bei dem Leichnam um eine »elegante, schlanke Figur« gehandelt habe. Die Einschußöffnung lag im rechten hinteren Achselhöhlenbereich, etwa 5 cm oberhalb der horizontalen Brustwarzenlinie; der Schußkanal ging durch rechtsseitiges Lungengewebe und durchsetzte dann den Wirbelkanal, zerstörte also das Rückenmark. In beide Brusthöhlenteile hatte es massiv geblutet, 1,5 Liter fanden die Obduzenten. Das Geschoß, ein Langblei von 9 mm Kaliber – »geschossen aus gezogener Waffe mit 4 Zügen« –, hatte den Körper Oettingers nicht vollständig durchschlagen, war gebremst worden durch den Wirbelkörper und lag nun unter der Muskulatur und noch unter der Haut auf der linken seitlichen Rückenseite. Im Sektionsprotokoll findet sich auch eine Skizze Kockels über den Verlauf des Schußkanals durch den Brustkorb des Studenten.

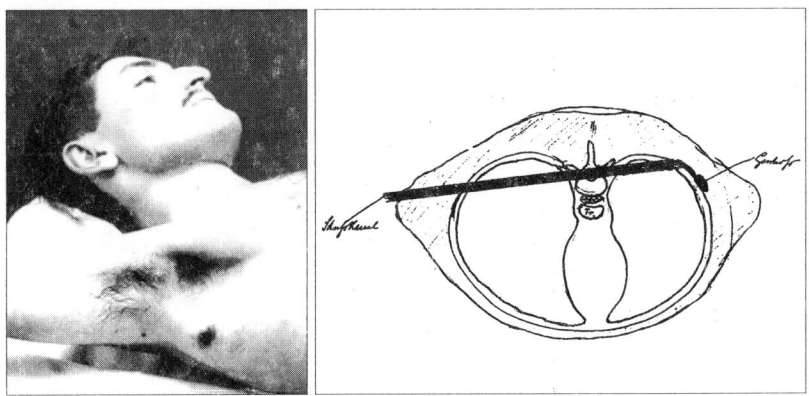

Die Leiche des Studenten mit Einschuß in der rechten Achselhöhle und Skizze Richard Kockels mit Darstellung des Schußkanals und der Lage des Geschosses

Am 4. Dezember berichteten die Zeitungen in Leipzig ausführlich über den Prozeß gegen den Rechtsanwalt Dr. Breit. Die Vorgeschichten, die den Anlaß für das Duell boten, waren kompliziert, heutzutage jedoch kaum nachvollziehbar: verbale »Beleidigungen« unter Studenten, die verschiedenen Korporationen angehörten (»Ich verzichte auf eine Bekanntschaft mit einem Inactiven der Alsatia!«), hatten zunächst zur Inanspruchnahme von Rechtsanwalt Dr. Breit geführt. Breit hatte schließlich – nachdem der stud. jur. bei seinem Besuch im Bett liegengeblieben war und sich auch sonst »unflätig« benommen hatte, den Studenten mit seiner Reitpeitsche drei- oder viermal ins Gesicht geschlagen, nicht gerade sanft, denn beim letzten Schlag zerbrach die Peitsche. Danach hatten beide in Oettingers Studentenbude miteinander gerungen, »wobei Dr. Breit der Klemmer entfiel«. Das Maß war voll, der Student der Rechtswissenschaften forderte Genugtuung, der promovierte juristische Kollege willigte ein.

Das Königliche Schwurgericht, besetzt mit dem Landgerichtsdirektor Dr. Müller, zwei Landrichtern und 12 Geschworenen, fällte das Urteil gegen Dr. Breit: drei Jahre und drei Monate Festung.

In »Meyers Konversations-Lexikon« von 1875 kann man Einzelheiten zum Zweikampf (lat. certamen singulare, duellum) nachlesen: »Der zwischen zwei Personen nach gewissen herkömmlichen Regeln verabredete Kampf mit gleichen Waffen, um dadurch für eine wirkliche oder vermeintliche Beleidigung eigenmächtig Genugthuung zu nehmen oder zu geben. Man unterscheidet Duell in engster Bedeutung (duellum praemediatum), nach geschehener Verabredung, Rencontre (duellum subitaneum), auf der Stelle mit beiderseitiger Zustimmung, und Attacke (Ueberfall), zwar auf der Stelle, doch so, daß der eine Theil vom anderen mit Waffen angegriffen und zur Vertheidigung aufgefordert wird. Derjenige der beiden Duellanten, welcher dem andern das Duell anträgt oder antragen läßt, ihn herausfordert oder herausfordern läßt, heißt der Ausforderer (Provokant); derjenige, der zum Duell aufgefordert wird, der Geforderte (Provokat). Nebenpersonen sind: die beiden Sekundanten, welche von dem Augenblick der Beleidigung an bis zur Beendigung des Duells die Vermittler zwischen beiden Gegnern machen, die Wahl und Gleichheit der Waffen, Zeit und Ort des Duells verabreden, auf dem Kampfplatze selbst den Raum, auf welchem gekämpft werden soll (Mensur), bestimmen und darauf sehen, daß das D. in gehöriger Weise vollzogen werde. ...

Das Duell auf den Schuß geschieht mit Pistolen und entweder a tempo, d. h. so, daß die Duellanten, auf der gewöhnlich 15 Schritte betragenden Mensur stehend, nach dem Kommando eines der Sekundanten gleichzeitig schießen, oder nach Ziel, wobei der Geforderte den ersten Schuß hat, dann aber einige Minuten auf der Mensur so lange bleiben muß, bis der andere geschossen hat. Beim ›Schießen über den Mantel oder das Tuch‹ wird die Mensur durch die gegenüber stehenden Zipfel eines Mantels oder Tuchs bestimmt. Die Barrièren beim Schießen über den Mantel oder das Tuch (Schießen mit Avancieren) werden so gemacht, daß, wenn jeder Duellant an der seinigen steht, beide fünf Schritte voneinander entfernt sind. Beim Duell mit

Pistolen sehen die Sekundanten darauf, daß ordentlich geladen wird; zum Schießen kommandiert der Sekundant des Beleidigten durch ein Zeichen oder durch Worte. Beim ›Schießen aus dem Sakke‹ sind beide Pistolen in einem Sacke, jedoch nur eine geladen. Der Fordernde zieht eine davon heraus, und beide drücken zugleich los.

Das Strafgesetzbuch für das Deutsche Reich stellt den Zweikampf zwischen die Vergehen wider die Ehre und die Verbrechen und Vergehen gegen das Leben.«

Die Strafbarkeit des verabredeten Kampfes nach vereinbarten Regeln mit Schuß-, Hieb- oder Stichwaffen – damals in den §§ 201-210 des Strafgesetzbuches geregelt – wurde in der Bundesrepublik Deutschland durch das Strafrechtsreformgesetz vom 25. Juni 1969 aufgehoben. Nunmehr ist der Zweikampf nach den allgemeinen Vorschriften über Körperverletzung und Tötung strafbar.

Brühschweins Messer

August Hermann Theodor Brühschwein hatte Fleischer gelernt und war später Bergarbeiter. In der Nacht vom 20. zum 21. Januar 1900 war er von vier Fremden angegriffen und geschlagen worden. Freunde kamen hinzu, um ihm zu helfen. Ein oder auch mehrere Messer wurden eingesetzt, Kockel hat dazu in seiner Akte notiert: »Lorenz erhielt einen Stich unmittelbar über der linken Brustwarze, der zwischen 3. und 4. Rippe eindrang, (den) linken Lungenoberlappen durchbohrte und den rechten (Herz-) Vorhof in 2 cm Länge eröffnete. Er starb bald darauf. Voigt erhielt 3 Stiche: 1 unter dem linken Schulterblattwinkel mit Lungenverletzung, 1 Hautstich in der Höhe der linken 2. Rippe (Axillargegend) und 1 Stich über dem linken Hüftgelenk. Käppler erhielt 1 Stich am linken unteren Rippenrand in Verlängerung der linken Achsellinie.«

Gefunden hatte man allerdings nur ein Messer – dieses gehörte Brühschwein und war ein sogenanntes Fleischer-Messer. Die Fremden hatten die Flucht ergriffen und dabei auch ihre Messer mitgenommen.

Am 23. Januar erhielt Kockel von der Königlichen Staatsanwaltschaft Chemnitz das Brühschweinsche Messer mit dem Ersuchen, dieses »schleunigst darauf zu untersuchen, ob sich an dessen Klinge Menschenblut befindet und ob dasselbe aus neuerer Zeit herrührt. Mit dem Messer soll in der Nacht vom Sonnabend zum Sonntag gestochen worden sein.«

Einige Tage später, am 31. Januar, hatte Kockel seine Untersuchungen abgeschlossen und sein Gutachten für die Staatsanwaltschaft formuliert. Es seien sieben Proben von der Klinge entnommen »und nach dem Teichmannschen Verfahren auf Blutkristalle untersucht«[6] worden, das Ergebnis war negativ.

An der Grenze von Heft und Klinge erhielt Kockel ein »teilweise positives Resultat«. Daraufhin wurde der ganze Holzgriff von dem eisernen Heft-Teil des Messers abgenommen: »An dem hier entnommenen Material bildeten sich reichlich Blutkristalle.«

Hier entnommene Partikel wurden dann mit 0,7%iger Kochsalzlösung aufgeweicht und unter dem Mikroskop untersucht: Es fanden sich reichlich rote Blutkörperchen. »Die roten Blutkörperchen, die in den ... Präparaten gefunden wurden, waren räumlich von annähernd kugeliger Gestalt, stark geschrumpft und vielfach zu rötlichen, scholligen Massen zusammengesintert. Kerne ließen sich an ihnen nicht erkennen.

Auf Grund der im Vorstehenden niedergelegten Befunde läßt sich mit Sicherheit folgendes annehmen:

1) An der Klinge des Messers haftet kein Blut.
2) An der Stelle, wo das Messer aus dem Heft hervortritt, befindet sich neben verschiedenartigen Bestandteilen Blut in geringer Menge.
3) Reichlich eingetrocknetes Blut befindet sich auf den einander zugekehrten Flächen der Holzschalen sowie auf dem eisernen Heft-Teile des Messers.

Ob das an den genannten Stellen haftende Blut vom Menschen herrührt, ist nicht festzustellen, da die roten Blutkörperchen des Menschen von denen der Säugetiere hinsichtlich der Form gar nicht, hinsichtlich der Größe dagegen sich so wenig unterscheiden, daß mikroskopische Messungen, besonders an eingetrocknetem Material, verwertbare Resultate nicht ergeben.

Nur das kann mit Bestimmtheit angenommen werden, daß das an dem Messer bzw. Messerschaft haftende Blut kein Vogelblut ist.

Ob das am Messerschaft gefundene Blut aus neuerer Zeit herrührt, ist nicht mit Sicherheit zu entscheiden. ... Immerhin muß es im Hinblick auf die bei der Behandlung mit Kochsalzlösung zu beobachtende leichte Quellbarkeit der Blutkrusten als sehr wahrscheinlich

bezeichnet werden, daß das Blut vor nicht langer Zeit in den Messerschaft eingedrungen ist.«

Die Aussagen in Kockels Gutachten waren also nach heutigen
Ansprüchen recht bescheiden: An Brühschweins Messer war Blut, das
kein Vogelblut und wahrscheinlich nicht sehr alt war.

Schon die Möglichkeit festzustellen, ob es sich um Menschenblut
handelte, wäre also eine wichtige neue Erkenntnis gewesen. An dieser
Frage wurde gearbeitet, und schon 1903 hat auch Richard Kockel dieses Verfahren, die sogenannte Präzipitinreaktion nach Uhlenhuth,
angewendet.[7]

Von der Existenz menschlicher Blutgruppen wußte man zu diesem
Zeitpunkt allerdings noch nichts, doch war Karl Landsteiner hier auf
dem besten Wege zu ihrer Entdeckung.[8]

Messerstechereien gibt es vermutlich so lange, wie es Messer gibt.
Wenn dabei Menschen verletzt oder gar getötet werden, wird über den
oder die Täter zu Gericht gesessen, und man wird von seiten des
Gerichts beweisen müssen, daß das Messer vom Täter eingesetzt wurde, daß das Blut des Opfers am Messer klebt ...

Heute bereitet die Untersuchung eines solchen Tatwerkzeuges keine Schwierigkeiten: Man wird, wenn blutverdächtige Anhaftungen an
dem Messer vorhanden sind – und diese können mikroskopisch klein
sein –, diese sehr genau differenzieren können und über die DNA-
Diagnostik meist bis zur eindeutigen Feststellung desjenigen, von dem
die Blutspur stammt, vordringen können.

Zustimmung zur Obduktion – »zur thunlichsten Hintanhaltung unliebsamer Vorkommnisse«

Es muß ein schöner Morgen an jenem 18. August des Jahres 1901 gewesen sein, denn die drei jungen Männer hatten bereits gegen 6 Uhr früh
eine Gondelpartie auf der Pleiße gemacht. In der Nähe des »Wasser-
gottes«, eines grotesken Pfahlbau-Restaurants, war einer der drei plötzlich aufgesprungen und hatte so den Kahn zum Kentern gebracht. Der
Malergehilfe Hans Engelhardt, 18 Jahre alt, und sein 21jähriger
Freund, der Ofensetzer Paul Leonhardt, waren ertrunken, obwohl die
Gekenterten rasch aus dem Wasser geborgen werden konnten.

Schon »mittags 12 Uhr desselben Tages« waren die Leichen »durch
zwei Angestellte des Krankenhauses und einen Schutzmann in meiner

Gegenwart der Schauhalle des Instituts für gerichtliche Medizin zugeführt worden«, trug Kockel in die Akten ein.

Am nächsten Tag, es war ein Montag, sezierte Kockel die Leichen der beiden jungen Männer, »nachdem seit dem Tod der beiden Verunglückten über 24 Stunden und seit ihrer Einlieferung in das Institut 20 Stunden verstrichen waren, ohne daß irgendein Wunsch, eine Sektion nicht auszuführen, an das Institut gelangt wäre«.

Doch schon am 20. August erhielt der Professor einen handgeschriebenen Brief, aus dem hervorging, daß sich Herr Leonhardt »wegen der Sektion seines Sohnes … beruhigen (will), wenn Sie ihm ein Zeugnis ausstellen, daß von dem Körper seines Sohnes nichts weggekommen sei. Ich würde sehr rathen, diese Bescheinigung zu erteilen, da die Sektion ohne Zustimmung der Angehörigen an sich nicht zulässig ist und es jedenfalls sich empfiehlt, die Angelegenheit friedlich zu erledigen. Hochachtungsvoll ergeben Dr. Tröndlin«.

Dr. Tröndlin aber war kein Geringerer als der Oberbürgermeister der Stadt Leipzig.

Natürlich antwortete Kockel rasch, um die Sache aufzuklären. Schließlich wurde sein am 21. August gefertigtes »gefälliges Schreiben« an den »Rath der Stadt Leipzig« vom Rat am 30. August beantwortet; u. a. heißt es in diesem Brief: »Wir gestatten uns hierbei, Ihnen zur thunlichsten Hintanhaltung unliebsamer Vorkommnisse vorzuschlagen, für die Zukunft anordnen zu wollen, daß vor der Sektion … stets erst die Genehmigung der Hinterbliebenen zur Leichenöffnung eingeholt werden muß. …«

In den folgenden Jahren achtete Kockel sehr streng darauf, daß das Einverständnis der Hinterbliebenen vor Beginn einer Sektion, die nicht im Auftrage der Staatsanwaltschaft erfolgte[9], eingeholt wurde. Später verwendete man im Institut ein Formblatt, auf welchem die Zustimmung oder Ablehnung der Angehörigen zu einer Leichenöffnung dokumentiert wurde.

Mündlich gegebene Zustimmungen von Angehörigen zur Obduktion waren mitunter nur von begrenztem Wert, wie der Fall zeigt, den Kockel folgendermaßen protokollierte: »Beim Vorsprechen in der Wohnung des Verstorbenen am 22.IX.03 3h 15 M erklärte die Witwe – die vormittags mit der Sektion sich einverstanden erklärt hatte –, sie habe sich die Sache anders überlegt; wenn man ihr so nicht Glauben schenke, wolle sie nichts weiter mit der Sache zu tun haben, ›ausschlachten‹ lasse sie ihren Mann nicht«.

Auch in den folgenden Jahren gab es wegen ohne ausdrückliche Zustimmung von Hinterbliebenen durchgeführter Obduktionen Schwierigkeiten: betroffen war nun vor allem das Universitätsinstitut für Pathologie. Am 5. Oktober 1904 beschäftigte sich sogar die Sitzung der Stadtverordneten – laut »General-Anzeiger für Leipzig und Umgebung« vom 06.10.1904 – mit einer »unliebsamen Angelegenheit. Sie betraf die Eingabe eines hiesigen Einwohners, dessen Gattin im Mai d. J. auf dem Transporte nach dem Krankenhause gestorben war. Die Leiche wurde darauf im Pathologischen Institut seziert, ohne daß hierzu die Genehmigung des Mannes eingeholt war«.

Wieder setzte sich – am 1. Dezember 1904 – eine »Krankenhaus-Deputation« zusammen wegen, »Besprechung weiterer Formalitäten betr. Sektion bzw. Verteilung der Leichen zwischen dem P.I. (Pathologischen Institut – F. H.) und dem I.f.g.M. (Institut für gerichtliche Medizin – F. H.). Der Rat behält sich das Recht vor, erforderlichen Falles die Ausführung von Sektionen durch das I.f.g.M. zu *verlangen*. Es werden dem I.f.g.M. zugeführt auch die Leichen solcher, die während des Transportes nach dem K-H. verstorben sind. Marchand[9] erklärt hiermit sein Einverständnis. Liegen gesundheitspolitische Bedenken vor, so ist sofort an das Gesundheitsamt Meldung zu erstatten, mit dessen Äußerung alsdann die Sektion schon früher und ohne vorangegangene Einvernahme mit den Angehörigen auszuführen sein wird.«

Seit diesen »Besprechungen weiterer Formalitäten betr. Sektion« sind gute 95 Jahre vergangen – doch noch immer kommt es zuweilen zu »unliebsamen Vorkommnissen«, wenn wieder einmal in irgendeinem Institut eine sogenannte klinische Sektion ohne dokumentierte Zustimmung der Angehörigen stattgefunden hat.[10]

Entlastung eines Lehrers

Der »Rohrstock« war im deutschen Schulalltag bis zur Mitte des 20. Jahrhunderts ein wichtiges Instrument bei den Bemühungen des pädagogisch überbeanspruchten Lehrers, widerspenstige Schüler zum Besseren zu erziehen. Eine Bambusgerte, dünn, biegsam und mit Pfiff, wenn sie mit Schwung durch die Luft glitt und auf den kindlichen Hintern aufschlug – das war der Rohrstock beim sachgemäßen Einsatz.

Nicht selten – so weisen es viele Belege der Literatur aus – entgleiste der Pädagoge, wie Herr Mager aus Leonhard Franks »Die Räuberbande«. »Oldshatterhand« – der zu »erziehende« Schüler – hatte sich zunächst, bäuchlings quer über einem Stuhl liegend, Kopf nach unten, sechs Schläge gefallen lassen müssen. Weitere Mitschüler empfingen die gleiche Strafe. »Tut mir leid, daß ich nicht zwölf auf einmal geben darf«, bedauerte Mager. Als sich Oldshatterhand weigert, einen Mitschüler festzuhalten, explodiert der Lehrer: »Verblüfft stierte Herr Mager Oldshatterhand an und hieb ihm plötzlich mit dem Rohrstock quer über das Gesicht, immerzu. Nicht die Hand hob Oldshatterhand zur Abwehr. Nebel vor den Augen, brach er zusammen, stand gleich wieder auf und ging ganz langsam zurück zur Bank. Auf seinem Gesicht schwollen die blutunterlaufenen Striemen.«

»Doppelkonturiert«, so sagt man im gerichtsmedizinischen Sprachgebrauch, sind die Schläge durch solche »Rohrstöcke«: Das Schlagwerkzeug hinterläßt an seinen Rändern jeweils eine streifenförmige Hautunterblutung, in der Tiefe dazwischen bleibt die Haut blaß.

Nicht wenige Todesfälle von Schülern und Lehrlingen sind seinerzeit gerichtsmedizinisch untersucht worden, um festzustellen, ob das gestattete Maß der Züchtigung durch den Lehrer, Ausbilder oder Erzieher überschritten worden war. Im folgenden Fall war der zeitliche Zusammenhang zwischen Gewalteinwirkung und Tod eines 12jährigen Knaben besonders auffällig.

Am Freitag, dem 29. November 1901, soll der Junge, Wagemann mit Namen, in der Schule von seinem erzürnten Lehrer Egon Wirth einen Schlag mit dem Rohrstock auf die Nackengegend erhalten haben. Unwohl sei ihm danach geworden, und Wirth habe ihn schließlich nach Hause geschickt.

Am darauffolgenden Sonnabend habe das Unwohlsein weiterbestanden, der Junge habe – so die Aussage der Eltern – mehrfach erbrochen. Im Laufe des Tages habe sich der Zustand weiter verschlechtert, und in den frühen Morgenstunden des Sonntag sei er verstorben, noch bevor ein Arzt wirkungsvoll habe eingreifen können.

In Obernitschka bei Trebsen, in der Wohnung des verstorbenen Knaben, wurde die Sektion vorgenommen. Professor Kockel und Dr. Richter führten sie am Montag durch, auch ein Vertreter der Staatsanwaltschaft (man ermittelte gegen den Lehrer) war zugegen. Doch der vermutete Nackenschlag hatte mit dem Ableben des Kindes nichts zu tun. Todesursächlich war vielmehr eine Hirnhautentzündung, entstanden aus einer eitrig-abszedierenden Mandelentzündung. »Kein

Zusammenhang mit dem Schlag«, konstatierten die Obduzenten und Wirth konnte das Resultat der staatsanwaltschaftlichen Untersuchungen getrost zur Kenntnis nehmen: »Verfahren eingestellt« ist in der Akte notiert.

»Gegen den Gebrauch der körperlichen Züchtigung von seiten des Staats ... ist viel geschrieben und gesprochen worden, und mit Recht ist dieselbe, da sie das Ehrgefühl des Bestraften ertödtet und dessen moralisches Bewußtsein verschlechtert, anstatt es zu bessern, von der modernen Strafgesetzgebung und namentlich durch das deutsche Reichsstrafgesetzbuch beseitigt worden«, heißt es in Meyers Konversations-Lexikon von 1878.

Nach 1871 hat der Begriff – scheinbar – einen Bedeutungswandel durchgemacht, denn man wird nun darüber aufgeklärt, daß es sich bei der Züchtigung jetzt nicht mehr um Bestrafung handele, sondern die Züchtigung »mehr auf die Erziehung zum Bessern hinzielt, also Sache der Disciplin ist. ... Das Recht, jemanden mit einer Züchtigung zu belegen, steht vor allen den Eltern gegen ihre Kinder zu; aber auch den Erziehern, Lehrern, Dienst- und Lehrherren wird das Recht einer mäßigen Züchtigung zuerkannt.«

Heute kann die körperliche Züchtigung – z. B. auch die »Ohrfeige« – als Körperverletzung im Amt gem. § 340 StGB strafrechtlich verfolgt werden.

Gnadengehalt?

Gnade – vom Althochdeutschen ginada, »göttliches Erbarmen«, abgeleitet – bedeutet auch, so der »Brockhaus« aus dem Jahre 1989, »Hilfe« und »Schutz«. Das Wort »Gnadengehalt« hingegen findet man darin nicht. Aber in »Meyers Konversations-Lexikon aus dem Jahre 1876 erfahren wir zumindest, was unter »Gnadenjahr« zu verstehen ist: »Jahr, auf dessen Dauer nach dem Ableben eines Besoldeten dessen Erben, besonders Witwe und Kinder, noch die Einkünfte des Amts beziehen. Beschränkt sich diese Frist auf ein halbes oder, wie dies in der Regel der Fall, nur auf ein Vierteljahr, so heißt sie *Gnadenhalbjahr* oder *Gnadenquartal*.«

Die Gewährung von »Gnadengehalt« konnte also für die Witwe eines Postschaffners um die Jahrhundertwende von wirklich existentieller Bedeutung sein – über den dafür entscheidenden Zeitpunkt des

Ablebens des Schaffners namens Hörig hatte in einem konkreten Fall aus dem Jahre 1903 Professor Kockel zu entscheiden. Hinterlassen hat er uns folgenden Text, der auch über die Beschaffenheit einer – salopp gesagt –»mäßig gereiften« Wasserleiche informiert.

»Anatomie-Diener Hagedorn ersucht mich im Auftrag bzw. im Einverständnis von Prof. Spalteholz[11], in der Anatomie die Leiche des ertrunkenen Post-Schaffners Hörig behufs Todeszeit-Bestimmung zu besichtigen.

Vorausbemerkt wird, daß der H. seit dem 3. Januar 03 verschwunden und am 16.II.03 aus dem Postdienst entlassen worden ist. Die Leiche ist am 2.III. der Anatomie zugeführt und am (keine Datumsangabe, Lücke im Text – F. H.) an dem Pleißen-Wehr beim Pfahlbau-Restaurant gefunden worden.

Es handelt sich darum festzustellen, ob der Körper *vor* oder *nach* dem 16.II.03 ins Wasser gelangt ist, da hiervon die Auszahlung des Gnaden-Gehaltes an die Hinterbliebenen abhängig ist.

Nach Aussage Hagedorns waren die gegenwärtig vorliegenden Fäulnis-Veränderungen, insbesondere die Auftreibung des Gesichts und des Scrotums, am 2. III. noch nicht in dem Maße entwickelt wie heute.

Die *Wassertemperatur* mag in den letzten Wochen (bei einer Lufttemperatur von zwischen 0 und + 5-6 °C, selten bis 13, ja 15 °C) nicht viel über 6 °C betragen haben.«

Kockel untersuchte den Leichnam und protokollierte folgende Befunde:

»*Kopf:* Gesicht, besonders Lippen, beträchtlich gedunsen, schwarzbraun gefärbt, dergleichen Haut des Schädels. *Haare* lassen sich leicht ausziehen.

Rumpf gedunsen, Bauchhaut unten schwach grünlich gefärbt, mehrfach mißfarbig rötliche Flecken & Stränge. Epidermis in bis handgroßen (geplatzten) Blasen abgehoben, leicht in großen Fetzen abziehbar.

Scrotum dunkelbraun, kindskopfgroß, reichlich brennbare Gase enthaltend. Penis mäßig aufgetrieben.

Extremitäten: Arme und Beine gedunsen und abgespreizt, erstere stärker. An den Armen große geplatzte Blasen, an den Beinen Epidermis in großen Fetzen abziehbar, u. zwar mitsamt einer ziemlich dicken, den oberen Teilen der Unterschenkel aufliegenden schwärzlichen Schlamm-Schicht.

Die Haut der Hände und Füße (bes. Beugeseiten) ist sehr stark gerunzelt, doch noch anhaftend, auch haften die Nägel noch. Die Kleider sind mit reichlichem, feinem Sand bedeckt.«

Kockels Schlußfolgerungen aus diesen Befunden:

»Angesichts des Fundortes (tiefes Wasser), der Wasser-Temperatur und der vorhandenen Mazerations- bzw. Fäulnisveränderungen ist es in hohem Maße wahrscheinlich, daß die Leiche ... *mehrere Wochen* im Wasser gelegen hat, mithin auch, daß der Tod des H. bereits vor dem 16. Februar 03 erfolgt ist.«

Der Gewährung eines Gnadengehaltes dürfte damit – zumindest von gerichtsmedizinischer Seite – nichts mehr entgegengestanden haben.

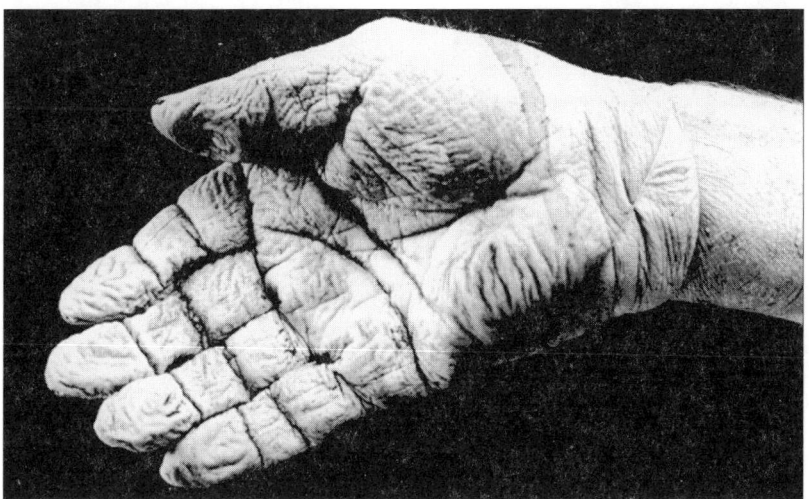

Waschhaut: ein typischer Befund bei Wasserleichen

Also: Gonorrhoe!

Neisseria gonorrhoeae ist der klangvolle Name für den Erreger eines ur-alten Leidens: des Trippers. Vor der Entdeckung des Penicillins durch Alexander Flemming im Jahre 1928 war eine Gonorrhoe eine sehr unangenehme Infektionskrankheit, übertragen hauptsächlich durch sexuelle Kontakte, und auch heute noch können unbehandelte Erkran-kungen besonders durch ihre Komplikationen gefährlich werden.

Die Diagnose eines Trippers stützt sich damals wie heute zunächst auf die Untersuchung eines sogenannte Ausstrichpräparates, d. h., man streicht das am Genitale entnommene Sekret auf einer kleinen, für mikroskopische Untersuchungen bestimmten Glasplatte aus und färbt dieses Material z. B. nach dem Verfahren, welches Albert Neisser[12] beschrieben hat. Wenn die Bakterien mit dem klangvollen Namen im Sekret vorhanden sind, sieht man sie, als sogenannte Diplokokken zu zweit wie ein Liebespaar aneinandergeschmiegt, oder, wie der Mediziner profan sagt: in Semmelform unter dem Mikroskop.

Zu Kockels Zeiten wurden derartige Untersuchungen – im Unterschied zu heute – auch in der Gerichtsmedizin vorgenommen. Um den 5. Januar 1904 herum z. B. kam die 7jährige Johanna Schwarz in Begleitung ihres Vaters, eines Schneidermeisters, zur Untersuchung ins Institut. Schon in der letzten Woche seien »gelbe Flecke im Hemd bemerkt worden; nun hat das Kind eingestanden, daß ein 24jähriger Gehilfe des Vaters ›etwas mit ihr vorgenommen habe‹. Dieser soll Tripper haben und ist sofort auf Veranlassung des Vaters in Haft genommen worden«, notierte der Professor.

Kockel untersuchte das Kind, beschrieb den Lokalbefund am Genitale und begutachtete das entnommene Sekret. Es »besteht mikroskopisch aus Schleim und Eiterkörperchen, spärlichen Plattenepithelien. Von Bakterien ausschließlich *Diplokokken* von exquisiter *Semmelform* vorhanden, die meist diffus verstreut sich vorfinden, nicht selten aber auch in *Häufchen* vorw. in größerer Anzahl *innerhalb von Eiterkörperchen. Also: Gonorrhoe!*«

Endlich wiedererkannt

»Einer der denkwürdigsten Criminalrechtsfälle der neuern Zeit, der auch für die gerichtliche Medicin an Interesse seines Gleichen sucht, war die Untersuchung gegen den Raubmörder Schall wegen Ermordung seines Genossen, eines Viehhändlers Ebermann. Unter anderm ist in diesem Falle eine dreimalige Ausgrabung der Leiche des Ermordeten vorgekommen, wie es vielleicht noch niemals vorher der Fall gewesen ist, weil die Identität des Ermordeten lange durchaus nicht festgestellt werden konnte.

Die erste Ausgrabung geschah neun Tage nach der Obduction, weil eine fremde Person behauptete, ihr Mann werde vermißt, und sie vermuthe ihn in der Person des Ermordeten. In der That behauptete sie, die Leiche wieder zu erkennen, das Ganze hat sich indes als Betrug oder Täuschung erwiesen.

Zum zweitenmal wurde der Körper fünf Monate nach dem Tode ausgegraben, um zu ermitteln, ob sich Tätowierungen am Arme vorfänden, welche Ebermann gehabt hatte, und auf welche in diesem Stadium der Untersuchung das allererheblichste Gewicht gelegt werden mußte. Die Verwesung war aber jetzt natürlich so weit vorgeschritten, daß Tätowierungsmarken gar nicht mehr ermittelt werden konnten.

Die dritte Ausgrabung des bloßen (beim Morde abgeschnittenen) Kopfes wurde zwei und ein Viertel Jahr nach der Beerdigung vorgenommen, weil die Geliebte des immer noch in seiner Person zweifelhaften Ermordeten mit der Behauptung auftrat, daß ihr Geliebter so eigenthümliche *Zähne* gehabt habe, daß sie ihn sofort daran wiedererkennen würde. ... Die Geliebte des ermordeten Ebermann − denn Er war es gewesen − recognoscirte die Zähne beim ersten Anblick.«[13]

Exhumierungen − also Ausgrabungen bereits beerdigter Leichen mit sich meist anschließender Sektion − sind früher, d. h. zu Zeiten Richard Kockels, ungleich häufiger gewesen als heute. Etwa 90 derartige Enterdigungen (im Einzugsbereich des Leipziger Instituts) sind zwischen 1900 und 1934 vorgenommen worden. Kockel bzw. seine Mitarbeiter haben diese Leichen anschließend seziert. Aufträge dazu erteilten Gerichte und Staatsanwaltschaften, z. B. wenn sich nach Beerdigung der Leiche herausstellte, daß eine strafbare Handlung (Tötung, Abtreibung usw.) vorgelegen haben könnte. Häufiger jedoch waren Berufsgenossenschaften an der nachträglichen Klärung der Todesart und -ursache interessiert: Hatte vielleicht doch ein erst später von der Ehefrau des verstorbenen Arbeiters der Berufsgenossenschaft mitgeteilter kleinerer oder aber lange Jahre zurückliegender Unfall zum Ableben des Mannes beigetragen?

Der oben zitierte »Criminalrechtsfall« ist insofern tatsächlich denkwürdig, als aus der Zeit des Wirkens von Professor Kockel kein einziger Fall überliefert ist, in dem nachträgliche Zweifel an der Identität des Beerdigten zu einer Exhumierung geführt oder aber wiederholte Exhumierungen der gleichen Leiche stattgefunden hätten.

Erst im II. Weltkrieg − 1944 − wurde wieder eine derartige Exhumierung zum Zwecke der Klärung der Identität einer verstorbenen Person durchgeführt: Enterdigt wurden 157 Tage nach der Beisetzung vier Brandleichen in zwei Särgen. Gesucht wurde die Tochter eines Landgerichtsrates, die bei dem schweren Luftangriff auf den Leipziger Hauptbahnhof zu Tode gekommen sein sollte. Gefunden wurden die Leichen von Wehrmachtsangehörigen: die männlichen Geschlechtsorgane waren noch erkennbar, einige Koppelschlösser mit dem Hakenkreuz sehr gut erhalten.[14]

Die resolute Frau Andrae aus der Sperlingsmühle

»Zur Sperlingsmühle« hieß die kleine Kaffeestube, die um das Jahr 1904 im Leipziger Ranstädter Steinweg von Frau Andrae betrieben wurde. Die Ehe von Frau Andrae ging nicht gut, es gab Reibereien und wohl auch körperliche Auseinandersetzungen. Auch am 7. Mai kam wieder Streit mit Ehemann Hugo auf: »Mein Mann packte mich von links am Halse, während ich, am Tisch stehend, mit Gemüseputzen beschäftigt war. Ich drehte mich erschrocken nach links herum und stieß ihn mit beiden Händen von mir, nicht daran denkend, daß ich das Messer in der rechten Hand hielt.«

20 cm lang war die Klinge des Messers, mit der die Frau ihre Möhren geputzt hatte, und das Hemd von Hugo hatte vorn offengestanden ...

Das Messer war eingedrungen in den Brustkorb des Mannes, etwas oberhalb der linken Brustwarze, der Stichkanal war schräg nach innen und unten verlaufen, die Chirurgen hatten ihr Möglichstes versucht: die Stichöffnung erweitert, Teile des Knorpels der 3. und 4. Rippe entfernt, um operieren zu können, die verletzt vorgefundene Arterie unterbunden. Tiefer hinein in den Brustkorb konnte man damals nicht vordringen, dies hätte den raschen Tod des Patienten bedeutet. Doch Hugo Andrae verfiel mehr und mehr, ein Liter Blut drang aus der linken Brusthöhle, nach 27 Stunden trat der Tod ein.

Am 10. Mai, nachmittags in der vierten Stunde, wurde Andrae von Gerichtsassistenzarzt Dr. Richter und Professor Kockel seziert. Es zeigte sich, daß auch das Herz durch den Stich verletzt worden war, nur 6 mm lang war die Verletzung unterhalb der vorderen Klappe der Lungenschlagader, die aus der rechten Herzkammer entspringt. Kein Wunder also, daß der Verletzte so lange überlebt hatte.

Demnach eine klare Todesursache – aber die Frage war für den Staatsanwalt selbstverständlich, »welche Rückschlüsse sich aus der

Beschaffenheit der Stichwunde (Sitz der Wunde, Richtung, Länge des Stichkanals) und über die Art der Ausführung des Stiches ziehen lassen.«

Die »Beschaffenheit der Stichwunde« konnte Kockel natürlich nur noch sehr eingeschränkt beurteilen: die Wunde war durch die chirurgischen Maßnahmen stark verändert, auch der Verlauf und die Länge des Stichkanals waren nur annäherungsweise zu rekonstruieren. Kockel nahm Präparate der anatomischen Sammlung und eine Zeichnung zu Hilfe, »die einen Querschnitt durch die gefrorene Leiche eines erwachsenen Mannes etwa 3 cm oberhalb der Brustwarzen im Bereich des 3. Zwischenrippenraumes darstellt. In diese Abbildung wurde die Messerklinge eingezeichnet, wobei jedoch die Spitze des Messers etwa 1 cm unter, die Einstichwunde in der Haut 1-2 cm über der Ebene der Papierfläche zu denken ist. ...« Abschließend konnte der Professor jedoch nur feststellen: »Nach alledem lassen sich aus der Beschaffenheit der Stichwunde sichere Rückschlüsse bezüglich der Art der Ausführung des Stiches nicht ziehen; es bieten die Befunde nichts dar, was gegen ein absichtliches Einstoßen des Messers spricht, es läßt sich jedoch die Möglichkeit, daß eine unabsichtliche Verletzung im Sinne der von der Beschuldigten gegebenen Schilderung stattgefunden hat, keineswegs ausschließen.«

Am 19. November 1904 hat dann die Schwurgerichtsverhandlung gegen Frau Andrae stattgefunden. Als Sachverständiger nahm Dr. Richter teil. Das Gericht mußte selbstverständlich nach dem Rechtsgrundsatz »in dubio pro reo« entscheiden: Frau Andrae wurde »kostenlos freigesprochen«.

Ein Schirm, als Lanze verwendet?

Zeitungsberichte aus den Zeiten Kaiser Wilhelms II. hatten oft einen eigenen Stil, der den heutigen Leser zuweilen etwas weitschweifig und poetisch anmutet. Dies trifft sicherlich auch auf die folgende Geschichte zu, die am 20. April 1904 in einer Leipziger Zeitung zu lesen war:

»In einer Sandgrube nahe dem Carl-Heine-Kanal vergnügten sich gestern vormittag eine Anzahl Lindenauer Jungen mit den kleinen Lowries, die zur Beförderung der ausgeschachteten Sandmengen bestimmt sind. Jugend hat keine Tugend, und unsere Vorstadtkinder sind ohnehin nicht zarter veranlagt als andere. Sie mögen daher im Vollgefühl ihrer sonntäglichen Freiheit und des frischen Luftzuges, der zur Erleichterung von Groß und Klein über die Fluren strich, ihr Eisenbahnspiel etwas derb übertrieben haben. Das verdroß aber einen seines Weges kommenden 24 Jahre alten Arbeiter aus Leumnitz bei Gera mächtig, und es entspann sich daraus die bekannte Scene zwischen Erwachsenen, die den lustigen Buben ihr Treiben wehren, und den flinken Bürschchen, die das Dreinreden eines Fremden nicht leiden wollen. Im Vertrauen auf ihre hurtigen Beine wurden die Jungen dreist und haben wohl den vermeintlichen Störenfried nicht wenig geärgert. Da riß diesem die Geduld; er machte sich hinter den Jungen her und, als er sah, daß sie schneller waren als er, warf er mit seinem Schirme nach ihnen. So etwas kommt alle Tage vor und wäre nicht der Erwähnung wert, wenn über den Wurf nicht ein besonderes Unglück gewaltet hätte. ...«

Das Unglück war, daß der junge Arbeiter, der von seiner Firma für das Wochenende als Wache in der Sandgrube eingesetzt war, mit der eisernen Spitze seines Schirmes einen der Jungen im Genick traf.

Der Schirm war dort steckengeblieben, der 12jährige, so schilderten es seine Spielgefährten, habe den Schirm noch selbst aus der Wunde gezogen und sei dann in ein nahes Feld geflüchtet. Am Nachmittag fand ihn seine Mutter tot im Feld.

Die Leiche des Kindes, in das Plagwitzer Krankenhaus gebracht, wurde am folgenden Tage von Gerichtsarzt Dr. Thümmler und Gerichtsassistenzarzt Dr. Richter seziert, der »stellvertretende Gerichtsassistenzarzt« Professor Kockel war ebenfalls anwesend. Als Todesursache wurde eine schwere Schädelhirnverletzung mit einem 8 cm langen Wundkanal, ausgehend von einer Wunde im linken Hinterhauptsgebiet, festgestellt. Wie in vielen anderen Fällen wurde Kockel zwar nicht unmittelbar als Obduzent tätig, protokollierte aber die Befunde für eigene zusätzliche Untersuchungen und notierte z. B. in diesem Falle: »Schädelknochen und Weichteilwunde wurden mir zur Präparation durch Untersuchungsrichter Landgerichtsrat Burkhardt übergeben.«

Auch bei der Deutung der Befunde – unter Berücksichtigung der Angaben der befragten Kinder und des Arbeiters Hofmann, des Schirmwerfers – ersuchte der Untersuchungsrichter den Professor um dessen Meinung. Kockel notierte am 30. Juni in der Akte:

»Einer der Knaben, die dabeiwaren, hat ausgesagt, Hofmann habe den Schirm aus ca. 5 m Entfernung mit dem Griff voraus bzw. im

Bogen gegen den verstorbenen Knaben geschleudert, 2 andere dagegen bekunden, Hofmann habe den Schirm wie eine *Lanze* geworfen. Jedenfalls habe der getroffene Knabe den Schirm unter Weinen sich selbst aus dem Kopf herausgezogen.

Auf Befragen erkläre ich, daß mir der Wurf à la *Lanze* weitaus wahrscheinlicher ist als das einfache Schleudern, u. zwar wegen der leicht nach oben geneigten Richtung des Wundkanals und wegen des tiefen Eindringens des Schirmstabes (›förmlicher Schußkanal‹).«

Mitte Juli fand die Gerichtsverhandlung statt: Mildernde Umstände, so der Staatsanwalt, halte er nur dann für angezeigt, wenn *nicht* als erwiesen erachtet würde, daß Hofmann den Schirm gleich einem Speer geworfen habe ...

Der bisher »fast« unbescholtene Angeklagte, der einen guten Leumund genoß und aufrichtige Reue gezeigt hatte, wurde schließlich wegen fahrlässiger Tötung zu 3 Monaten Gefängnis verurteilt.

Grüße auf einem neuen Briefbogen

»Die Sektion des Kindes mußte ich in meinem Arbeitszimmer vornehmen, da mir ein geheizter Sektions-Raum nicht zur Verfügung gestellt wurde«, hat Kockel am 7. März 1905 im Protokoll über die Untersuchungen der Leiche der 3 ¾ Jahre alt gewordenen Marie Hering notiert. Ursache für diese ungewöhnliche Maßnahme waren offenbar Unstimmigkeiten mit dem Direktor des Pathologischen Institutes, Professor Marchand: Die Königliche Staatsanwaltschaft hatte zwar schon am 6. März nachmittags 5 Uhr die Genehmigung zur Sektion übergeben, diese war aber im Pathologischen Institut zurückgehalten worden und Kockel »von dort erst am 7.III. früh 11 h auf *unternommene Requisition* zugestellt worden«.

Die Schwierigkeiten im Zusammenleben der beiden Institute unter einem Dach wurden jedoch im Laufe des Jahres 1905 gelöst, denn, so heißt es in einem Rektoratsbericht vom 24. Oktober, »der im Juli 1903 begonnene Neubau eines Pathologischen Instituts und eines Instituts für gerichtliche Medizin an der Ecke der Liebigstraße und Johannisallee ist so weit fertiggestellt, daß das letztgenannte Institut mit Beginn des gegenwärtigen Semesters die neuen Räume beziehen konnte und die Übersiedelung des Pathologischen Instituts alsbald erfolgen wird.«[15]

Am Sonnabend, dem 23. September 1905, schließlich konnte Richard Kockel seinen Eltern schreiben: »Beinahe am Vorabend des Umzuges will ich Euch auf einem der neuen Briefbogen meine Grüße senden. Ich beabsichtige, am nächsten Mittwoch die wesentlichen Teile meines Inventars hinüberzuräumen, die Sammlung schon am Dienstag. Da habe ich noch Donnerstag und Freitag, um das Nötigste einzuordnen, am Sonnabend wollen wir dann fort. Ich freue mich kolossal auf die paar Ferientage, auch darauf, Euch wiedersehen zu können.«

Aber auch von anstehenden wichtigen Arbeiten, wie die Vorbereitung der Festschrift anläßlich der Institutseröffnung[16,] und von Details der Neueinrichtung des Instituts ist in dem Brief die Rede.

Wie sah es aus, das neue Institut, das den nun endlich »richtigen« Institutsdirektor Kockel sehr glücklich gemacht haben dürfte? Ein Zeitungsbericht, erschienen im »Dresdner Anzeiger« vom 30. November 1905:

»Das Institut hat im *Erdgeschoß* das Sprechzimmer und das Arbeitszimmer des Institutsvorstandes, ein photographisches Atelier und einen Sektionsraum. Der *Sektionsraum* ist mit einem Sektionstisch, zwei Bogenlampen und den erforderlichen Wasch- und Spüleinrichtungen versehen.

Eine vorzügliche Einrichtung besitzt das *photographische Zimmer*. Für kleinphotographische Aufnahmen ist ein großer Zeissscher Apparat neuester Art mit einer sehr vollkommenen Ausrüstung vorhanden. Für großphotographische Aufnahmen stehen zur Verfügung zwei kleinere transportable Apparate für Plattengrößen 9 x 12 und 13 x 18 cm, die ausschließlich außerhalb des Instituts verwendet werden, insbesondere bei Augenscheinsaufnahmen und gerichtlichen Sektionen; ferner eine größere Kamera für Plattenformate bis zu 24 x 30 cm zu Leichenaufnahmen, die teils zur Feststellung unbekannter Leichen, vorwiegend aber zur Beschaffung einer umfangreichen Lehr- und Anschauungssammlung von Abbildungen angefertigt werden. Endlich ist noch ein Apparat auf Tischstativ für Platten bis zum Format 40 x 50 cm vorhanden, der hauptsächlich für die photographische Aufnahme von Schriftstücken bei verschiedenen Vergrößerungen bestimmt und mit Einrichtungen versehen ist, die es ermöglichen, die Schriftstücke in jede beliebige Stellung zum Objektiv zu bringen, und zwar so, daß die Objekte und die Mattscheibe stets genau parallel stehen. Es wird nur bei künstlichem Licht photogra-

Das neuerbaute Institut für gerichtliche Medizin (Aufnahme vom April 1906)

phiert. Zur Beleuchtung der zu reproduzierenden Schriftstücke usw. dienen zwei Standbogenlampen.

Das *Arbeitszimmer des Institutsvorstandes* ist für mikroskopisch-histologische, bakteriologische und gewisse chemische Untersuchungen zweckdienlich eingerichtet, ebenso das im Kellergeschoß befindliche *Assistentenzimmer*.

Im *Kellergeschoß* befinden sich ein Wasch- und Spülraum, ein Assistentenzimmer, ein Aufbewahrungsraum für Chemikalien und Glasgegenstände sowie ein Stall für Versuchstiere, ferner ein *sehr tief gelegener Leichenkeller* mit fünf zementierten Leichenlagern. Ein nebenan gelegener kleinerer Raum schließt drei Leichenlager in sich ein und ist für die Aufnahme besonderer, namentlich der seitens der Gerichte zugeführten Leichen bestimmt.

Ferner sind vorhanden: *Archiv, Bibliothek, Sammlungen* photographischer und sonstiger Abbildungen, Pläne und anatomische Präparate.«

Noch jemand ist übrigens in jenen Tagen in Leipzig umgezogen: Die Stadtverordneten siedelten Anfang Oktober in das neuerbaute Rathaus über. Ihre letzte Sitzung im Saale der alten Handelsbörse, wo sie 18 Jahre lang getagt hatten, hielten sie am 4. Oktober ab; am 7. Oktober wurde das Neue Rathaus feierlich eingeweiht.

Die, so hat Kockel besonders vermerkt, »erste Obduktion im neuen Institut« fand übrigens erst am 23. Oktober 1905 statt. Untersucht wurde die 76jährige Witwe Emilie Pache. Über den Vorgang ist nichts bekannt – »die Leiche ist von der Polizei dem Institut zugeführt worden«. Der Obduzent hat festgestellt: »Zerquetschung des Schädels« – also eine der Einweihung eines gerichtsmedizinischen Sektionssaales gemäße Todesursache.

Nebenbefund »Tub.!«

»Die Sterbende war ein überaus liebreizendes blondes Geschöpf mit vergißmeinnichtblauen Augen, das trotz furchtbarer Blutverluste und einer Atmung, die nur vermittelst eines ganz unzulänglichen Restbestandes von tauglichem Lungengewebe geschah, einen zwar zarten, aber eigentlich nicht elenden Anblick bot.«

Richard Kockel hatte sich im Jahre 1895 mit einer Arbeit über »die Histogenese des miliaren Tuberkels« habilitiert. Dabei ging es, um Thomas Mann (»Der Zauberberg«) weiter zu zitieren, um folgendes:

»Hirsekorngroße Knötchen bildeten sich, zusammengesetzt aus schleimhautgewebartigen Zellen, zwischen denen oder in denen die Bazillen nisteten, und von welchen einige außerordentlich reich an Protoplasma, riesengroß und von vielen Kernen erfüllt waren. Diese Lustbarkeit aber führte gar bald zum Ruin, denn nun begannen die Kerne der Monstrezellen zu schrumpfen und zu zerfallen, ihr Protoplasma an Gerinnung zugrunde zu gehen; weitere Gewebsteile der Umgebung wurden von der fremden Reizwirkung ergriffen; entzündliche Vorgänge griffen um sich und zogen die angrenzenden Gefäße in Mitleidenschaft; weiße Blutkörperchen wanderten, angelockt von der Unheilsstätte, herzu; das Gerinnungssterben schritt fort; und unterdessen hatten längst die löslichen Bakteriengifte die Nervenzentren berauscht, der Organismus stand in Hochtemperatur, mit wogendem Busen, sozusagen, taumelte er seiner Auflösung entgegen.«

Auch in den folgenden Jahren hat Kockel das damals außerordentlich wichtige soziale und volksgesundheitliche Problem im Auge behalten. So ist in sehr vielen Protokollen als wichtiger Nebenbefund an besonderer Stelle ausdrücklich hervorgehoben: »Tub.!«

Kein Wunder, daß man nicht selten auch tuberkulöse Schwächlichlichkeit dort vermutete, wo sie nicht vorhanden war. So wurde am 23. November 1905 beim Umstürzen eines abzubrechenden Schornsteins ein in einer Baubude befindlicher, noch etwas kindhaft gebauter 15jähriger Zimmerlehrling erschlagen. Kockel obduzierte den Jungen zwei Tage später. In der Akte enthalten ist ein Schreiben der Eltern, in dem sie anfragen, ob – wie geredet werde – der Sohn tuberkulös gewesen sei. Auch die beschuldigte Abbruchfirma behaupte, so schrieb der Rechtsanwalt der Eltern, der Verstorbene hätte wegen einer Tuberkulose ohnehin nur noch zwei Jahre zu leben gehabt. Kockel kann durch die Obduktion zweifelsfrei belegen: Der Junge war völlig gesund, litt also keinesfalls an einer Tuberkulose. Es lag zweifelsfrei ein unfallbedingter Tod während der Arbeit vor – mit allen versicherungsrechtlichen Konsequenzen.

»Gerichtliche Sektionen bei Bettlage der Leiche auszuführen muß widerraten werden«

»… da die hierbei nötige, stark gebeugte Haltung für den Obduzierenden auf die Dauer nicht erträglich ist«, schrieb 1905 der Professor der gerichtlichen Medizin Richard Kockel – obgleich selbst noch recht jung und elastisch – in einem umfangreichen Beitrag zu einem Handbuch.[17] Vielmehr solle die Leiche auf einen Tisch oder auf ein für diesen Zweck improvisiertes Brettergestell gelegt werden.

Improvisieren können ist eine auch heute für einen gerichtlichen Mediziner nicht selten notwendige Eigenschaft, wenn man etwa an die Untersuchungen von Getöteten bei Massenunfällen denkt. Nicht zu vergleichen allerdings mit den Gegebenheiten vor 100 oder auch nur 70 Jahren. Man sezierte nicht selten in der Wohnung des Verstorbenen, in Scheunen, Waschkellern, in kalten Leichenkammern auf kleinen Dorffriedhöfen oder ganz im Freien. Aber selbst in Krankenhäusern war der Sektionsraum oft die letzte Lokalität der ganzen Einrichtung …

»Zum Abspülen der Instrumente, Organe sowie der Hände des Obduzierenden ist ein Gefäß (Schüssel) mit oft zu wechselndem Wasser nötig; im Winter wird hier bei gerichtlichen Sektionen *warmes* Wasser besonders angenehm empfunden. Außer dem Spülgefäß muß ein anderes (Eimer etc.) zur Beiseitelegung der Organe bereitstehen sowie womöglich ein drittes für Aufnahme des Schmutzwassers. Ein

Waschbecken zum schließlichen Säubern der Hände wird leicht zu beschaffen sein, für Seife und Handtücher dagegen sorgt der Obduzent am besten selbst.«

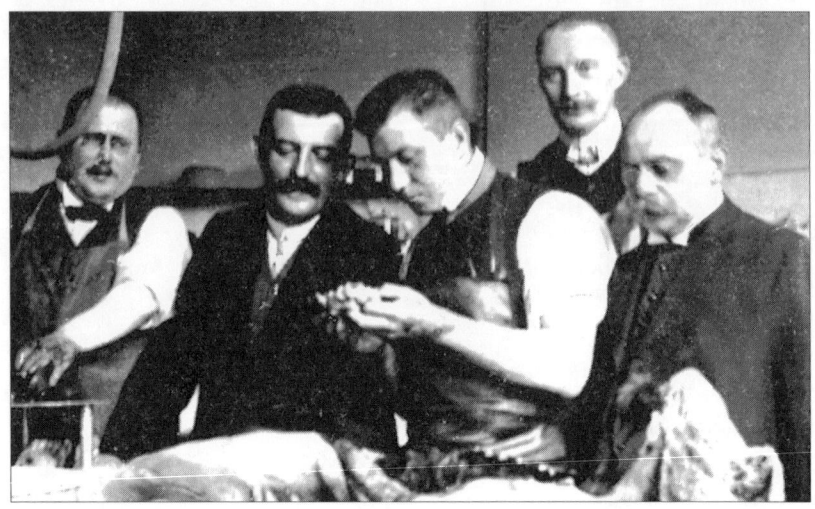

Richard Kockel (2. von links) mit Mitarbeitern und Herren des Gerichts bei der Sektion einer Leiche

Das Säubern der Hände war wichtig, denn: Es gab üblicherweise noch keine Gummihandschuhe.[18] Aber die Obduzierenden sollten sich, so Kockel weiter, »durch geeignete Kleidung vor Beschmutzung möglichst zu schützen suchen. Am besten erreicht man diesen Zweck durch das Vorbinden einer großen Schürze aus wasserdichtem Stoff (Wachstuch, Wachstaffet etc.), die gleichzeitig den Vorteil bietet, daß die Arme entblößt werden können. Letzteres ist wichtig, da im Verlaufe der Sektion die mit Blut, Eiter, Kot etc. bedeckten Hände und Vorderarme möglichst oft in möglichst reinem Wasser abgespült werden müssen. Die sorgfältige Befolgung dieser Maßregel gewährleistet einen ziemlich weitgehenden Schutz vor Infektionen. Hat einer der obduzierenden Ärzte frische Verletzungen an den Händen, so überläßt er die Sektion besser dem anderen Arzt;[19] das Gleiche ist anzuraten, wenn während des Sezierens der Obduzent Schnitt- oder Rißwunden sich zuzog, und zwar selbst im Hinblick darauf, daß die meisten der gerichtlich obduzierten Leichen nicht zu den sogenannten hochinfektiösen gehören. Unbemerkt gebliebene kleine Verletzungen werden nach Schluß der Obduktion mit konzentrierter Karbolsäure ausgeätzt.

Die Reinigung der Hände nach beendeter Sektion erfolgt zweckmäßig mit Seifenspiritus, die Desinfektion mit 1 ‰ Sublimatlösung, die auch unter den ungünstigsten äußeren Verhältnissen aus Sublimatpastillen leicht hergestellt werden kann. Eine Desodorierung der Hände, die nach Sektionen stark gefaulter Leichen sehr wünschenswert ist, wird relativ am sichersten erreicht, wenn nach Waschung in reichlichem, heißem Wasser die Hände mit Chlorkalk gut eingerieben und hierauf rasch in Wasser abgespült werden.«[20]

Trotz dieser häufig sehr schwierigen äußeren Bedingungen für Obduktionen mußte auf größte Sauberkeit geachtet werden, »besonders in Rücksicht auf die anwesenden richterlichen Personen. Daher soll auch die Leiche selbst reinlich gehalten und von Blut, Kot etc. fortwährend gesäubert werden, da ... diese Stoffe rasch antrocknen und schließlich der ganze Leichnam damit besudelt ist, was in Verbindung mit den durch eingetrocknetes Blut etc. besudelten Händen der Obduzenten einen höchst widerlichen Anblick gewährt.«

Der Gerichtsmediziner jener Jahre – und natürlich besonders auch der Gehilfe, der z. B. die Organe aus den Körperhöhlen entnahm, die Kopfhöhle mittels einer Säge eröffnete, den Darm aufschnitt und von seinem Inhalt säuberte, damit die Schleimhäute betrachtet werden konnten, die Leiche wieder vernähte, abschließend reinigte – durfte also den direkten Hautkontakt mit Kaltem, Glitschigem, Schlierigem, Stinkendem nicht scheuen – zweifellos eine zusätzliche psychische und physische Belastung. Aber, so Kockel, der Gerichtsarzt solle »auch unter den anscheinend ungünstigsten Verhältnissen der vielleicht mit wenig Annehmlichkeiten verbundenen Ausführung von Sektionen sich nicht entziehen«. Nie solle »er durch Scheu oder Ekel sich bestimmen lassen, unter dem Vorwande der Aussichtslosigkeit den Richter zum Abstehen von einer Sektion zu bewegen. Wie überall im Leben, so ist auch hier die Sache, in deren Interesse alle persönlichen Regungen zurücktreten müssen.«

Natürlich ist heute vieles anders: In modernen Sektionssälen fehlt es an nichts, der Obduzent ist eingehüllt in Sektionskittel, trägt Mundschutz, Schutzhaube, Gummigaloschen, selbstverständlich Gummihandschuhe, und warmes und kaltes Wasser sind kein Problem. Trotzdem ist auch für ihn ein gewisses Maß an psychischer Belastung

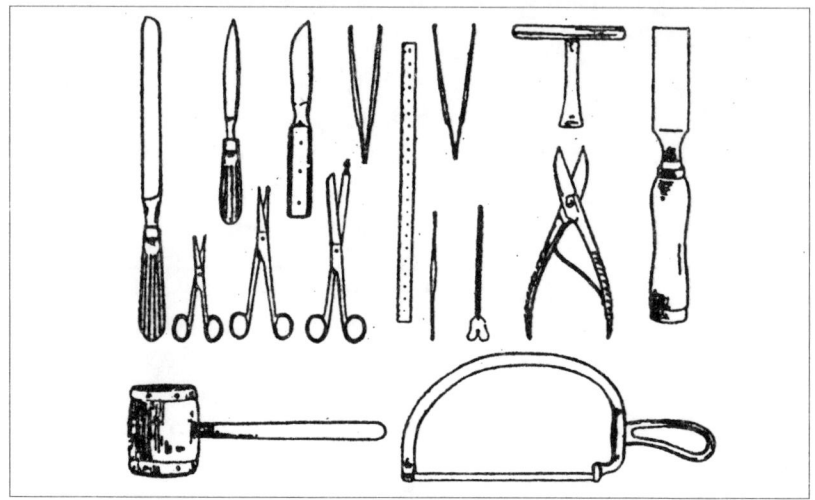

Die hauptsächlichen Teile eines Sektionsbestecks: Großes Parenchymmesser, »kleine« Schere, spitzes Parenchymmesser, mittlere Schere, Knorpelmesser, Darmschere, anatomische Pinzette, Meßstab, Knopfsonde, chirurgische (Haken-) Pinzette, Hohlsonde, Quermeißel, Rippenschere, Knochenmeißel, Hammer, Säge (nach Rössle, 1947)

geblieben, die Notwendigkeit, Ekel zu überwinden bei Fäulnis, Madenbefall, Tierfraßverletzungen oder dem Bild, das sich auch der Laie unter dem Begriff »Wasserleiche« vorstellt ...

Aber nicht alles ist anders: Das Werkzeug, das man für eine Obduktion braucht – eleganterweise auch als »Sektionsbesteck« bezeichnet –, ist fast das gleiche wie zu Kockels Zeiten, bestenfalls ein paar Jugendstil-Schnörkel sind weggefallen. Der Professor empfiehlt – auch hier gab es eine preußische Vorschrift – folgende Instrumente »in guter Beschaffenheit« (eine Aufgabe des Gehilfen):

»4-6 Skalpelle,
1 Schermesser,
2 starke Knorpelmesser,
3 Pinzetten,
2 Doppelhaken,
2 Scheren: eine stärkere mit einem stumpfen und einem spitzen Arm, und eine feinere mit einem gekröpften und einem spitzen Arm,
1 Darmschere,

1 Tubulus mit drehbarem Verschluß,
1 neusilberner Katheter,
1 grobe und 2 feine Sonden,
1 Bogensäge und 1 Stichsäge,
1 Meißel und 1 Schlägel,
1 Knochenschere,
1 Schraubstock,
6 krumme Nadeln von verschiedener Größe,
1 Tasterzirkel,
1 Meterstab und 1 metallenes Bandmaß mit Einteilung in Zentimeter und Millimeter,
1 Meßgefäß mit Einteilung in 100, 50 und 25 ccm,
1 Waage mit Gewichtsstücken bis 5 kg,
1 gute Lupe,
blaues und rotes Reagenzpapier,
1 in jeder Beziehung leistungsfähiges Mikroskop.

Wenn man noch eine Greifzange zum Abreißen der Dura[21] von der Schädelbasis und eine Blattsäge zur Eröffnung des Wirbelkanals hinzunimmt, so ist dieses Instrumentarium für alle Sektionen ausreichend.

Überdies ist Sorge zu tragen dafür, daß die zur Herstellung frischer mikroskopischer Präparate erforderlichen Gläser und Reagentien sowie mehrere saubere Glasgefäße (am besten sogenannte Weithalsflaschen mit Glasstopfen von 250 – 500 – 1000 ccm Inhalt) zur Aufbewahrung von Leichenteilen zur Stelle sind.«

Mit dieser Ausrüstung – meist in einer riesigen Ledertasche verstaut – fuhren die Obduzenten und der Gehilfe zunächst mit der Droschke zum Bahnhof, mit der Bahn zum Sektionsort, mit einer neuen Droschke z. B. zur Wohnung des Verstorbenen, erledigten ihre Arbeit und fuhren dann wieder zum Ausgangsort zurück. »Das Gesamtgewicht der vorstehend aufgeführten Gegenstände beläuft sich auf ca. 20-25 kg.«

»Leichen, von denen die Polizei nicht weiß, ›wohin damit‹«

»Ich war heute bei Herrn Polizeidirektor *Bretschneider,* der darum gebeten hatte, mit seinen oberen Beamten das Institut besichtigen zu dürfen. B. fragte, ob bzw. welche Leichen ich in die Morgue aufnehmen wolle.

Hierauf habe ich erklärt, daß ich alle Leichen aufnehmen würde, von denen die Polizei nicht weiß, ›wohin damit‹.

B. bemerkte hierzu, daß es ganz besonders schätzenswert sei im Hinblick auf die Fälle, in denen Zweifel bestünden, ob ein *Unfall* oder ein *Verbrechen* vorliege, bzw. ob es sich um *Selbstmord* oder *Unfall* handle (die notorischen Selbstmörder würden natürlich nach wie vor der *Anatomie* zugeführt – Zustimmung meinerseits).

B. versprach mir hiermit, sofort den Befehl ausgeben zu wollen, daß in Zukunft alle Leichen – auch entsprechend den mit der Stadt geschlossenen Verträgen –, für die eine geeignete Verbringung nicht ohne weiteres möglich sei, dem *Inst. f. ger. Med.* zugeführt werden sollen. K.«

Am 21.Oktober 1905 hat Richard Kockel diese Notiz in den Akten über »Allgemeine Institutsangelegenheiten« niedergelegt. Es war zweifellos eine recht wichtige Angelegenheit, die der Polizeidirektor Bretschneider angesprochen hatte, aber ganz auf dem laufenden ist er bei seiner Frage doch nicht gewesen, denn bereits am 1. September 1905 war zwischen dem Rate der Stadt Leipzig und der Direktion des Instituts für gerichtliche Medizin der Universität Leipzig »unter Genehmigung des Königlichen Ministeriums des Kultus und öffentlichen Unterrichts« ein Vertrag abgeschlossen worden, der folgendes beinhaltete:

»§ 1. Das Institut für gerichtliche Medizin stellt in seinen Räumen die Abteilungen zur Verfügung, welche bestimmt sind

    a) zur Vornahme der Sektionen, die im Auftrag des Gerichts, der Polizei und anderer Behörden vorzunehmen sind,

    b) zur Aufnahme, Lagerung und Rekognition von Leichen zu dienen.

§ 2. Es werden vom Rate der Stadt Leipzig dem Institut für gerichtliche Medizin zugeführt

    a) die Leichen aller Personen, die vor der Aufnahme in das städtische Krankenhaus zu St. Jakob, also insbesondere während des Transportes dahin verstorben sind,

b) die Leichen Verunglückter und plötzlich Verstorbener oder tot Aufgefundener, deren Persönlichkeit festgestellt werden soll.

§ 3. In der Schauhalle (Morgue) des Instituts für gerichtliche Medizin können die dem Institut zugeführten Leichen durch hierzu Berechtigte in Begleitung des Institutsdieners oder eines besonders zu beauftragenden Beamten des Krankenhauses zu St. Jakob von der Einlieferung ab besichtigt werden.

§ 4. Im Institut für gerichtliche Medizin wird die Leichenöffnung, soweit sie nicht auf Anordnung des Gerichts wegen Verdachts einer strafbaren Handlung oder auf Anordnung der Gesundheitspolizeibehörde wegen Verdachts einer gemeingefährlichen Krankheit erfolgt, oder wenn Angehörige, die vom Tode der dem Institut für gerichtliche Medizin zugeführten Personen zu benachrichtigen wären, nicht bekannt oder nicht zu ermitteln sind, nur mit ausdrücklicher Zustimmung der Angehörigen des Verstorbenen vorgenommen, und zwar, wenn nicht anderweite Bestimmung der Angehörigen vorliegt, in allen Fällen frühestens 24 Stunden nach Einlieferung der Leiche.

§ 5. Die Wiederherstellung der sezierten Leiche hat in einer Weise zu geschehen, daß die Spuren der Leichenöffnung so wenig wie möglich wahrzunehmen sind. Namentlich dann ist die Wiederherstellung besonders sorgfältig vorzunehmen, wenn einer Leiche ein längerer Transport bevorsteht; dies ist dem Institut für gerichtliche Medizin baldmöglichst von der Krankenhausverwaltung mitzuteilen. Reicht die Zeit zu einer ordnungsgemäßen Wiederherstellung der Leiche nicht aus, so hat entweder die Sektion ganz zu unterbleiben, oder es ist wenigstens von der Öffnung des Schädels abzusehen.

§ 6. Die im Institut für gerichtliche Medizin sezierten Leichen sind nach ihrer Aufbahrung und vor der Zulassung der Angehörigen durch einen besonders zu beauftragenden Beamten des Krankenhauses zu St. Jakob in Augenschein zu nehmen. Diesem Beamten ist ein Schlüssel zur Leichenhalle einzuhändigen; er soll zu den Besichtigungen in der Regel den Leichenwäscher zuziehen.

§ 7. Der Verwaltung des Krankenhauses zu St. Jakob, welche die Zuführung der Leichen vornimmt, ist von der Direktion des Instituts für gerichtliche Medizin zum Tag- und Nachtgebrauch ein Schlüssel zur Toreinfahrt und zur Leichenschauhalle (Morgue) zur Verfügung zu stellen.

§ 8. Die Effekten bzw. die mit der Leiche eingelieferten Wertobjekte und Ausweise etc. werden behufs Aufbewahrung und Rekognition wie bisher von der Verwaltung des städtischen Krankenhauses zu St. Jakob in Verwahrung genommen.

§ 9. Ist die Sektion ausgeführt, die Leiche seitens des Gerichts freigegeben, bzw. ist über die Beerdigung nicht zu sezierender Leichen von den Angehörigen Bestimmung getroffen, oder ist aus sonstigen Gründen die Beerdigung der in der Morgue befindlichen Leichen einzuleiten, so ist vom Institut für gerichtliche Medizin aus die Verwaltung des Krankenhauses zu St. Jakob zu benachrichtigen, worauf dann die Leichen durch letztere übernommen und nach erfolgter Einsargung zur Aufbewahrung in die Beerdigungshalle des pathologischen Instituts der Universität verbracht werden.

§ 10. Die Einsargung und Aufbahrung der dem Institut für gerichtliche Medizin zugeführten Leichen erfolgt durch die Krankenhausverwaltung zu St. Jakob. Die hieraus und aus weiteren für die Bestattung der Leiche erforderlichen Maßnahmen erwachsenden Kosten werden nicht vom Institut für gerichtliche Medizin getragen.«

Zeugung auf der Sofalehne?

Am 28. Juni 1906 gingen im Institut in der Unterhaltssache Röder gegen Silberbach Akten ein. Kockel notierte: »Die am 7.1.06 außerehelich geborene Elsa Röder klagt durch ihren Vormund auf Unterhalt.«

Die gesetzliche Beiwohnungszeit[22] reicht vom 11. März 1905 bis zum 10. Juli des gleichen Jahres. Die Kindesmutter, eine 30jährige Näherin, gibt an, sie habe letztmalig am 30. März 1905 mit Silberbach geschlechtlich verkehrt. Die letzte Periode sei am 22. März eingetreten.

Ausgehend vom Tage der möglichen Konzeption am 30. März 1905 bis zur Geburt hat Kockel eine Schwangerschaftsdauer von 283 Tagen berechnet.

Alles klar: Silberbach konnte der Vater der kleinen Elsa sein.

Aber da war die Aussage der Kindesmutter:

»Wir haben am 30.3. zunächst vergeblich versucht, den Coitus auf der Sofalehne zu vollziehen, dann habe ich auf einem Stuhl auf seinem Schoß gesessen, er hat seinen Geschlechtsteil in den meinen eingeführt, und mir war es auch, als erfolgte bei ihm eine Samenentleerung. Später habe ich den S. auf dem Sofa nochmals zum Samenerguß gereizt.«

Und diese Aussage bewegte das Gericht, der sachverständige Professor sollte sich – laut Beweisbeschluß des Gerichtes – auch »über die unter den Parteien streitige Frage, ob die Mutter bei der von ihr geschilderten Art und Weise, wie sie mit dem Beklagten Geschlechtsverkehr gepflogen hat, überhaupt vom Beklagten durch diese Beiwohnung geschwängert werden konnte«, äußern.

In der am 06. Juli 11 h durchgeführten Verhandlung Röder gegen Silberbach hielt es der Sachverständige für »ohne weiteres möglich, daß bei der Art, in der die R. mit dem S. am 30.3.05 Geschlechtsverkehr gepflogen hat, Befruchtung eintreten könnte«.

Schon in dem »Lehrbuch der gerichtlichen Medicin« von Adolph Henke aus dem Jahre 1841 ist übrigens zu lesen: »Um das Unvermögen zur Zeugung nach vollzogenem unehelichem Beischlaf zu erweisen, berufen sich die Angeklagten zuweilen darauf, daß die Begattung in einer ungewöhnlichen Lage und Stellung geschehen oder das männliche Glied nicht tief in die Scheide eingebracht worden sey, wodurch aber die Unmöglichkeit der Zeugung keineswegs erwiesen wird.«

Der sächsische Volksmund hat aus dieser biologischen Möglichkeit als juristische Wertung abgeleitet: »Drangehalten ist so gut wie 'neingesteckt.«

Knöchel von Menschenfüßen und Gedärme?

»In einem Walde bei Auerbach sind kürzlich anscheinend von Menschenfüßen herrührende Knöchel sowie Gedärme, ein Stück Luftröhre etc. aufgefunden worden, und es ist der Verdacht entstanden, daß ein Verbrechen vorliegt.

Es wird um Auskunft gebeten, ob die aufgefundenen Körperteile zwecks Vornahme einer Untersuchung und Abgabe eines Gutachtens über ihre Abstammung eingesandt werden können.«

Ein Schreiben dieses Inhaltes hatte der Direktor des Anatomischen Instituts, Hofrat Prof. Dr. Rabl, im Juli 1906 von der Staatsanwaltschaft Plauen erhalten. Da, wie der Hofrat vermutete, aber »offensichtlich eine gerichtlich-medizinische Angelegenheit« betroffen war, hatte er das Ersuchen an seinen gerichtsmedizinischen Kollegen weitergeleitet.

Bei Kockel war das Schreiben an der richtigen Stelle, am 28. Juli wurden ihm die Leichenteile und die Akten übersandt, u. a. das »Augenscheinsprotokoll«[23] vom 03. Juli. Der Fund selbst war am Vortage gemeldet worden.

Für sein Gutachten hat Kockel keine aufwendigen Untersuchungen der eingegangenen Skelett-Teile und der »Tonbüchse mit in Spiritus befindlichen Weichteilen« machen müssen. Schon am 1. August konnte er das Ergebnis der Königlichen Staatsanwaltschaft zu Plauen i. V. mitteilen: Es handelte sich um tierische Organe, um Haare und Urogenitalorgane einer jungen weiblichen Ziege und die Pfotenknochen eines großen und eines kleineren Hundes.

„Ob die Skelett-Teile zu gleicher Zeit wie die Weichorgane an die Fundstelle gelangt sind, ist nicht mit Sicherheit zu ermitteln; die fast vollständige Skelettierung der Hundepfoten würde dafür sprechen, daß sie schon sehr lange im Wald gelegen haben, während die Weichorgane ihrer ganzen Beschaffenheit nach und in Rücksicht auf die jetzige Jahreszeit höchstens einige wenige Tage im Freien gelegen haben können. Dabei ist aber naturgemäß nicht auszuschließen, daß die Hundepfoten zu der Zeit, als sie an die Fundstelle gelangt sind, sich bereits in dem gegenwärtigen Zustande befunden haben, und damit wiederum ist nicht ausgeschlossen, daß die Hundepfoten und die Weichorgane gleichzeitig am Fundorte niedergelegt worden sind«, heißt es im Gutachten.

Aber diese Einzelheiten waren für die Beantwortung der Hauptfrage, ob ein Verbrechen an einem Menschen vorliege, schon nicht mehr wichtig ...

Fingerabdrücke genommen – Identifizierung gelungen

»Die feinen Linien an der Innenseite der Finger, mitunter auch Tastrosetten oder Hautleisten genannt, erhalten zusehends immer größere Bedeutung – ja es wird vielfach versucht, das auf ihnen aufgebaute, sogenannte Galtonsystem mit dem von Bertillon rivalisieren zu lassen«, hatte 1901 der berühmte Kriminologe Hanns Groß im »Archiv für Kriminal-Anthropologie und Kriminalistik« geschrieben. Und bereits zwei Jahre später prophezeite der Wiener Polizeirat Camillo Windt in der gleichen Zeitschrift: »Schon in allernächster Zeit ist der Kampf auf Leben und Tod zwischen der Anthropometrie und der

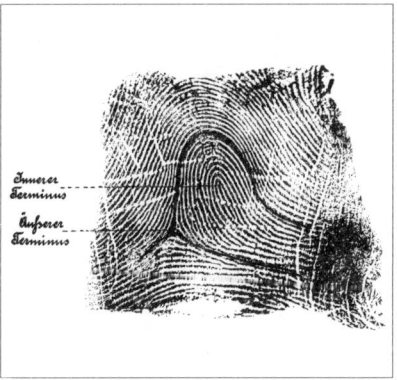

Familienfotos der besonderen Art: Fingerabdrücke von Frau Lena Kockel (rechter Mittelfinger) und Richard Kockel (rechter Daumen) aus dem Jahre 1904

Daktyloskopie zu gewärtigen und es dürfte aller Voraussicht nach die Letztere allerorten als Siegerin aus diesem Kampfe hervorgehen.«[24]

Obgleich der Chef der Dresdner Kriminalpolizei, Regierungsrat Koettig, 1896 in der Hauptstadt Sachsens das erste anthropometrische Meßbüro in Deutschland eingerichtet hatte, war auch er sehr früh von den Vorzügen der Daktyloskopie überzeugt: Schon am 24. Oktober 1903 führte ganz Sachsen das Fingerabdruckverfahren ein. Im gleichen Jahre begann man auch in Hamburg und Berlin mit der Sammlung daktyloskopischer Karten.

Das neue Verfahren, anhand von Fingerabdrücken eine unbekannte Person oder eine Leiche zu identifizieren, fand bald auch Eingang in die gerichtsmedizinische Alltagspraxis. Voraussetzung war natürlich, daß von diesem Menschen bereits Fingerabdrücke bei der Polizei oder in gerichtsmedizinischen Unterlagen vorhanden waren. Manchmal gelangen solche Identifizierungen wider Erwarten ganz reibungslos.

So wurden am 23. Dezember 1906 in Leipzig zwei männliche Leichen gefunden, eine nur mit einem Hemd bekleidet hinter den Gärten am Viadukt in der Berliner Straße und eine weitere auf der Rennbahn am Schleußiger Weg. Beide kamen ins Institut, bei beiden ergab die Sektion, daß offenbar ein Tod durch Erfrieren vorlag. »*Fingerabdrücke genommen*«, hat Kockel auf beiden Aktendeckeln vermerkt. Und in beiden Fällen gelang es dem Polizeiamt sehr schnell, die Leichen anhand der Fingerabdrücke zu identifizieren: Es handelte sich um den 1855 geborenen Arbeiter Bernhard Frauenheim und um den 1851 geborenen Maurer Albert Held.

Während seines gesamten beruflichen Lebens hat Richard Kockel die Entwicklung der Daktyloskopie aufmerksam verfolgt. 1913 beschrieb er ein neues »Verfahren zur Abnahme latenter Fingerabdrücke« mit einer von ihm besonders präparierten Folie.[25]

Nicht immer waren die Aussagen daktyloskopischer Gutachten so eindeutig, daß die Auftraggeber solcher Gutachten – z. B. Untersuchungsrichter oder Staatsanwälte – damit ihre Arbeit wirksam ergänzen konnten. Dann wurde mitunter ein Obergutachten durch einen besonders erfahrenen Sachverständigen angefordert. Professor Kockel hat nicht wenige solcher Obergutachten erstattet. Aber auch einem solchen Obergutachten konnte Kritik widerfahren. So geschehen im Jahre 1928: In der »Zeitschrift für die gesamte kriminalistische Wissenschaft und Praxis« erschien ein anonymer Artikel – verfaßt offenbar von einem Mitarbeiter des Berliner Erkennungsdienstes – über ein »daktyloskopisches Fehlgutachten«.

Angesprochen und kritisiert wurde darin ein von Kockel am 6. August 1927 für die Staatsanwaltschaft Breslau verfaßtes Obergutachten in einem Mordfall.

In einem Dorfe nahe Breslau war am 6. April 1927 eine Witwe M. erschlagen aufgefunden worden. Bei der Tatbestandsaufnahme konnte ein Fingerabdruck auf dem Glas eines kleinen stehenden Bilderrahmens gesichert werden. Auch auf einem zerrissenen Briefumschlag wurde durch Jodbedampfung ein Fingerabdruck sichtbar gemacht und durch eine Fotoaufnahme gesichert. Zwei männliche Personen – M. und R. – kamen als Täter in Betracht. Die Frage, ob beide Abdrücke von ein und derselben Person verursacht wurden, war für die Feststellung des Täters ausschlaggebend.

Der Breslauer Untersuchungsrichter hatte, nachdem außer der ortsansässigen Dienststelle zu den beiden Fingerabdrücken auch der Erkennungsdienst in Berlin Stellung genommen hatte und deren Herkunft von Fingern des Beschuldigten R. nachgewiesen zu haben glaubte, noch die Erkennungsdienste in Dresden, Wien, Kopenhagen und Stuttgart zu gutachtlichen Äußerungen veranlaßt. Trotzdem waren ihm diese Gutachten offenbar letztlich nicht völlig plausibel. Kockel schrieb dazu:»Der Untersuchungsrichter hat sich aus Gründen, die mir nicht bekannt geworden sind, veranlaßt gesehen, das gesamte Material, d. h. die Gutachten der oben aufgeführten Erken-

nungsdienste nebst den Originalen der abgenommenen Fingerabdrücke mir zuzuleiten, und mich ersucht, meinerseits in die Untersuchung der Abdrücke einzutreten, und zwar unter Stellungnahme zu
den bereits vorliegenden Gutachten.

Kockels Gutachten ist sehr umfangreich geworden, er hat es auch
ausführlich in der »Deutschen Zeitschrift für die gesamte gerichtliche
Medizin«[26] erläutert und dessen wissenschaftliche Grundlagen darge-
legt. Grundaussage des Gutachtens war, »daß die Herkunft des fraglichen Fingerabdruckes an dem Glas des Stehrahmens vom rechten
Daumen des Beschuldigten R. *nicht* nachweisbar ist und von den Vor-
gutachtern auch nicht erwiesen wurde«.

Richard Kockel sparte in seinem Artikel aber auch nicht mit Kritik
an der Arbeit der Erkennungsdienste. Er habe beim Durcharbeiten
der polizeilichen Gutachten Einblicke in die bei den Erkennungs-
diensten übliche Methodik daktyloskopischer Feststellungen nehmen
können. Diese müsse »auf einer unbedingt einwandfreien Technik
begründet sein. Dazu gehört in erster Linie der *photographische Teil* der
Bearbeitung. Was hier von dem ... Berliner Erkennungsdienst, von
dem die zuerst gefertigten photographischen Vergrößerungen des
fraglichen Glasabdrucks stammen, gebracht worden ist, muß als geradezu primitiv bezeichnet werden. Man kann nur vermuten, daß der
Gebrauch des mikrophotographischen Apparates, der seit Jahrzehnten in wissenschaftlichen Laboratorien tagtäglich benutzt wird, dem
Berliner Erkennungsdienst völlig fremd ist. Dementsprechend sind
auch die vergrößerten Photogramme des fraglichen Daumenab-
drucks, die von Berlin vorgelegt worden sind, für Identifizierungs-
zwecke völlig unbrauchbar.«

Aber nicht nur die Apparaturen und Methoden hielt Kockel für
kritikwürdig, auch für die Qualitäten der Bediensteten fand er eigene
Worte, »denn nach seinem Bildungsgang ist dem Polizeibeamten vor
seinem Eintritt in den Erkennungsdienst die Bearbeitung und Begutachtung naturwissenschaftlicher bzw. anatomischer Befunde völlig
fremd gewesen, sehr im Gegensatz zu dem Sachverständigen, der in
jahrelangen, medizinisch-naturwissenschaftlichen Studien die Fähig-
keit der Beobachtung und Beurteilung tatsächlicher Befunde sich zu
eigen gemacht hat. Zur Erwerbung der Qualifikation für daktyloskopische Untersuchungen muß der Polizeibeamte, um den eben
genannten Mangel auszugleichen, seine Fähigkeiten handwerks-
mäßig entwickeln. Darin liegt die Gefahr einer schablonenmäßigen,

routinierten Behandlung daktyloskopischer Fragen. Diese Gefahr wird sich besonders bei der Identifikation von Tatortfingerspuren aus- wirken müssen, weil dabei die daktyloskopische Routine leicht zu unrichtigen, mindestens aber nicht beweisbaren Behauptungen ver- leiten kann.«

Viele Jahre sind seit dieser Publikation Kockels vergangen, die gerichtliche Schriftkunde, Untersuchungen zur Schußtechnik, Branduntersuchungen und natürlich auch die Daktyloskopie sind heute längst nicht mehr an die Gerichtsmedizin gebunden. Aber nur von historischem Interesse sind Kockels Überlegungen von damals eben auch noch nicht.

Wie lange dauert eine Obduktion?

Drei Tage hatte der verstorbene 34jährige Gastwirt – im Oktober zwar, es war schon ein bißchen kühl – aufgebahrt in seiner Wohnung gele- gen, bevor Richard Kockel von der »Internationalen Unfall-Versiche- rungs-Aktiengesellschaft in Wien« den Auftrag erhalten hatte, eine Obduktion durchzuführen. Nunmehr aber mußte sehr rasch gehan- delt werden, wie der Obduzent notiert: »Eintreffen in Colditz 1 h 55, im Sterbehause 2 h 5; Beerdigung 3 h«, und natürlich konnte die Obduktion nicht umfassend sein: »Von der Eröffnung der Kopfhöhle mußte wegen der geringen, für die Vornahme der Obduktion zur Ver- fügung stehenden Zeit Abstand genommen werden«.

Die Untersuchung der »erheblich gefaulten Leiche« fand in der Wohnung des Verstorbenen in Colditz statt, der zuletzt behandelnde Arzt Dr. Mittelstraß war anwesend.

Was war geschehen? Der Gastwirt war am 12. Oktober 1907, ein Spülfaß vor sich hertragend, gestrauchelt und hatte sich dabei die Faß- kante gegen den Bauch gestoßen. Schmerzen im Bauch, Durstgefühl, Blähungen und schließlich Atembeschwerden waren aufgetreten, am 19. Oktober war er verstorben.

Die Versicherungsgesellschaft interessierte einzig und allein ein möglicher Zusammenhang zwischen diesem Vorfall und dem Tode, also der Kausalzusammenhang. Und den konnte Kockel auch in der kurzen Zeit, die ihm für die Leichenöffnung zur Verfügung stand, klären: Als Todesursache ergab sich eine schwere Bauchfellentzün- dung nach »Bauchquetschung«, jedoch ohne eine direkte Verletzung am Magen-Darmkanal. Der Obduzent gelangte zu dem Ergebnis, daß bei dem 34jährigen »durch den Sturz auf das Spülfaß am 12. Oktober eine schließlich tödliche Bauchfellentzündung hervorgerufen worden ist, und daß somit der Tod die direkte Folge des Unfalls vom 12. Oktober darstellt«.

Wie lange also dauert eine Obduktion?

Eine Obduktion dauert so lange, wie die handwerkliche Durchführung einer solchen Handlung und die exakte Dokumentation der erhobenen Befunde an Zeit brauchen – und das kann sehr unterschiedlich sein:

- Es gibt langjährig tätige Obduzenten, die nur langsam sezieren, und solche, die dies sehr rasch vollführen. Es gibt wenig geübte und durch jahrelange Praxis sehr routinierte Sektionsgehilfen.

- Es gibt einfache Fälle, wo die Todesursache rasch zu finden ist, und solche, wo zusätzliche Arbeiten (z. B. besondere Präparationen an einzelnen oder mehreren Organen) oder aber weitere Untersuchungen (z. B. Röntgenaufnahmen zum Auffinden von Projektilen bei Schußverletzungen, von alten Knochenbrüchen bei unbekannten Leichen u. ä.) nötig sind.

- Der zu untersuchende Verstorbene kann sehr zahlreiche Einzelbefunde (z. B. Verletzungen) haben, die einzeln beschrieben werden müssen, er kann dick bekleidet sein oder nur eine Badehose tragen. Die Kleidungsstücke können mannigfaltige, u. U. wichtige Veränderungen (Zerreißungen, Verschmutzungen, Materialauftragungen usw.) aufweisen; kurz gesagt: Die Beschreibung einer winterlich bekleideten, hochgradig zerstückelten »Eisenbahnleiche« dauert länger als die eines im Sommer im Dorfteich beim Baden Ertrunkenen.

- Auch die Ausführlichkeit der Befunddarstellung ist unterschiedlich: Bei einem tödlich verlaufenen Verkehrsunfall wird man in der Regel – vorausgesetzt, das Opfer ist bekannt – nicht den Hersteller jeden Hosenknopfes genau dokumentieren müssen. Bei einer Leiche, deren Identität unbekannt ist, hingegen muß jedes Merkmal dokumentiert werden; bei der Untersuchung eines möglicherweise Getöteten kann der Gerichtsmediziner eigentlich niemals genau genug schauen, messen, protokollieren, Befunde zeichnen oder fotografieren ...

- Viele andere Einflüsse können die Angelegenheit zeitlich beeinflussen: Die äußeren Bedingungen können sehr unterschiedlich sein, man kann warten müssen auf einen, der unbedingt bei der Sektion zugegen sein muß: ein Polizeiangehöriger, der behandelnde Arzt, der Staatsanwalt oder der Vertreter einer Versicherungsgesellschaft.

In Kockels Fall mit dem gestrauchelten Spülfaßträger war besondere Eile geboten durch die unmittelbar bevorstehende Beerdigung, es blieb nicht einmal Zeit, die Kopfhöhle zu eröffnen. Aber trotz dieser Eile konnte der Obduzent die Frage der Versicherungsgesellschaft eindeutig beantworten, d. h. einen ursächlichen Zusammenhang zwischen dem Unfall und dem Tod in diesem Fall bejahen.[27]

Zeuge der Hinrichtung

Die Gerichtsärzte Dr. Thümmler und Dr. Richter hatten an einem Märztag des Jahres 1907 im Institut die Leiche der 28jährigen Markthelfersfrau Margarete Roßberg seziert. Frau Roßberg war von ihrem Ehemann entkleidet in Knie-Ellenbogenlage im Bette liegend tot aufgefunden worden. Um ihren Hals war ein Strick geschlungen. Die Wohnung war durchwühlt, Geld fehlte. Eindeutig ergab die Sektion als Todesursache: Erdrosseln.

Kockel war bei der Sektion zugegen, machte Fotoaufnahmen und entnahm Abstriche aus der Vagina der Getöteten.

Schon einen Tag später hatte er diese Abstriche untersucht und teilte der Königlichen Staatsanwaltschaft mit, »daß in der Scheide der Frau Roßberg menschliche Samenfäden in nicht unbeträchtlicher Zahl nachgewiesen wurden«.

Kurze Zeit nach der Tat wurde als Täter der 20jährige Schuhmacher Otto Naumann festgenommen. Einige Monate später fand die Verhandlung gegen Naumann vor dem Königlichen Schwurgericht in Leipzig statt. Acht Zeugen waren geladen, als Sachverständige wurden Dr. Thümmler und Professor Kockel gehört. Alles war klar, nach nur sechsstündiger Verhandlung wurde das Urteil gesprochen: Naumann wurde zum Tode verurteilt. Der Angeklagte nahm das Urteil gefaßt auf, wird berichtet.

»Ich war bei der Hinrichtung anwesend«, hat Kockel in der Akte A 3/42 vermerkt. Nach einem Zeitungsbericht verlief auch die Hinrichtung ebenso unspektakulär wie die Verhandlung:

»Kurz vor 5 Uhr versammeln sich die Zeugen. In der vom Morgendämmern noch nicht erreichten dunklen Wandelhalle stehen sie oder wandern sie auch auf und ab. Von hier hat man einen Blick in den Lichthof. Hier ist bereits das Richtgerüst aufgeschlagen. Um daßelbe hat inzwischen ein Dutzend Gerichtsdiener Posten gefaßt, einige Herren stehen schon längere Zeit neben dem Gerüst in halblauter Unterhaltung.

Noch einige Minuten fehlen bis zum Glockenschlag 5, da erscheint Herr Staatsanwalt Jacobi, um die Zeugen zu ersuchen, ihm zu folgen. Zwei Minuten später umstehen sie im Halbkreis das Gerüst. Vorn haben bei Herrn Staatsanwalt Jacobi die Herren Landrichter Dehn und Henschel sowie Herr Gerichtsschreiber Neubert Aufstellung genommen. Zur Seite der Guillotine bemerkt man denjenigen, der das Urteil vollstreckt, Herrn Landesscharfrichter Brand.

Ein trüber, wolkenverhangener Morgen ist hereingebrochen ... Die fünfte Stunde ... Eine Seitentür wird geöffnet. Aller Augen sehen dem Raubmörder entgegen.

Eherne Gleichgültigkeit steht auf dem aufgedunsenen Gesicht ... Die grauen Hosen, die schwarze, nach Art der Turnertrikots ausgeschnittene Oberjacke, die den dicken Hals freiläßt, geben seiner ganzen Erscheinung etwas Monotones. Keine Wimper zuckt im Gesicht des dem Tode Verfallenen.

Jetzt verkündet Herr Staatsanwalt Jacobi, daß der im Jahre 1887 geborene Schuhmachergeselle Karl Otto Naumann wegen Mordes und Raubes zum Tode verurteilt und daß dieses Urteil rechtskräftig geworden ist. Er bittet den Landesscharfrichter, das Urteil zu vollstrekken.

Die fünf, sechs Stufen hinauf – der, über den eben der Stab gebrochen, bleibt starr und ruhig, als ginge ihn alles das nichts an. Im Nu sind die Riemen angezogen, die ihn auf das Richtbrett festdrücken, einen Augenblick darauf liegt der Nacken unter der Schneide des Richtbeils, ein Druck auf den Hebel, mit dumpfem Ton wuchtet das Fallbeil herab ...

Der Mörder ist gerichtet!

›Ich bitte die Herren, den Hof zu verlassen!‹ wendet sich Herr Staatsanwalt Jacobi an die Zeugen. Und fünf Minuten nach fünf Uhr befinden sie sich bereits außerhalb der Stätte der Sühne.«

Mit dem »Vollzug der Todesstrafe« hat sich im Jahre 1910 der Königsberger Gerichtsmediziner Prof. Dr. Georg Puppe (1867-1925) auf der 6. Tagung der »Deutschen Gesellschaft für gerichtliche Medizin« in einem Vortrag befaßt. Die gerichtliche Medizin, so Puppe, habe sich mit zwei Fragen »hinsichtlich des heutigen Vollzuges der Todesstrafe zu beschäftigen«. Einmal sei dies »die Frage nach der Sicherheit des beabsichtigten Erfolges« und zum zweiten die »Frage der Euthanasie, d. h. der Abschwächung der Qualen des Hinzurichtenden«.

Puppe ging dann zunächst auf die Hinrichtung durch den Strang ein, die z. B. in England, Österreich und Rußland sowie anderswo üblich sei. Bei dieser Art des Strafvollzuges könnten Fragen aufkommen wie: Wann ist der Erhängte wirklich tot? Können Erhängte – besser: zu früh »Abgenommene« – wieder ins Leben zurückgerufen werden? Und wenn ja, welche rechtliche Stellung nehmen derartige »Hingerichtete« dann ein? Puppe nannte hier Beispiele aus »noch nicht gar so fernliegender Zeit«: In Raab in Ungarn und in Boston/USA hatten die Erhängten nach mehr als zehn Minuten langem Hängen, als man sie vom Galgen nahm, noch gelebt. Erhängen, so Puppe, gewährleiste also nicht immer die »Sicherheit des Erfolges«. Die Frage nach der Abschwächung der Qualen sei allerdings positiv zu beurteilen – der Delinquent verliert nach dem Fall in die Schlinge rasch das Bewußtsein.

Über die in Amerika in neuerer Zeit gebräuchliche elektrische Hinrichtung wisse man hierzulande zu wenig, sie käme aber für Deutschland wohl nicht in Betracht.

In Deutschland, wo man gemäß § 13 des Strafgesetzbuches den Verurteilten durch Enthaupten durch das Handbeil hinrichte, sei sowohl die Sicherheit des Erfolges ebenso wie die »Euthanasie« gewährleistet. »Der Referent zeigte dann noch einige präparierte Halsorgane hingerichteter Mörder«, heißt es in einem Bericht über Puppes Vortrag.

Professor Puppe war ein Fürsprecher der Hinrichtung durch Enthaupten. Nur sei ihm der Gedanke gekommen, ob es nicht möglich und auch praktischer sein würde, statt des Beils die Guillotine anzuwenden. Scharfrichter Schwietz aus Breslau habe ihm eine solche Maschine, bei der eine schräg gestellte Klinge von 25 kg Gewicht in einer entsprechenden Führung aus einer Höhe von 150 Zentimetern auf den Hals des Delinquenten fällt, in einer Skizze gezeigt (im modernen Sachsen war – im Gegensatz zum ostpreußischen Hinterland – ein solches Fallbeil offenbar schon Jahre vorher in Anwendung). »Scharfrichter Schwietz, der 98mal mit dem Handbeil und achtmal mit der Guillotine Hinrichtungen vollzogen hat, zieht allerdings die erste Art der Guillotine vor, doch dürfte das auf Gewohnheit zurückzuführen sein.«

»In der sehr lebhaften Diskussion«, heißt es in dem Bericht, wurde allerdings die dem Scharfrichter Schwietz angenehmere Form der Hinrichtung durch die Hand weniger günstig als die mechanische Art mittels Guillotine eingeschätzt, »da schließlich mitunter doch auch dem Scharfrichter eine erhebliche und dann sehr peinlich wirkende Ungeschicklichkeit unterlaufen könne«. Zu deutsch: Auch Scharfrichter können einmal danebenhacken, und dann ist es eben mit der »Euthanasie« nicht zum besten bestellt.

»Vortragender faßte zum Schluß das Ergebnis der Debatte dahin zusammen, daß von keiner Seite gegen den Gebrauch des Fallbeils zur Vollziehung der Todesstrafe irgendeine Einwendung erhoben worden und die Hinrichtung durch Enthauptung als durchaus einfach, würdig und glatt in ihrem Verlauf anerkannt sei.«[28]

Unter den Gerichtsmedizinern jener Jahre – Richard Kockel dürfte dabei keine Ausnahme gewesen sein – scheint es kaum Gegner der Todesstrafe gegeben zu haben.

Statt Bartwuchs: Ekzem!

Die »Einholung eines Sachverständigengutachtens« ist damals wie heute bei Gerichten ein gern formulierter Beweisbeschluß, wenn dem Gericht in einem speziellen Fall die Sachkenntnis fehlt, mitunter aber auch, wenn es juristisch nicht so recht vorwärts gehen will. Zuweilen fehlt jedoch selbst dem Sachverständigen die ganz spezielle Sachkenntnis.

Unter dem Aktenzeichen A 13/13 hat Richard Kockel im Jahre 1907 folgendes notiert: »Der Motorwagenführer *Hase* hat sich von *Schwarzlose* (Beschuldigter) ein Haarwuchsmittel ›Harasin‹ gekauft, die Oberlippe damit bestrichen und ein ausgedehntes Ekzem davongetragen. Hase klagt gegen Schwarzlose auf insgesamt 213 Mk.« – eine beträchtliche Summe in jenem Jahrzehnt.

Laut Beweisbeschluß sollte der Professor in einem Gutachten dazu Stellung nehmen, ob »in dem Harasin Stoffe enthalten sind, geeignet, auf die menschliche Gesundheit schädigend einzuwirken« – dies ist der Antrag des Motorwagenführers mit dem offenbar zu spärlichen Bartwuchs – bzw. zu bestätigen, »daß das Harasin *frei* sei von schädlichen Stoffen«, so der Antrag des Vertreibers des Mittelchens.

Leider konnte auch Professor Kockel in diesem Falle nicht helfen, er mußte die Akten zurückgegeben »mit dem ganz ergebenen Bemerken, daß ich für die Entscheidung chemischer Fragen von der Art ... nicht zuständig bin«.

Einbalsamierung eines Herzogs

»Ernst Friedrich Paul Georg Nikolaus, Herzog von Sachsen-Altenburg, geb. 16. September 1826 in Hildburghausen als Sohn des Prinzen Georg und der Prinzessin Maria von Mecklenburg-Schwerin unter der Regierung seines Großvaters, des Herzogs Friedrich, siedelte noch im selben Jahre nach Altenburg über, gegen welches die Speciallinie, welcher er angehört, ihre seitherigen Besitzungen vertauschte, vermählte sich 1853 mit der Prinzessin Agnes von Anhalt-Dessau und kam noch in demselben Jahr durch den Tod seines Vaters zur Regierung. Von der Ansicht ausgehend, daß früher oder später eine Einigung der Nation unter Preußen stattfinden werde, vereinbarte er bereits 1862 eine Militärkonvention mit diesem Staat und blieb 1863 von dem Frankfurter Fürstentage fern. Am 14. Juni 1866 ließ er seinen Vertreter in Frankfurt gegen den österreichischen Mobilmachungsantrag stimmen, trat dem preußischen Bundesreformentwurf bei und stellte Preußen seine Truppen zur Verfügung. Unter seiner Regierung hat sich, befördert von den allgemeinen Zeitverhältnissen, die materielle Lage des Landes sehr günstig gestaltet, so daß 1862 eine wesentliche Verminderung der Steuern eintreten konnte. Aus seiner Ehe mit der Prinzessin Agnes von Anhalt-Dessau ist bis jetzt nur die am 2. Aug. 1854 geborene Prinzessin Maria hervorgegangen.«[29]

Am 7. Februar 1908 war der Herzog verstorben, und Richard Kockel erhielt einen ehrenvollen Auftrag:

»Auf Vorschlag *Curschmanns* wird mir die Einbalsamierung des heute morgen verstorbenen 81jährigen Herzogs Ernst von Sachsen-Altenburg übertragen«, notiert er in der vorliegenden Akte.

Die Kunst des Einbalsamierens wurde ja schon von den Assyrern, den Persern und den alten Ägyptern geübt; doch waren deren Verfahren um die Jahrhundertwende noch nicht genau bekannt. Die Leichen wurden vermutlich zunächst einige Monate in eine Lösung von

»Nitron«[30] gelegt; dann entleerte man die Körperhöhlen und füllte sie mit aromatischen Substanzen, unter denen sich auch Asphalt – z. B. aus dem Toten Meer stammend – befand. Schließlich wurden die Leichen zur Abhaltung von Luft mit aromatisierten Binden umwickelt.

Auch im 19. und im beginnenden 20. Jahrhundert waren – bei Todesfällen von Herrschern und Wohlhabenden – mitunter Einbalsamierungen vorzunehmen. Und Richard Kockel war wohl einer derjenigen, die, wenn auch bis zum Tode des Herzogs kaum über praktische, so doch über genaue theoretische Kenntnisse verfügten: »Gegenwärtig wird ganz allgemein die Konservierung ganzer Leichen dadurch bewerkstelligt, daß antiseptische Stoffe in das Blutgefäßsystem eingespritzt und so über den ganzen Körper verteilt werden. Diese Technik ist nach den Angaben von Schauenstein zuerst von Gannal in Paris und Tranchina in Neapel in den dreißiger Jahren des verflossenen Säkulums angewendet worden. Während nun, wie Schauenstein ausführt, früher Lösungen von schwefelsaurer und essigsaurer Tonerde, arseniger Säure sowie Zinksalze benutzt wurden, haben sich dauernd bewährt nur das Chlorzink und das Sublimat. Von diesen beiden Körpern wird, soviel Verf. bekannt geworden ist, gegenwärtig fast nur noch das Sublimat für Einbalsamierungen verwendet, das aber mehr und mehr durch das Formaldehyd in 2 bis 4 proz. Lösung verdrängt wird. ...

Die Technik der Einbalsamierung ist in erster Linie davon abhängig, ob die Leiche seziert war oder nicht. Ist der Körper intakt, so bindet man in eine Schenkelarterie Kanülen ein, deren eine, gegen das Zentrum gerichtet, die mit einer Spritze eingetriebene Konservierungsflüssigkeit nach allen Körperteilen mit Ausnahme des betreffenden Beines leitet, das vermittelst der anderen, peripherwärts gerichteten Kanüle für sich injiziert werden muß. In derselben Weise kann man auch beide Schenkelarterien oder eine bzw. beide Halsschlagadern benutzen. Nauwerk rät, nach Eröffnung der Bauchhöhle die Einspritzung durch zwei in die eröffnete Bauchaorta eingebundene Kanülen zu bewerkstelligen.

Gelingt es nicht, sämtliche Körperteile von einem oder mehreren Punkten des Arteriensystems zu injizieren, so muß man sich durch subkutane und intramuskuläre Sublimat- etc.-Einspritzungen vermittelst gläserner Spitzkanülen zu helfen suchen.

Besondere Vorsicht ist dem Gesicht zu widmen, das durch zu reichlich eingetriebene Konservierungsflüssigkeit leicht verunstaltet wird.«[31]

Nicht umsonst hatte daher Kockels früherer Lehrer, der Internist Prof. Dr. Curschmann, gerade ihn für die anstehende Aufgabe in Altenburg vorgeschlagen.

Mit seinem Gehilfen Zöllner fuhr Kockel also an jenem Freitag im Februar des Jahres 1908 mit der Eisenbahn nach Altenburg; die jeweils zwei Fahrkarten 3. bzw. 2. Klasse kosteten zusammen 7,80 Mark.

2 Mark »Trinkgeld« hat der Professor für den Gehilfen noch ausgegeben und 2 Mark für »Zehrung für mich«. Die Droschke kostete 1 Mark.

2 Liter 40%iges Formalin und Watte hatte man aus dem Institut mitgebracht. Bei der Aktion der Einbalsamierung des Herzogs zugegen waren der herzogliche Leibarzt, Sanitätsrat Dr. med. Reuter, und Oberstabsarzt Dr. Cammert.

Kockel hat protokolliert: »Es wurden von der l. art. femoral. aus zentripetal zunächst 5 Liter 4 % Formaldehyd (10 % Formalin) injiciert; die zentrifugale Injektion am l. Bein von der Femoralis aus gelang nicht.

Es wird daher das l. Bein durch eine größere Anzahl Injektionen konserviert; solche werden auch am Rücken, beiden Armen, Füßen, Nates vorgenommen. Nase und Ohren und Rectum werden mit Formalin-Wattebäuschen gefüllt, der ganze Körper mit Formalinlösung abgewischt.«[32]

Nach 1 ³/₄ Stunden war die Einbalsamierung beendet. Abgesehen von den Schwierigkeiten mit dem linken Bein war die Aktion geglückt – der verstorbene Herzog kann in seinem konservierten Zustand die Zeiten überdauern.

Die Honorierung der Kockelschen Arbeiten schleppte sich offenbar hin, erst nachdem Dr. Reuter ihm die Adresse für die Liquidation betr. der Einbalsamierung des Herzogs Ernst mitgeteilt hatte, schrieb der Professor unter dem 26. Mai:

»An die Herzogliche Hof-Hauptkasse zu Altenburg

Umstehend beehre ich mich, der Herzoglichen Hof-Hauptkasse meine Liquidation für die von mir am 7. Februar d. J. vorgenommene Einbalsamierung der Leiche Sr. Hoheit des verstorbenen Herzogs Ernst ganz ergebenst zu überreichen.

In vorzüglichster Hochachtung«

Und die Liquidation lautet so:

»Leipzig, 26. Mai 1908

Für die Einbalsamierung der Leiche Sr. Hoheit des verstorbenen

Herzogs Ernst – einschließlich der erforderlichen Auslagen für Formaldehyd, Reisekosten und Entschädigung für den Diener: Mk. 500,--«

Auch einige andere edle Verblichene hat Kockel einbalsamiert: z. B. die nach einer Kropfoperation verstorbene »Frau Geheim-Rat v. Timascheff, Gattin des Präsidenten der russischen Reichsbank in St. Petersburg« (am 23. September 1906) und »die Leiche des Kommerzienrates Steckner, Georgiring« am 28. Juli 1908.

Aber eine echte gerichtsmedizinische Aufgabe sind solche Arbeiten nicht geworden – trotz der guten Honorierung durch honorige Auftraggeber.[33]

Der überforderte Uhlenhuth

In der Geschichte der Medizin, aber auch anderer Naturwissenschaften ist das Phänomen zu beobachten, daß neue Methoden zunächst einmal überstrapaziert wurden, bevor man die Grenzen für deren Anwendung erkannt hatte. Auch Richard Kockel ist offenbar der Versuchung erlegen, dem von Uhlenhuth und nahezu gleichzeitig von Wassermann und Schütze beschriebenen Test zur Artbestimmung tierischen Eiweißes zu viel abzuverlangen.[34]

Die an Professor Kockel gerichtete Frage war in einem vorliegenden Falle, ob bei einer Frau eine ganz frühe Schwangerschaft bestehe. Eine solche Untersuchung konnte gerichtsärztlich notwendig werden, wenn eine Frau vor Ablauf von 10 Monaten nach Auflösung oder Nichtigkeitserklärung ihrer früheren Ehe wieder heiraten wollte (§ 1313 BGB). Für das erwünschte Abweichen von dieser Wartezeit wurde eine Bescheinigung darüber verlangt, daß keine Schwangerschaft vorliegt.

Kockel hat zu dem Fall protokolliert: »Frau geschiedene Dr. Fischer ist am 23.8. von mir auf Schwangerschaft untersucht worden, und zwar gemäß Vereinbarung während der Menses, die am 22.8. begonnen haben. Von dem blutigen Vaginalausfluß wird etwas mit Watte abgetupft, das eingetrocknete Blut wird zu einem kleinen Teil in 0,8 % NaCl gelöst, filtriert und die blaßgelbe Lösung mit den *Menstrualblut-Kaninchen-Seris* Nr. 67 u. 68 vom 22.6.09 in Kapillaren unterschichtet: In den *beiden* Kapillaren treten an der Grenze beider Flüssigkeiten charakteristische *Trübungen* nach wenigen Minuten auf: also *Menstrualblut*.

Überdies wird *mikroskopiert*: viel Plattenepithelien, Leukozyten.

Ergo Menstruation nicht zweifelhaft, damit aber Gravidität mit hinreichender Sicherheit ausgeschlossen.«

Richard Kockel wendete also eine Art »indirekten« Schwangerschaftstest an: Wenn mittels der Uhlenhuthschen Reaktion »Menstrualblut« nachgewiesen wird, konnte – so seine Überlegung – keine Schwangerschaft vorliegen. Es hat sich allerdings gezeigt, daß ein solches »Anti-Menstruationsblut-Serum« durch eine Immunisierung von Kaninchen nicht herstellbar ist. Die von ihm eingesetzten Antiseren waren offenbar lediglich allgemein gegen menschliches Eiweiß gerichtet, also »Anti-Mensch-Seren«.

Kockels Bemühungen in allen Ehren: Noch heute ist der Nachweis von Menstruationsblut – falls er in irgendeinem Kriminalfall einmal erforderlich wird – sehr schwierig.

Hingegen gilt eine Untersuchung auf das Vorliegen einer frühen Schwangerschaft inzwischen in der Gynäkologie als Routineuntersuchung. Es gibt nicht wenige dieser diagnostischen Methoden, und: einige dieser Tests basieren tatsächlich auf den seit der Wende zum 20. Jahrhundert bekannten Antigen-Antikörper-Reaktionen. Und wieder sind – wie schon bei Kockel – Kaninchen die Produzenten eines Antiserums. Das »Antigen«, d. h. der das Tier zur Antikörperproduktion anregende biologische Stoff, kann in diesem Falle z. B. das Choriongonadotropin sein, ein Hormon, welches bei einer eingetretenen Schwangerschaft von der sich entwickelnden Plazenta, dem Mutterkuchen, gebildet wird. Rote Blutkörperchen von speziell vorbereiteten – »sensibilisierten« – Schafen sind dann für diesen Test noch nötig, um innerhalb von etwa zwei Stunden eine Antwort auf die Frage zu erhalten: Schwangerschaft – ja oder nein?

Kremation – die endgültige Beseitigung aller Befunde

Einer der bedeutenden frühen Fachvertreter ist Prof. Dr. Karl Heinrich Wilhelm Reclam (1821-1887) zweifellos nicht gewesen, immerhin hat er – seit 1877 auch Polizeiarzt – das Fach Gerichtsmedizin über einige Jahre an der Universität Leipzig gelehrt. Seine eigentlichen Verdienste liegen vielmehr auf den Gebieten der vorbeugenden Gesundheitserziehung, der populärmedizinischen Schriftstellerei, der Hygiene, und: Er gründete bereits im Jahre 1876 in Leipzig einen Verein für

Feuerbestattung, der allerdings nach seinem Tode am 6. März 1887 wieder einging.

Im Krematorium in Gotha – die erste derartige Einrichtung in Deutschland hatte Ernst II., Herzog von Sachsen-Coburg und Gotha, schon am 10. Dezember 1878 in Betrieb nehmen lassen – wurde Reclam eingeäschert. Auch in Heidelberg (1891), Hamburg (1892), Jena (1898) und Offenbach (1899) gab es noch vor der Jahrhundertwende Anlagen zur Feuerbestattung.

Am 13. August 1891 entstand schließlich in Leipzig auf Initiative des Gohliser Kaufmannes Wilhelm Seifert ein neuer Feuerbestattungsverein, und im Oktober 1892 hieß es in einer Petition des Vereins: »Der Rath der Stadt wolle beschließen, die facultative Feuerbestattung in Leipzig zu genehmigen, dieselbe durch Regulativ zu regeln und dem Verein für Feuerbestattung zur Errichtung eines Crematoriums aus Privatmitteln einen geeigneten Platz auf dem städtischen Grund und Boden unentgeltlich zur Verfügung zu stellen, mit dem Vorbehalt, zu geeignetem Zeitpuncte diese Anstalt für Rechnung der Stadt in eigene Regie zu übernehmen.«[35] Dem neuen Verein wurde offenbar auch von seiten des Staates Interesse, wenn nicht Mißtrauen entgegengebracht: In den Akten des Polizeiamtes findet sich z. B. ein Bericht eines »Criminal-Schutzmannes« über eine Mitgliederversammlung des Vereins für Feuerbestattung am 4.11.1896.[36]

Die Angelegenheit zog sich in Sachsen noch viele Jahre hin, wurden doch im Sächsischen Landtag Bestrebungen zur Einführung der Feuerbestattung als »Laune einer neuerungssüchtigen Zeit« charakterisiert. 1904 waren Leichenverbrennungen in Preußen, in Sachsen, in Bayern und anderen deutschen Ländern noch immer untersagt.

Als 18. deutsches Krematorium wurde schließlich die Anlage auf dem Leipziger Südfriedhof offiziell am 14. Januar 1910 in Betrieb genommen. Die erste Einäscherung erfolgte aber bereits am 3. Dezember 1909: Es war Georg Wilhelm Max Welker, ein Fabrikbesitzer und Kaufmann aus Leipzig, der feuerbestattet wurde.

Die neue Möglichkeit, Verstorbene nach einer Verbrennung in einer Urne zu bestatten, hatte natürlich auch Konsequenzen: Man mußte sicher sein, daß es sich entweder um eine natürliche Todesursache handelte, oder durch eine Obduktion die Todesart und die Todesursache klären.

Mit dieser Aufgabe wurde Kockel bereits am 3. Januar 1910 betraut: Er sezierte im Institut die Leiche des 46jährigen Kalkwerksbesitzers

Bruno Paukert. »Hat seit Sommer 09 an Furunkeln gelitten. – Hat am 31.12. im Carolabad ein CO_2-Bad genommen u. ist dann tot in der – angeblich leeren! – Wanne gefunden worden«, notierte Kockel in der Akte, und weiter: »Die – zunächst abgelehnte – Sektion ist auf Antrag der Angehörigen gemacht worden, auch auf Veranlassung des Bezirksarztes Dr. Poetter und in dessen Gegenwart, da dieser ohne Sektion nicht die Genehmigung zur Verbrennung erteilen wollte.« Als Todesursache ergab sich: Tod durch Ertrinken – also ein nichtnatürlicher Tod, dessen Umstände durch die Polizei aufgeklärt werden mußten.

In den ersten Monaten war der Arbeitsanfall im Krematorium nicht allzu groß: In 57 Tagen hatte man nur 88 Einäscherungen, und es wurde geklagt: »Leipzig ist für Auswärtige das teuerste Krematorium«. Anfragen gab es, z. B. ob eine Kremation mit militärischen Ehren möglich sei und ob es wahr sei, daß die Bediensteten die Sargfüße vor der Kremation abhacken würden.[37]

Immer wieder wurden auch in den folgenden Jahren Sektionen nötig, wenn eine Feuerbestattung vorgesehen war; einige Beispiele:

Am 05. Dezember 1910 sezierte Kockel auf dem Südfriedhof die Leiche eines 24jährigen Studenten der Technik, der sich erschossen hatte. Hier hatte ein Verwandter um die Obduktion gebeten, weil schon ein Onkel des Studenten durch Selbstmord geendet hatte.

In anderen Fällen bestand der Verdacht auf eine Vergiftung, etwa im Falle des Plagwitzer Bahnhofswirtes, den Bezirksarzt Dr. Poetter und Prof. Kockel im Mai 1911 sezierten. Hier ist im Protokoll vermerkt: »Starker Potator, hat mit Vorliebe Steinhäger mit Cognac gemischt aus großen Groggläsern getrunken. Hat nach Mitteilung des Dr. Harnapp an Delirium tremens gelitten, ist am 27.4. an Brechdurchfall erkrankt. Da die Leiche verbrannt werden soll und eine Vergiftung nicht sicher auszuschließen ist, wird von Dr. Poetter die Sektion angeordnet. Vorläufige Prüfung des Magen- und Darminhalts und von Organteilen durch Dr. Röhrig hat keine Anhaltspunkte für Vergiftung ergeben (es bestand Verdacht auf Arsen-Vergiftung). Todesursache: Herzlähmung (schlaffes Potatorenherz).«

Auch bei Selbsttötungen ohne erkennbares Motiv wurde mitunter vor der Kremation seziert, so hat Kockel in einem solchen Falle notiert: »Ist in letzter Zeit öfters höchst reizbar gewesen. Hat sich schließlich ohne ersichtlichen Grund und ohne etwas zu hinterlassen in der Veranda seines Restaurants erhängt. Soll eingeäschert werden.«

Es sprach jedoch nichts gegen die Todesursache »Selbsterhängen«, so daß die Einäscherung ohne weiteres erfolgen konnte.

Insgesamt 44 Obduktionen hat Kockel bis 1920 gemeinsam mit Bezirksarzt Dr. Poetter vor Einäscherungen durchgeführt.

Die gerichtlichen Mediziner standen der Feuerbestattung zunächst recht kritisch gegenüber. So referierte Prof. Dr. Arthur Schulz aus Halle auf der VII. Tagung der Deutschen Gesellschaft für gerichtliche Medizin in Karlsruhe am 25. September 1911 über »die Stellung der gerichtlichen Medizin zur Frage der Feuerbestattung«. Hygienisch, so Schulz, sei die Feuerbestattung »bedenkenfrei zu begrüßen«, sie helfe auch dem Mangel an Begräbnisplätzen ab. Bei plötzlichen Todesfällen sei allerdings in jedem Falle die Leiche zu öffnen, dasselbe gelte bei Kunstfehlern. Eine Exhumierung sei in Zweifelsfällen natürlich nicht mehr möglich, es dürfe folglich keinerlei Zweifel hinsichtlich »Selbstmord und Verunglückung« geben.

Ein »Gesetz, die Feuerbestattung betreffend«, war für Sachsen am 29. Mai 1906 erlassen worden, 1920 wurde es novelliert. Zuvor war der Entwurf in der Volkskammer des Freistaates vorgetragen und verhandelt worden. Ziel war, die Feuerbestattung bedeutend zu erleichtern und sie der Erdbestattung gleichzustellen. In der Vorbereitungsphase wurden auch Bezirksarzt Dr. Poetter und Professor Kockel um ihre Meinung gebeten. Poetter schrieb in seiner Stellungnahme für die Volkskammer: »Ich halte es für meine Pflicht, vor einer zuweitgehenden Erleichterung zu warnen, und mache deshalb auf mehrere Fälle von unnatürlichen Todesursachen aufmerksam, die den praktischen Ärzten entgangen und erst durch die bezirksärztliche Untersuchung aufgedeckt worden sind. Schon im Laufe der letzten Jahre habe ich in meinen Jahresberichten mehrere solcher Fälle beschrieben, darunter auch einen Fall, bei dem die bezirksärztliche Untersuchung Lepra nachgewiesen hat. Neuerdings habe ich wieder zwei charakteristische Fälle, die den Wert und die Notwendigkeit der bezirksärztlichen Untersuchung beweisen, erlebt:

1. Am 19. Februar 1920 starb eine 37jährige Frau *Lehner* ohne vorherige ärztliche Behandlung. Der zugezogene Leichenschauarzt stellte das Zeugnis für die Feuerbestattung unbedenklich aus und bescheinigte auf Grund der Angaben des Witwers, die Frau sei an Lungenembolie gestorben. Bei meiner Untersuchung der Leiche am 19. Februar trat mir der Verdacht eines unnatürlichen Todes auf. Ich verlangte Sektion der Leiche; die zusammen mit Professor Dr. Kockel aus-

geführte Sektion ergab Vergiftung mit Ammoniak, dagegen nichts von Lungenembolie.

Noch bedenklicher ist der Fall 2. Der 71 Jahre alte Weichensteller a. D. *Anton* starb am 10. Oktober 1919. Der Arzt, der ihn behandelt und die Leichenschau ausgeführt hatte, bescheinigte als Todesursache Blutsturz infolge von Herz- und Lungenleiden. Er stellte das Zeugnis für die Einäscherung mit dieser Todesursache aus und erklärte, jede gewaltsame Todesursache sei ausgeschlossen. Bei meiner Untersuchung der Leiche fand ich den Mund der Leiche blutgefüllt und eine sichere Schußwunde im harten Gaumen mit schwarzverbrannter Umgebung; ferner fand ich am Hinterkopf eine klaffende Hautwunde, in deren Tiefe der Schädelknochen zersplittert war und das Gehirn freilag; diese Schädelwunde sprach ich also als die Schußöffnung an. Der Sohn des Verstorbenen gab auf ernstliche Befragung zu, daß der Vater tatsächlich durch Erschießen (mit eigener Hand) verstorben sei. Der Arzt hat das falsche Zeugnis, obwohl er den richtigen Hergang kannte, aus Gefälligkeit gegen die Familie ausgestellt. Ein gegen den Arzt eingeleitetes gerichtliches Verfahren ist später eingestellt worden.

Wenn solche Fälle schon jetzt, wo die Kontrolle der bezirksärztlichen Untersuchungen besteht, vorkommen, so muß mit Bestimmtheit befürchtet werden, daß sie sich bei Wegfall dieser Kontrolle noch viel häufiger ereignen werden.«[38]

Auch Kockel hat sich für eine qualifizierte zweite Leichenschau vor Kremationen eingesetzt. In seinen Notizen zur Vorbereitung einer Besprechung im Dresdner Innenministerium ist u. a. zu lesen:»Durch die *Verbrennung* wird die Leiche in kurzer Zeit zerstört, so daß nachträgliche anatomische Feststellungen, selbst am Skelett, nicht mehr möglich sind. Auch die meisten chemischen Untersuchungen der Aschereste sind aussichtslos, da alle organischen Gifte zerstört werden.« Im Erdgrab hingegen bleibe die Leiche je nach Bodentemperatur und -beschaffenheit verschieden lange Zeit erhalten, man könne also auch später nach Enterdigungen oftmals noch wichtige Feststellungen treffen. »Unter den 2076 Sektionen, die 1900-1920 im Institut für gerichtliche Medizin vorkamen, waren 38, d. i. 1,8 % Enterdigungen.« Kockel setzte sich ebenso wie Poetter für eine zweite Leichenschau vor jeder Kremation ein, eine solche Untersuchung sollte nur durch einen beamteten Arzt oder einen für diesen Zweck besonders verpflichteten und qualifizierten Arzt durchgeführt werden.

Das Ministerium ging in der Folgezeit auf diese Vorschläge ein, Sonderlehrgänge für Leichenschauärzte wurden geplant. »Nach Ansicht des Ministeriums des Innern werden solche Kurse am zweckmäßigsten in dem Institut für gerichtliche Medizin abgehalten. Das Ministerium ... würde besonderen Wert darauf legen, wenn wenigstens der erste Kursus von Ihnen als einer auf dem Gebiet der gerichtlichen Medizin anerkannten Autorität geleitet werden könnte. Das Ministerium ... darf Ihre Bereitwilligkeit hierzu schon deshalb annehmen, weil Sie sich gelegentlich der Verhandlungen in der früheren Volkskammer über die Novelle zum Gesetz, die Feuerbestattung betreffend, in mündlicher Rücksprache mit dem Kommissar, Geheimen Regierungsrat Dr. v. Brescius hierzu bereit erklärt hatten.«[39]

Wieder war Kockel um eine Aufgabe reicher, der er sich, wie bei allem, was er tat, jedoch mit Engagement widmete: Ein erster Lehrgang für Leichenschauärzte fand vom 11. bis 16. April 1921 am Institut statt, weitere Lehrgänge, meist fast ausschließlich von Kockel bestritten, folgten in jährlichen Abständen.

Die sachverständige Prüfung von Geldautomaten

Der Leipziger Staatsanwalt Dr. Oertel ist es gewesen, der Richard Kokkel in den Jahren 1908/1909 eine größere Anzahl von Geldautomaten ins Institut brachte. Die Frage, die den Juristen dabei interessierte, war, worum es sich bei diesen Spielvorrichtungen handelt, d. h., ob sie als Glücksspiel- oder als Geschicklichkeitsautomaten anzusehen sind. Dr. Oertel selbst hatte sich darüber schon in einer eigenen Arbeit Gedanken gemacht,[40] nun sollte durch Kockel eine »sachverständige Prüfung« erfolgen.

Den Gerichtsmediziner muß diese Aufgabe fasziniert haben, bis in seine letzten Jahre hinein hat er sich damit beschäftigt, wobei ihm »noch reiches Untersuchungsmaterial von vielen anderen Seiten zugeflossen« ist.

1910 hat er allerdings bereits eine umfangreiche Arbeit über seine Untersuchungsergebnisse veröffentlicht.[41]

»Seit einigen Jahren«, so schrieb er damals, »hat sich ein Industriezweig entwickelt, der dem Publikum *Geldspielvorrichtungen* anbietet. Diese Geldspielautomaten, die in vielen Tausenden von Exemplaren über ganz Deutschland verbreitet sind, sind Apparate, bei denen

Geldspielautomaten aus Kockels Zeiten

mit einem eingeworfenen Geldstück gewisse Manipulationen vorzunehmen sind, die entweder zum Verlust des Einsatzes oder zum Gewinn führen. Automatisch erfolgt dabei lediglich die Einkassierung des verlorenen Einsatzes und die Auszahlung des Gewinns, der entweder aus barem Gelde oder aus Wertmarken besteht.« Geldspielautomaten stünden inzwischen in großer Anzahl in Wirtschaften, Schausteller und Unternehmer zögen daraus sehr erhebliche Gewinne. »So fand ich z. B. in einem ›Komet‹, der 12 Tage in einem ländlichen Gasthof gehangen hatte, 50 Mark, öfters kleinere Beträge von 10–30 Mark. In einem anderen Falle löste der Inhaber einer Automatenhalle aus seinen Apparaten täglich im Durchschnitt ungefähr 100–120 Mark. Schon diese wenigen Zahlen mögen dartun, daß die wirtschaftliche Bedeutung der Spielautomaten durchaus nicht gering zu schätzen ist, um so weniger, als gerade die arbeitende Bevölkerung durch sie zum Spiele verlockt und um ihre sauer verdienten Groschen gebracht wird.«

Die wichtigste Frage bei der Untersuchung einer großen Anzahl solcher Spielautomaten war für Kockel, zu klären, »*ob es an ihnen möglich ist, das eingeworfene Geldstück mit überwiegender Wahrscheinlichkeit an eine bestimmte erstrebte Stelle zu befördern, damit aber es mit überwiegender Wahrscheinlichkeit einer Gewinnöffnung zuzuführen.*

Es ist naturgemäß, daß von einem bestimmenden Einfluß des Spielers auf den Ausgang des Spiels nur dann die Rede sein kann, wenn die Automaten als eine Art von Schießvorrichtungen ein gewisses Maß von *Treffsicherheit* besitzen. Sinkt die Treffsicherheit unter einen bestimmten Grad, so sind der Einwirkung der Geschicklichkeit auch des geübtesten Spielers auf den Spielausgang feste Grenzen gezogen, die er auch durch noch so sorgfältige und emsige Übung nicht überschreiten kann: denn sie sind in den konstruktiven Eigentümlichkeiten bzw. Mängeln der Automaten begründet.«

Nach ihrem mechanischen Aufbau und ihrer Funktionsweise hat Kockel insgesamt sechs verschiedene Gruppen von Automaten gefunden: etwa solche, bei denen das eingeworfene Geldstück in eine Führungs- oder Schußrinne gelangt und mit einem Fingerschlag oder einem Federhämmerchen in einen Schußraum geschleudert wird, der durch eine Glasscheibe vom Spieler abgetrennt ist, während die Rückwand Gewinn- oder Verlustöffnungen enthält, in die das Geldstück hineingleitet. »Komet«, »Salamander«, »Minerva« oder »Excelsior« waren Namen für solche Modelle. Bei einer anderen Gruppe solcher Automaten hatte der Spieler die Aufgabe, das eingeworfene Geldstück durch Fingerstoß auf einer schiefen Ebene gerade so weit vorwärts zu treiben, bis es in die unter deren Ende befindliche Gewinnöffnung fiel. »Reform« hieß ein solches Modell. Bei einer Gruppe sogenannter Schießautomaten wurde aus einer mit Kimme und Korn versehenen Zielvorrichtung der Spieler in die Lage versetzt, einen gezielten Schuß abzugeben. Münzen oder Kugeln wurden dabei direkt aufs Ziel geschleudert. Eine ganz besondere Gruppe umfaßte jene Spielvorrichtungen, bei denen eine Münze mit einem Schnapper von oben in einen Schußraum geschleudert wurde, der zwei oder drei Reihen von Stiften enthielt. Unterhalb der untersten Stiftreihe befand sich eine schiffchenförmige Fangvorrichtung, die vom Spieler zum Auffangen der durch die Stiftreihen hindurchfallenden Münze durch Drehen an einem Knopf hin- und herbewegt werden mußte. »Zeppelin« hieß dieser Automat.

Viele der von Kockel begutachteten Automaten wurden durch besondere Schildchen als »Geschicklichkeitsprüfer« angepriesen, nicht selten fanden sich auch Hinweise, daß Angetrunkenen, Ungeschickten und Tolpatschen das Spielen verboten sei.

Bei der Beurteilung der Automaten ist Kockel nicht davon ausgegangen, ob und wieviel an ihnen gewonnen werden konnte, sondern lediglich davon, ob es möglich war, an den Spielvorrichtungen mit der überwiegenden Wahrscheinlichkeit eine bestimmte erstrebte Zielstelle zu erreichen. Folglich war daher in erster Linie die Treffsicherheit der Automaten zu ermitteln. Dies mußte auf eine objektive Weise geschehen: Kockel setzte dabei selbstkonstruierte Schlag- und Stoßapparate und andere mechanische Vorrichtungen ein, »durch welche der unmittelbare Einfluß unserer Muskulatur völlig ausgeschaltet wird«. Auch die Ergebnisse von zahlreichen Versuchen an dem gleichen Apparat wurden ausgewertet, d. h., es war festzustellen, »in welchem Verhältnis die Zahl der eine erstrebte Öffnung berührenden Treffer (erstrebte Treffer) zu der Zahl der Gewinner in dieser Öffnung (Volltreffergewinner) steht«.

Anerkennend hat Kockel bei seinen Versuchen feststellen müssen, »daß es unter den Geldspielautomaten auch Kunstwerke gibt, Kunstwerke in dem Sinne, als eine gewisse Kunst dazu gehört, ihren Mechanismus so zu gestalten, daß er möglichst unzuverlässig und derart funktioniert, daß der Spieler unter allen Umständen, auch wenn er noch so geschickt ist, ganz überwiegend, manchmal sogar völlig dem Zufall preisgegeben ist«.

Bei der Prüfung mancher dieser Automaten setzte Kockel für die damalige Zeit modernste Technik ein: Kinematographische Aufnahmen seien bei der Prüfung gewisser, mit Fangvorrichtung versehener Automaten (»Zeppelin« und verwandte) – bei denen »unter Zugrundelegung psychophysischer Erfahrungssätze zu ermitteln (sei), ob die Anforderungen, die an den Spieler gestellt werden, über die Fähigkeiten des menschlichen Organismus hinausgehen oder nicht« – »nicht zu entbehren«.

Kockels Fazit: »Von diesen Gesichtspunkten ausgehend mußte ich die weitaus überwiegende Mehrzahl der mir zur Prüfung übergebenen Spielvorrichtungen als Glücksspielautomaten bezeichnen, nur für wenige konnte das Gutachten dahin abgegeben werden, daß für einen außergewöhnlich geübten und geschickten Spieler Zufall und Geschicklichkeit in ihrer Einwirkung auf das Spielergebnis sich ungefähr die Waage halten, mitunter die letztere auch von überwiegendem Einfluß sein kann. Bei vereinzelten Automaten – meist echten Schießautomaten – mußte anerkannt werden, daß das Spielergebnis mehr von der Geschicklichkeit des Spielers als vom Zufall abhängig ist.

Daß über die Qualifikation der Spielautomaten als Glücksspielvorrichtungen meist nicht hinwegzukommen ist, hat nach den hier gemachten Beobachtungen seinen Grund in wohldurchdachten konstruktiven Eigentümlichkeiten, dem Einfluß der Geschicklichkeit und Übung des Spielers auf das Spielergebnis ganz bestimmte Grenzen zu ziehen, und zwar im Interesse des Unternehmers.«

Die Geldspielautomaten jener ersten Generation gehören heute zu den musealen Kostbarkeiten. Die Besitzer »einarmiger Banditen« haben jedoch auch in den folgenden Jahrzehnten bis in die Gegenwart Spielfreudigen und *Spielsüchtigen* das Geld aus der Tasche gezogen.

Heute ist die gewerbsmäßige öffentliche Aufstellung von Geldspielautomaten nach § 33 c der Gewerbeordnung nur gestattet, wenn die Bauart von der Physikalisch-Technischen Bundesanstalt zugelassen und die Inbetriebnahme von der Aufsichtsbehörde genehmigt ist. Und auch im Strafgesetzbuch gibt es klare Regelungen, die das unerlaubte Veranstalten von Glücksspielen verbieten (§ 284 StGB).

Trotzdem reichen die unzähligen legalen Spielcasinos, Spielotheken und Spielhallen völlig aus, um bei nicht wenigen Menschen ein zwanghaftes Spielen um Einsätze – in der Regel Geld – zu erzeugen. Bestimmt von dem Drang, das Schicksal herauszufordern und zu beherrschen, tritt auch bei Spielsüchtigen eine Art »Kontrollverlust« auf, ein unbezwingbares Nichtaufhörenkönnen nach Beginn des Spielens und der Zwang, fortwährende Verluste durch fortwährendes Spiel wettzumachen. Dann aber braucht der Glücksspielsüchtige, wie viele andere Verhaltensgestörte auch, externe Hilfe, um mit dem pathologischen Spielen auf Dauer aufhören zu können.

Zweimal verunglückt und trotzdem *natürlich* gestorben

1908 hatte der 50jährige Gußputzer Wilhelm Kunze während der Arbeit durch eine zerspringende Schmirgelscheibe eine schwere Verletzung erlitten: Das linke Jochbein und der Oberkieferknochen waren zertrümmert worden. Nur langsam hatte er sich davon erholt, Schäden waren zurückgeblieben, Kopfschmerzen, auch Sehstörungen, denn er hatte nun doppelt gesehen. Eine Brille mit einem abgedunkelten Glas hatte ihm halbwegs geholfen, sich zu orientieren.

Ein Jahr später hatte er erneut Pech gehabt: Er war mit einem Radfahrer zusammengestoßen und durch den Anprall unter dem Vorderperron eines Straßenbahnwagens zu liegen gekommen. Wieder waren Kopfverletzungen eingetreten, aber auch eine Quetschung von Brust und Rücken mit einem Bruch der Lendenwirbelsäule.

Richtig gesund ist Kunze nicht wieder geworden, die Lendenwirbelsäule hatte sich versteift, Magenbeschwerden waren hinzugekommen, auch hatte er erheblich abgenommen. Schließlich, am 9. Juli 1910, war er gestorben und wenige Tage später beerdigt worden.

Wochen danach erst erhob sich die Frage, inwieweit die beiden Unfälle einen Einfluß auf den Todeseintritt hatten; die Witwe Kunzes und die Sächsisch-Thüringische Eisen- und Stahl-Berufsgenossenschaft interessierten sich dafür. Der erste Unfall hatte sich während der beruflichen Tätigkeit zugetragen, der zweite Unfall war ein Straßenunfall ohne zunächst erkennbaren Zusammenhang mit der Berufstätigkeit. War der erste Unfall aber vielleicht in irgendeiner Weise ursächlich für den Tod, oder war etwa der zweite Unfall eine indirekte Folge des ersten – zurückzuführen z. B. auf die vom ersten Unfall zurückgebliebenen Sehstörungen? Und woran war Kunze überhaupt verstorben?

Insbesondere die letzte Frage ließ sich nur durch eine Obduktion klären. Aber immerhin waren, als von der Berufsgenossenschaft diese Frage gestellt wurde, bereits an die 50 Tage seit der Beerdigung vergangen. Es war Sommer, und es war warm, was bekanntermaßen Fäulnisvorgänge im Erdreich rascher ablaufen läßt.

Trotzdem wurde die Leiche am 2. September 1910 enterdigt und im Sektionsraum des Leipziger Südfriedhofes von Professor Kockel in Anwesenheit des Bezirksarztes Dr. Poetter seziert. Fortgeschrittene Fäulnis wurde von Kockel beschrieben, mit allen Zeichen, die dazugehören, aber auch noch auffallend gut erhaltene Bauchorgane. Und hier fand sich ein eindeutiger Befund: ein ausgedehntes Magenkarzinom, ein Krebsleiden, das auch in Form von Tochtergeschwülsten in der Leber noch nachweisbar war.

Es müsse folglich, so schrieb Kockel in seinem Gutachten für die Berufsgenossenschaft, »mit Sicherheit bzw. höchster Wahrscheinlichkeit abgelehnt werden, daß die tödliche Erkrankung Kunzes durch einen der beiden Unfälle hervorgerufen worden ist«.

Ein näheres Eingehen auf die Frage, ob der zweite Unfall durch die Folgen des Betriebsunfalls im Jahre 1908 verursacht worden sei, erübrige sich deshalb zunächst auch. Falls die Berufsgenossenschaft es aber wünsche, würde man sich dazu gesondert äußern.

Zwei vorangegangene schwere Unfälle – und trotzdem eine natürliche Todesursache.

Ohne eine Obduktion hätte man diesen komplizierten Sachverhalt nicht klären können, und wenn die Exhumierung noch einige Wochen später erfolgt wäre, sicherlich auch nicht mehr.

Wurde Lina durch Oleum entstellt?

Es ist schon eine recht ferne Zeit, als man unter »Oleum« gemeinhin konzentrierte Schwefelsäure verstand, selbst wenn man den präzisierenden Zusatz »vitrioli« wegließ.[42] Die ölige Substanz wurde sogar im Haushalt gegen besonders hartnäckige Verschmutzungen eingesetzt.

Lina – ein typischer Name für ein Dienstmädchen jener Jahre, aber sie hieß tatsächlich so – war am Gründonnerstag des Jahres 1909 von ihrem Dienstherrn, einem Arzt, beauftragt worden, die Badewanne für die kommenden Feiertage besonders gründlich zu reinigen, Oleum solle sie dazu verwenden.

Das Dienstmädchen fügte sich bei diesen Arbeiten nach eigenen Angaben Schaden zu; eine lange zivilrechtliche Prozedur kam in Gang, schließlich gelangten die Akten auf den Tisch des Professors der gerichtlichen Medizin, der im Oktober 1911 ein schriftliches Gutachten für die beim Amtsgericht Leipzig anhängige Angelegenheit formulierte. Auch den eigentlichen Vorgang hat Kockel nochmals nach den Akten dargestellt: Das Dienstmädchen habe, als es die Badewanne mit Oleum reinigte, »beim Wegstreichen der Haare aus der Stirn diese mit der Hand berührt. Nach einiger Zeit habe sie an der Stirn ein Brennen empfunden und sich die Stirn mit der Hand gerieben. Dadurch sei das Brennen noch schlimmer geworden. Durch die Ofenhitze beim Kochen ... seien heftige Schmerzen entstanden. Am folgenden Tage (Karfreitag) seien die Wunden offen gewesen. Der Beklagte habe die Klägerin bis zum 15. Juli, dem Tage ihrer Dienstentlassung, behandelt. Vom 1. August bis Ende Dezember 1909 sei sie erwerbsunfähig gewesen.«

Im Gutachten schreibt Kockel, daß die Verletzungen an der Stirn durchaus auf die beschriebene Weise zustande gekommen sein können, es sei auch »keineswegs erforderlich, für die Entstehung der Stirnhautverletzungen als Erklärung eine Selbstverstümmelung herbeizuziehen.« Infolge »fortgesetzter grober Arbeit« hätten die Hände des Dienstmädchens eine dicke und widerstandsfähige Oberhaut-Hornschicht gehabt, und die Schwefelsäure habe deshalb keine Verletzungen an den Fingern verursacht. Eine Beeinträchtigung der Erwerbsfähigkeit sei allerdings – zumal die Klägerin bis zum 15.07. beim Beklagten gearbeitet habe – auszuschließen. Die geklagten Kopfschmerzen und eine Beeinträchtigung des Allgemeinbefindens könnten ebenfalls nicht als Folge der Verätzung angesehen werden. »Bezüglich der Frage, ob die Klägerin durch die Narbenbildung an der Stirn *dauernd entstellt* ist, ist daran zu erinnern, daß bei jugendlichen Personen weiblichen Geschlechts naturgemäß jede Narbe im Gesicht entstellend wirken muß.« Die Narben seien allerdings wohl (nach Angaben eines behandelnden Arztes) nur geringfügig. »Es ist unterlassen worden, die Klägerin wegen dieser Frage nach Leipzig kommen zu lassen, da für die Beurteilung des Grades einer Entstellung nicht sowohl ärztliche, als vielmehr allgemein ästhetische Gesichtspunkte in Betracht kommen, und da es scheinen muß, als sei gerade für die Beurteilung des Grades einer Entstellung der Nichtarzt geeigneter als der Arzt, der sich überwiegend mit der rein medizinischen Seite von Verletzungen zu befassen hat.«

»Volltrefferstich« oder: Der dankbare Täter

Ein »Feiner«, wie man in Sachsen sagt, war Dressel eigentlich nie gewesen. Schon 1906 war der 25jährige Schlosser wegen versuchten Straßenraubes zwischen Groitzsch und Pegau, den beiden kleinen Ortschaften nahe Leipzig, verurteilt worden. Zweieinhalb Jahre hatte er bekommen, auch, weil er sein Opfer am Halse gewürgt hatte. Widerstand, Hausfriedensbruch und Körperverletzung hatten ihm weitere Inhaftierungen eingebracht.

Am 8. Oktober 1911 »weilte Dressel auf einem Tanzvergnügen«, wie später die Zeitung schrieb. Auch der Bergarbeiter Fritz Krämer und dessen Ehefrau vergnügten sich dort. Hingegangen sei er – Krämer – eigentlich ungern, sagte er später vor Gericht, weil er mit Dressel schon einmal in Streit geraten war. Man traf sich, und als Krämer ihm die Versöhnung anbot, hatte Dressel ihn angefahren: »Ich haue dir ein paar in die Schnauze!« Der Zeitungsberichterstatter notierte weiter: »Frau Krämer hat dann Dressel ersucht, er möge ihren Mann gehen lassen, Krämer selbst hat noch gesagt, Dressel möge ihm nicht

zu nahe kommen.« Rempeleien folgten, Krämer setzte sein Taschenmesser ein ...

Nur am Arm habe er Dressel verletzen wollen, sagte er später in der
Gerichtsverhandlung. Aber getroffen hatte er den eigentlich körper-
lich Überlegenen am Kopf. Fast 6 cm tief war die Spitze des Messers in
den Kopf eingedrungen; früh $1/2$ 4 Uhr an jenem Sonntagmorgen war
Dressel verstorben. Eine gerichtliche Sektion war angeordnet worden,
Gerichtsarzt Dr. Thümmler und Dr. Engau hatten sie am 11. Oktober
auf dem Friedhof in Groitzsch durchgeführt. »Hirndruck infolge Ge-
hirnblutung nach Hirnverletzung« stellten sie als Todesursache fest.

Nach dem Messerstich hatte sich Krämer schleunigst entfernt; bald
war er festgenommen und einen guten Monat in Untersuchungshaft
behalten worden. Vernehmungen hatte er über sich ergehen lassen
müssen, seine Darstellung des Ablaufs der Auseinandersetzung geschildert: Notwehr, auch eigentlich unbeabsichtigte Verletzung durch
Herumfuchteln mit dem Messer hatte er angegeben.

Den Staatsanwalt interessierte demzufolge, »ob die Angaben des
Beschuldigten (Krämer) über den Verletzungsvorgang glaubwürdig
erscheinen«. Professor Kockel sollte diese Frage beantworten.

Verständnis für das Verhalten des Täters oder nicht, der Sachverständige mußte zu dem Schluß kommen: »Die Darstellung des
Beschuldigten, daß er dem hinter ihm stehenden Dressel lediglich
infolge eines Zufalls beim Umsichschlagen mit dem Messer den Voll-
trefferstich in die rechte Schläfengegend beigebracht habe, ist vollkommen unglaubwürdig.«

Im Januar 1912 fand dann an zwei Tagen die Schwurgerichtsverhandlung gegen Krämer statt: Kaufmann Teichmann aus Geithain,
Kaufmann Kloß aus Leipzig-Gohlis, Produktenhändler Bauermann
aus Leipzig-Thonberg, Buchdruckereibesitzer Bode aus Grimma,
Bankdirektor Marthaus aus Oschatz, Kaufmann Frenkel aus Leipzig,
Münzwardein Dr. Reinhard aus Leipzig, Privatmann Fleck aus Leipzig-
Connewitz, Kaufmann Röhrig aus Leipzig, Privatmann Hanf aus Volk-
marsdorf, Rittergutspächter Müller aus Polkenberg und Gemeinde-
vorstand Schoppe aus Gröbern waren als Geschworene ausgelost
worden.[43] »Körperverletzung mit Todesfolge« warf man dem Täter vor.
Staatsanwalt Dr. Löwe beantragte, die Schuldfrage zu bejahen – bei
Zubilligung mildernder Umstände. Der Verteidiger ging noch einen
Schritt weiter: Notwehr, deshalb Freispruch. Die Geschworenen sahen
das ähnlich, Krämer wurde freigesprochen.

Der Angeklagte war überglücklich: »Krämer läßt mir durch den Gerichtsdiener das Messer übergeben; ›er überließe es mir gern, weil er freigeprochen worden sei!‹ – Nett!« hat der sachverständige Professor in der Akte notiert.

Von der Zuziehung eines Arztes abgeraten

»Als Kurpfuscher pflegt man diejenigen zu bezeichnen, welche die Heilkunde gewerbsmäßig betreiben, ohne das hierzu erforderliche Wissen und Können erworben und nachgewiesen zu haben. Das Kurpfuschertum (ist) in den letzten Jahrzehnten in Deutschland zu großer Blüte gekommen, und gerade Sachsen genießt jetzt anderwärts in deutschen und außerdeutschen Staaten den Ruf, Hochburg und Eldorado desselben zu sein. Sein Gedeihen in Sachsen ist aber auch nur die Folge der Bestimmungen der deutschen Gewerbeordnung,[44] denn vorher wurde hier die Medikasterei sogar mit Gefängnis bestraft.

Die Zahl der Pfuscher, soweit dieselbe sich feststellen läßt, ist in Sachsen von 322 im Jahre 1875 auf 745 im Jahre 1896 angestiegen. Demnach hat dieselbe in dieser Zeit um 131 %, die der Ärzte nur um 76 % zugenommen. In einigen Bezirken wie z. B. in Rochlitz und Annaberg übersteigt ihre Anzahl ganz bedeutend die der Ärzte.«

Dies ist eine Zustandsbeschreibung aus der Zeit um die Wende zum 20. Jahrhundert, entnommen aus einem Jubelband für den Sachsenkönig Albert.[45] Auch in den folgenden Jahrzehnten hat sich diese Situation nur recht wenig geändert. Folglich dokumentieren sich die fatalen Folgen laienmedizinischer Behandlungsversuche bei ernsten Erkrankungen auch in den von Kockel hinterlassenen Akten.

So teilte Staatsanwalt Willhöfft im März 1911 dem Institutsdirektor in Leipzig mit: »In Wurzen ist am 30. III. 11 abends 1/2 12 Uhr der Gasthofbesitzer Hirsch aus Lüptitz im Stadtkrankenhaus an dem Fußbrand der rechten zweiten Zehe mit Zuckerharnruhr nach vorgenommener Beinamputation verstorben. Von seiten des Krankenhauses wird der Naturheilkundige Linke in Wurzen beschuldigt, durch unsachliche Behandlung den Tod Hirschs verschuldet zu haben.

Ich habe beim Königlichen Amtsgericht Wurzen die Sektion der Leiche Hirschs beantragt. Sie soll Montag, 3. April 1911, vormittags 10 Uhr in Lüptitz vorgenommen werden. Gerichtsmedizinalrat Dr. Thümmler und der Sektionsdiener werden dazu hier vorm. 9.30 Uhr abfahren. Ich ersuche Sie, die Sektion mit auszuführen. Wie mir soeben telefonisch mitgeteilt wird, wird am Bahnhof Wurzen ein Wagen zur Fahrt nach Lüptitz bereitstehen. Der Kgl. Staatsanwalt.«

Die Leiche des Verstorbenen war vom Stadtkrankenhaus Wurzen wieder nach Lüptitz gebracht worden und wurde hier von Dr. Thümmler und Prof. Kockel am Montagvormittag im Gasthof seziert. Fünf Tage vor dem Tode hatte man im Krankenhaus eine Amputation des rechten Oberschenkels »wegen Gangrän im Verlaufe von Diabetes« vornehmen müssen, vermerkte Kockel in der Akte, und weiter: »Der Naturheilkundige Linke in Wurzen hatte von der Zuziehung eines Arztes bzw. von einer Operation dringend abgeraten. Im *Urin* zuletzt 5 % Zucker.« Als Todesursache formulierten die Obduzenten: »Sepsis nach Diabetes-Gangrän und Amputation des rechten Oberschenkels«.[46]

In welcher Weise Linke zur Verantwortung gezogen wurde, ist aus der Akte nicht zu entnehmen, aber zweifelsfrei hätte auch damals ein Arzt schon mehr gegen eine Zuckerkrankheit ausrichten können als ein »naturheilkundiger« Laienbehandler.

Wie groß ist die Ähnlichkeit der Klägerin mit dem Beklagten?

Für den 29. April 1911 vormittags 9 h war Richard Kockel mit Post vom 13. April vor das Königliche Landgericht Leipzig »in Sachen der minderjährigen Elsa Margarete Holzmann – Klägerin – gegen den Arbeiter Ewald Artur Siebert – Beklagter« als Sachverständiger geladen worden. Das Anliegen des Gerichtes war so formuliert: »Zur Erörterung der im letzten Termin behaupteten großen Ähnlichkeit der Klägerin mit dem Beklagten soll diese noch unter Gegenüberstellung mit dem Beklagten besichtigt werden. Hierüber sollen Sie als Sachverständiger gehört werden. Es wird Ihnen aufgegeben, das klagende Kind und den Beklagten zu einer Voruntersuchung zu sich zu bestellen.«

Die Sache kam für den Professor ein bißchen zu überraschend, zunächst notierte er in der Akte: »Um Aufhebung des Termins wegen dringlicher Haftsachen ersucht am 19.4.11.«

Mit Schreiben vom 26. April bestellte er dann die an der Unterhaltssache Beteiligten zur Untersuchung ins Institut, für Sonntag früh 10 h, es war der 30. April. Alle erschienen: Mutter Holzmann mit

Kockels Bildunterschrift: »Versuch, die Vaterschaft des X. photograpisch festzustellen« (Ausschnitt aus einer Fototafel mit linker Seitenansicht der Beteiligten)

ihrem Kind und der Beklagte Siebert, die Untersuchung dauerte bis
»11 ³/₄«. Ausführlich wurden die Einzelheiten der Gesichtsbildung
(von vorn und von der Seite), der Nase, Augenbrauen, Augen, der Iris,
des Mundes und der Ohrmuscheln bei Siebert, Holzmann/Mutter
und Holzmann/Kind protokolliert.[47]

Am 13. Mai schließlich formulierte Kockel ein Gutachten, das mit
den Worten beginnt: »Siebert und die Kindesmutter Frl. Holzmann
sind einander sehr unähnlich.« Dann geht er auf Einzelheiten ein: »S.
hat, von vorn betrachtet, ein fast rundes Gesicht, die B. dagegen ein
ausgesprochen langes Gesicht.« Die vielen festgestellten Einzelheiten
im Aussehen der beiden Personen werden beschrieben, erst dann wid-
met sich Kockel dem Kind: »Vergleicht man damit das Kind, so ergibt
sich zwischen den Gesichtszügen des Kindes und denen der Mutter
fast keine Ähnlichkeit. Das Kind hat von vorn betrachtet ein ausgesprochen rundes Gesicht, das auch durch das kurze Kinn von dem langen Kinn der Mutter sich unterscheidet. ... Zwischen dem S. und dem
Kind bestehen Ähnlichkeiten und Abweichungen. Die Ähnlichkeiten
betreffen das rundliche Gesicht und insbesondere das sehr kurze,

mehr rundliche Kinn, ferner die Form der Augen, den wenig gewölb-
ten Verlauf der Brauen und deren geringe Konfluenz im Bereich der
Nasenwurzel. ... Hält man alle die erhobenen Einzelbefunde zusammen mit dem Gesamteindruck, den man beim Betrachten des S. und
des Kindes gewinnt, so ist eine sehr erhebliche Ähnlichkeit zwischen
dem S. und dem Kinde ganz unverkennbar.«

Trotzdem war der Sachverständige mit seinem gutachterlichen
Urteil zurückhaltend: Die zwischen der Klägerin und dem Beklagten
bestehenden Ähnlichkeiten deuteten zwar darauf hin, »daß der Beklagte der Vater der Klägerin ist«. Man müsse die Befunde jedoch mit
»großer Vorsicht« verwerten, »denn einerseits ist die Klägerin ein erst
zweijähriges Kind mit wenig ausgeprägten Gesichtszügen, andererseits
aber ist bekannt, daß im Kinde durchaus nicht immer die Kopfformen
eines der beiden Eltern sich wiederfinden, sondern daß hier Rück-
schläge in die Voreltern vorkommen. Hier scheinen indessen trotz
alledem die bestehenden Ähnlichkeiten dadurch an Bedeutung zu
gewinnen, daß das Kind im Gesicht seiner Mutter völlig unähnlich ist.«

Für die Untersuchungen berechnet Kockel 15,- Mk, ebenso für das
Gutachten, für die Fotos und Chemikalien kamen noch einmal 1,45
Mk hinzu.

Am 22. Juni hat Kockel in der Akte notiert: »2 Photogramme (nicht
des Siebert) an Frl. Holzmann gesandt.«

Schon zwei Tage darauf bedankte sich Martha Holzmann »für die
freundliche Zusendung der Bilder«.

In der Akte klebt noch ein kleiner Zettel ohne Datum: »Auslagen
in Sachen d. Holzmann ./. Siebert lt. Liquid. vom 13/5 1911. Beide
Parteien haben in der Berufungsinstanz das Armenrecht.«

Vielleicht waren die »2 Photogramme« von Mutter Holzmann und
ihrer Tochter die ersten Fotos, die von diesen beiden Menschen gefertigt wurden, und vielleicht kleben sie noch heute in einem Familien-
album, etwa mit einer Bildunterschrift wie: »Urgroßmutter Martha mit
ihrer unehelichen Tochter, unserer Großmutter«.

Das Arom und seine diagnostische Bedeutung

Richard Kockel hat in einer seiner Publikationen akademisch-elegant formuliert: »Der Geruch, das Arom, spielt bei der diagnostischen Bestimmung chemischer Körper eine nicht unbeträchtliche Rolle.«[48]

Dabei hatte der Kriminalist Kockel natürlich nicht nur an diverse Gerüche gedacht, die dem Obduzenten Kockel fast täglich von und aus der Leiche entgegenschlugen, sondern in dem von ihm geschilderten Fall ging es um die edlen Gerüche diverser Hölzer.

»Im Jahre 1910 war in einer kleinen Stadt ein Mordversuch unternommen worden. Ein Mann in den 40er Jahren, der eine gute Schulbildung genossen hatte, schließlich Kaufmann geworden war und sich mit einer vermögenden Frau verheiratet hatte, war allmählich durch seinen Leichtsinn in finanzielle Schwierigkeiten geraten. Eines Abends begab er sich zu einer alten bemittelten Verwandten seiner Frau und verletzte diese durch Schläge mit einem Hammerkopf von über 2 kg Gewicht schwer am Schädel. ... Auf die Anschuldigung wegen versuchten Mordes und Raubes (erklärte er), er habe die alte Frau nicht etwa töten wollen, um sie zu berauben. Die Alte habe ihm vielmehr bei dem Besuch, den er ihr abgestattet habe, Vorwürfe wegen seines leichtfertigen Lebenswandels gemacht. Darüber sei er in Wut geraten und habe ihr im Zorn mit dem Hammerkopf, den er zufällig bei sich in der Jackentasche getragen habe, die Verletzungen beigebracht.

Es handelte sich somit um die Aufklärung der Frage, ob der Beschuldigte, so wie er das selbst behauptete, nur einen Totschlagsversuch im Sinne des Strafgesetzbuchs unternommen hatte oder ob ihm nicht vielmehr ein Mordversuch zum Zwecke der Beraubung der verletzten Person zur Last fiel. Hierzu war es naturgemäß von ausschlaggebender Bedeutung zu ermitteln, wie und unter welchen Umständen der Beschuldigte dazu gekommen war, gelegentlich eines Besuches bei der alten Frau einen schweren Hammerkopf ohne Stiel in der Jackentasche bei sich zu führen.

Auf die Fragen, wie es sich damit verhalte, hat der Beschuldigte in verschiedener Weise sich geäußert. Zunächst hat er angegeben, er habe den Hammerstiel vor längerer Zeit abgesägt, um den Hammerkopf als Amboß zu benutzen. Wie lange das her sei, wisse er nicht mehr. Bei einer weiteren Befragung hat er erklärt, er habe den Hammerstiel beim Einzug in seine neue Wohnung wenige Wochen vor der

Tat abgesägt, weil er den Kopf als Amboß habe benutzen wollen. Später habe er beabsichtigt, einen längeren Stiel einziehen zu lassen, da der alte Stiel nicht mehr fest gesessen habe. Deshalb habe er am fraglichen Tage den Hammerkopf eingesteckt, um sich damit zum Stellmacher zu begeben. Bei einer letzten Befragung und auch in der Hauptverhandlung erklärte er, er wisse nicht mehr, wie das mit dem Hammerkopf gewesen sei, er könne sich auf die Sache überhaupt nicht mehr besinnen.

Es kam somit darauf an zu ergründen, ob der Angeklagte den Hammerstiel erst kurz vor der Tat abgesägt hatte, d. h., ob er das Werkzeug kurz vorher zur unauffälligen Mitnahme in der Jackentasche vorbereitet hatte, um einen Mord zum Zwecke der Beraubung seiner alten Verwandten zu begehen.

Um hierüber Aufschluß zu erhalten, wurde mir der Hammerkopf mit dem noch im Öhr sitzenden Stielstück und weiter der abgesägte Hammerstiel, der in der Wohnung des Beschuldigten gefunden worden war, übergeben. Die Besichtigung dieser Teile ergab, daß der Stiel und das im Hammerkopf sitzende Stück zusammengehört hatten, ferner aber auch, daß von einer Lockerung des Stiels im Hammerkopf keine Rede war und daß die Säge- bzw. Bruchflächen am Stiel und an dem im Hammerkopf befindlichen Stielstück nicht nennenswert beschmutzt waren.

Weiter war folgendes zu berücksichtigen: In einer Kammer der Wohnung des Beschuldigten, die dieser erst seit 3 Wochen innehatte, lag neben einem Stuhl am Boden auf der sonst völlig sauberen, frischgestrichenen Diele ein kleines Häufchen Sägespäne. Diese wurden sorgfältig gesammelt, und es war nunmehr zu prüfen, ob dieses Häufchen Sägespäne durch Absägen des Hammerstieles entstanden war.

Der Hammerstiel bestand aus Hickoryholz (Carya), einem für Hammerstiele viel benutzten Material, das bis zu einem gewissen Grade dem Holze unserer Esche ähnlich ist, aber eine mehr bräunliche Farbe besitzt. Würde man größere Holzteile zur diagnostischen Untersuchung zur Verfügung gehabt haben, so wäre mit Hilfe von mikroskopischen Quer- und Längsschnitten die Diagnose auf Hickoryholz, insbesondere gegenüber Eschenholz, leicht gewesen. Da aber nur feine Sägespäne vorlagen, so war an Celloidinschnittpräparaten nur festzustellen, daß die Holzteilchen in ihrem Bau von denen des Hickoryholzes sich nicht unterschieden.

Um hier nun bestimmte Aufschlüsse zu gewinnen, wurde von folgender Erfahrung ausgegangen: Jede Holzart verbreitet bei der Verarbeitung, sei es mit dem Hobel, sei es mit der Säge, einen besonderen Geruch, ... was übrigens jeder Tischler und Zimmermann weiß.

Hier lagen nun lediglich Sägespäne vor. Um deren Geruch zu prüfen, wurden zunächst Vorproben angestellt, indem Sägespäne verschiedener Holzarten, also Ahorn, Esche, Nußbaum, Eiche, Fichte, Kiefer, Hickoryholz, je in einem besonderen Porzellanschälchen über der Mikroflamme des Sparbrenners behutsam erwärmt und gleichzeitig auf ihren Geruch geprüft wurden. Dabei ergab sich, daß jede dieser Sägespanproben den von der Bearbeitung der betr. Hölzer bekannten Geruch verbreitete, und zwar mit noch größerer Deutlichkeit als beim Bearbeiten. Insbesondere unterschied sich der Geruch der erwähnten Sägespäne des Hickoryholzes scharf von dem Geruch der erwärmten Sägespäne des einheimischen Eschenholzes insofern, als die erwärmten Hickoryholzspäne zunächst einen eigentümlich aromatischen, etwas vanilleartigen Geruch verbreiteten, der bei stärkerem Erhitzen stechend und lederartig wurde.

Als nach diesen Vorproben ein Teil der in der Wohnung des Beschuldigten am Fußboden vorgefundenen Sägespäne in gleicher Weise unter Erwärmen auf seinen Geruch geprüft wurde, ergab sich eine völlige Übereinstimmung mit dem Geruch von Hickoryspänen. Es war somit auf Grund des mikroskopischen und des Geruchbefundes nunmehr sicher, daß das Häufchen Sägespäne, das in der Kammer des Beschuldigten auf dem Fußboden gefunden worden war, von Hickoryholz stammte.

Hinweise darauf, daß die Hickoryspäne nicht von einem beliebigen anderen, aus Hickoryholz bestehenden Gegenstande, sondern von einem Hammerstiele herrührten, ergaben sich zunächst aus ihrer Menge: diese betrug 0,32 g. Durchsägte man einen Hickorystiel von etwa gleicher Dicke mit verschiedenen Sägen, so fielen Sägespanmengen von 0,36-0,5 g ab. Dabei war jedoch zu berücksichtigen, daß der Hammerstiel des Beschuldigten nicht vollkommen durchgesägt, sondern nur von 3 Seiten her tief eingesägt und im stehengebliebenen Rest durchgebrochen worden war.

Endlich war folgendes in Betracht zu ziehen: Hammerstiele bedecken sich erfahrungsgemäß dort, wo sie im Öhr des Kopfes stecken, an der Oberfläche mit Rost. Von diesem Gesichtspunkt aus wurden Sägespanteilchen aus der Wohnung des Beschuldigten teils unmittelbar, teils an Schnittpräparaten mit Salzsäure und gelbem Blutlaugensalz behandelt, und man erhielt nun an vielen der Holzteilchen eine intensive Blaufärbung durch Bildung von Berlinerblau.

Nach dem Vorstehenden war der Beweis dafür, daß das Häufchen Sägespäne am Fußboden der Kammer des Beschuldigten durch Absägen des Hammerstiels entstanden war, mit genügender Bestimmtheit erbracht. Da nun der Beschuldigte erst 3 Wochen in seiner neuen Wohnung sich befand, mußte entgegen seinen ersten Angaben das Zersägen des Hammerstieles erst in der neuen Wohnung erfolgt sein. Weiter aber war aus dem Umstande, daß das Häufchen Hickoryholzsägespäne auf dem Fußboden der Kammer sich noch in seiner ursprünglichen Anhäufung vorfand, zu entnehmen, daß das Durchsägen des Hammerstiels erst ganz kurze Zeit vor der Tat erfolgt sein mußte. Denn ein Häufchen Sägespäne ist erfahrungsgemäß ein Aggregat, das in der Geschlossenheit, wie es im vorliegenden Falle angetroffen wurde, von nur kurzem Bestand ist.

Durch die vorgenannten Feststellungen war ein außerordentlich wichtiges, tatsächliches Beweismittel dafür erbracht, daß der Beschuldigte den Angriff auf seine Verwandte geplant und vorbereitet hatte, daß er den Hammerkopf zum Zwecke des Überfalls und offenbar der Tötung zu sich gesteckt hatte, mit anderen Worten, daß es sich bei der Tat um einen Mordversuch und nicht um einen Totschlagsversuch im Affekt gehandelt hatte. In diesem Sinne fiel auch der Spruch der Geschworenen aus, und es wurde der Beschuldigte wegen Mordversuchs zu 12 Jahren Zuchthaus verurteilt.«

Nachsektion

»Die Approbation ist kein Freipaß zu beliebigen Kreuz- und Querzügen im Reiche der Gifte und scharfen Messer«, kann man in einem alten Lehrbuch der gerichtlichen Medizin lesen.[49] Der Autor, Carl Liman, warnte, »daß der Begriff Erfahrung gemißbraucht und falsch verstanden wird, daß Eitelkeit ein Talent als vorhanden wähnt, das gar nicht vorhanden ist, daß das Gewissen ein weiter Mantel, daß krasse Unwissenheit, daß Sucht zu glänzen, Aufsehen zu erregen und dadurch eine Stellung zu gewinnen, die auf rechtlichem Wege schwer voraussichtlich war, ... auf das Heilverfahren des Arztes zum größten Nachtheile des öffentlichen Wohles einwirken können.«

Natürlich kann auch ein Obduzent, sei er nun Gerichtsarzt oder Pathologe, durch allzu großzügige »Kreuz- und Querzüge« mit scharfem Messer, durch mangelnde Erfahrung, unrichtige Bewertung von Befunden oder vorschnelle Schlußfolgerungen zu falschen Deutungen eines Todesfalles kommen. Immer wieder einmal können sogenannte Nachsektionen dann noch die richtige Todesart oder Todesursache ans Licht bringen: Die Leiche wird durch einen sehr erfahrenen Obduzenten nochmals geöffnet, erneut werden die Organe einzeln sehr sorgfältig untersucht, vielleicht wird auch neues Material zur Anfertigung feingeweblicher Schnittpräparate oder für eine Untersuchung auf Giftstoffe entnommen.

In einem Falle aus der Arbeit von Professor Kockel hatte sich folgendes zugetragen:

Am 18. März 1912 war der 48jährige Kohlenhändler Conrad Höfer, angeblich völlig gesund, auf dem Wege zum Bahnhof Oetzsch plötzlich ausgeglitten, bekam dann im Eisenbahncoupé Anfälle von Herzangst und Atemnot und verstarb am Abend in Meuselwitz.

Schon am folgenden Tage wurde die Leiche von zwei Ärzten in Meuselwitz seziert. Sie kamen zu dem Ergebnis, daß der Kohlenhändler an einer Zerreißung der unteren Hohlvene (Vena cava inferior) verstorben war. Schließlich hatte man »je 1 l Blut« in beiden Brusthöhlenteilen gefunden. Hingegen beschrieben die Obduzenten »normale Kranzarterien« am Herzen.

Ein nichtnatürlicher Tod also durch Verbluten in die Brusthöhle nach Sturz auf dem Weg zum Bahnhof – mithin schien eine Unfallrente berechtigt.

»Auf Veranlassung des Dr. Hennig (Arzt der Schweizerischen Unfallversicherungs-Aktiengesellschaft Winterthur) wird in Meuselwitz die nochmalige Öffnung der Leiche ausgeführt«, hat Kockel in dem hinterlassenen Protokoll eingangs notiert, aber auch Feststellungen vermerkt wie die, daß die Herzkranzgefäße bei der ersten Sektion des Herzens nicht eröffnet wurden. Und gerade dort fand sich die wirkliche Todesursache, eine sogenannte Koronarthrombose, d. h. ein Verschluß einer Herzkranzschlagader durch ein kleines Blutgerinnsel. Kockels Schlußfolgerungen waren eindeutig:

»1. Es ist höchst zweifelhaft, ob der verstorbene Höfer einen Unfall erlitten hat.

2. Es ist sicher, daß der pp. Höfer nicht an innerer Verblutung gestorben ist.

3. Die von den Herren Ddr. Pechstein und Geinitz beschriebene Zusammenhangstrennung der Gefäßwand in der Gegend der Einmündung der unteren Hohlvene ist nicht bei Lebzeiten entstanden, sondern stellt wahrscheinlich eine durch die Manipulationen bei der ersten Sektion zustande gekommene Zufalls-Verletzung dar.
4. Es ist absolut sicher, daß der Tod Höfers eingetreten ist infolge der Mündungsverengung und der thrombotischen Verstopfung der linken Kranzarterie des Herzens.
5. Es erscheint daher ausgeschlossen, daß der Tod Höfers durch eine Verletzung verursacht worden ist.«

Die Unfallversicherungs-Gesellschaft mag dieses Ergebnis mit Befriedigung zur Kenntnis genommen haben, die Angehörigen, auf eine Versicherungsleistung hoffend, dürften weniger erfreut gewesen sein.

Natürlich hat es in der gerichtsmedizinischen Praxis Kockels auch einige Fälle – Nachsektionen sind selten – gegeben, wo bei einer derartigen Nachsektion eine nichtnatürliche Todesart – z. B. ein Unfalltod oder gar ein Tötungsdelikt – aufgedeckt wurde.

»Engelmacherei«?

Eine Engelmacherin war ursprünglich eine Frau, die kleine, vor allem nichteheliche geborene Kinder in Pflege nahm und dann verhungern ließ, diese »Ziehkinder« eben »zu Engeln machte«.

Es war schon sehr merkwürdig, daß am gleichen Tage, am 5. August 1912, in der Wohnung der Frau Böhme in Leipzig-Volkmarsdorf zwei Kinder, ein 9 Monate und ein 8 Monate altes Mädchen verstarben. Frau Böhme hatte beide Säuglinge »in Ziehe«, sie verdiente sich durch die Betreuung der Kinder etwas Geld zum Lebensunterhalt. Ihr Ehemann, ein Dachdeckermeister, kränkelte, so daß seine Arbeit nur wenig einbrachte. Noch am Sonntag, dem Tag vor dem Tode der Kinder, hatte Ziehmutter Böhme in der nächsten Nachbarschaft für 10 Pfennige Rum gekauft und dabei geäußert, ihre Pfleglinge hätten heftige Leibschmerzen, sie brauche den Rum zum Einreiben. Schlechte Pflege, schmutzige Wohnung, vielleicht sogar tatsächlich »Engelmacherei« munkelten allerdings manche aus der Nachbarschaft – Frau Böhme wurde noch am Abend des Todestages der Kinder »unter schweren Verdachtsgründen«, wie auch die Zeitung schrieb, inhaftiert. »Ob seitens der Frau Böhme fahrlässige oder vorsätzliche Tötung vorliegt, muß die Untersuchung ergeben«, hieß es weiter.

Die Leichen der beiden Kinder wurden am Dienstag früh aus der Wohnung der Frau Böhme abgeholt, im Institut für gerichtliche Medizin war alles für die gerichtlichen Sektionen vorbereitet, Professor Kockel und sein Assistent Dr. Engau obduzierten. Bei beiden Kindern lag eine schwere infektiöse Darmerkrankung vor, die zu Brechdurchfall geführt hatte. Pflegeschäden, etwa von Frau Böhme verursacht, fanden sich nicht. Frau Böhme wurde noch am gleichen Tage aus der Haft entlassen, sie hatte keine Schuld am Tode der Kinder.

»Zur Ehrenrettung einer schuldlos in Verdacht geratenen Frau« veröffentlichten die »Leipziger Neuesten Nachrichten« am 16. August eine Zuschrift des Rechtsanwaltes von Frau Böhme, in der es u. a. hieß: »Frau Böhme wird wegen dieses Vorfalles in Volkmarsdorf, wo sie sich großer Beliebtheit erfreut, außerordentlich bedauert. Sie hat schon seit 33 Jahren Ziehkinder in Pflege und erfreut sich des vollen Vertrauens der Behörde. Ihre Pflegekinder wurden mehrfach belobigt. Sie erhielt sogar vom Rate der Stadt Leipzig eine Geldbelohnung. Die aufsichtsführende Ehrendame, die regelmäßig unangemeldet kontrolliert, hat stets ihre Zufriedenheit geäußert. Von einer unsauberen Wirtschaft in ihrer Wohnung kann demnach gar nicht die Rede sein. Den Rum zum Preise von 10 Pfg., den Frau Böhme angeblich zu Betäubungszwecken gekauft haben soll, holte sie auf ärztliche Verordnung hin, um die Herztätigkeit der kranken Kinder anzuregen.«

Frau Böhme hatte also das Glück, daß die Kindesleichen obduziert wurden und bei beiden sogar eine Todesursache gefunden wurde. Viele Obduktionen, die an bis zum Ende des ersten Lebensjahres plötzlich verstorbenen Säuglingen vorgenommen werden, erbringen nämlich kaum Befunde, die den Tod erklären können. Viele Jahrzehnte später hat man dafür den Begriff »plötzlicher Kindstod« geprägt, aber man forscht noch heute intensiv an dessen Ursachen.

Freilich wäre der Tod zweier Kinder unterschiedlicher Herkunft zum gleichen Zeitpunkt auch mit unserem heutigen Wissen nicht als »plötzlicher Kindstod« erklärbar gewesen. Andererseits hat es sicherlich in Zeiten, als Obduktionen noch sehr viel seltener als heute üblich und ergänzende Untersuchungen – z. B. zum Ausschluß einer Vergiftung – sehr viel schwieriger waren, nicht wenige Fälle gegeben, in denen eine Pflegemutter bei einem plötzlichen Kindstod der Engel-

macherei beschuldigt und vielleicht auch wegen vorsätzlicher Tötung
verurteilt wurde.

Gift aus Berlin

Allzu hoch mag es am Heiligen Abend des Jahres 1911 bei dem Likör-
fabrikanten und Kaufmann Willibald Kehr in Leipzig-Neustadt nicht
hergegangen sein, allzu nobel allerdings auch nicht, man trank aus
Tassen. Es war mehr ein Probiertrunk: Man verkostete einen neuen
Punschextrakt, zubereitet aus einer Probe eines Spiritusersatzes. Ein
Reisender hatte die Flüssigkeit aus Berlin mitgebracht. Kehr hatte mit
drei seiner Arbeiter und seiner Ehefrau gefeiert, jeder der Männer
hatte etwa eine Tasse davon getrunken, die Ehefrau hatte sich mit
einem halben Täßchen begnügt.

Die Folgen waren katastrophal: Willbald Kehr verspürte am Morgen des 25.12. heftige Leibschmerzen und verstarb gegen 15.00 Uhr;
einer seiner Gäste, ein 28jähriger, war schon – ebenfalls nach heftig-
sten Schmerzen – am Morgen des 1. Weihnachtstages gestorben, die
beiden anderen Teilnehmer der Runde, ein 27- und ein 32jähriger
Mann, starben in der Nacht zum 26. Dezember.

»Die Ehefrau Kehr ist infolge dieses traurigen Vorkommnisses fas-
sungslos«, schrieben die »Leipziger Neuesten Nachrichten«, körperlichen Schaden hatte sie nicht genommen.

»Die benachrichtigte Behörde suchte sofort die Ursache des Todes
der vier Männer festzustellen. Dieser Versuch gelang jedoch vorläufig
nicht«, meldete die Zeitung weiter. Man habe im Laboratorium des
Fabrikanten Kehr zwar mehrere geleerte oder teilweise gefüllte Fla-
schen gefunden, müsse sie aber noch untersuchen lassen.

Die Leichen der vier Männer waren inzwischen in das Institut für
gerichtliche Medizin gebracht und von Professor Kockel am 28. Dezember obduziert worden. Schon bei den ersten toxikologischen
Untersuchungen nach erfolgter Sektion – die pathologisch-anato-
misch bei dem 49jährigen Kehr nichts sonderlich Auffälliges ergab –
fand man »im Urin der Leiche 1 mg/g Methanol«. Die weiteren Untersuchungen, von Prof. Dr. Härtel an der »Königlichen Untersuchungs-
anstalt beim Hygienischen Institut der Universität Leipzig« durchgeführt, bestätigten die Diagnose für alle vier Verstorbenen: Vergiftung
durch Methylalkohol.

Und diese Art Alkohol – »Holzgeist« –, chemisch ähnlich konstruiert wie »richtiger« Alkohol, also »Weingeist«, aber mit einer »CH_3-Gruppe weniger als dieser ausgestattet und deshalb beim Abbau über das gefährliche Formaldehyd und die Ameisensäure in die Biochemie des Körpers eingreifend –, stammte aus Berlin. Auch dort waren in der Nacht vom 26. zum 27. Dezember besonders in das Krankenhaus Friedrichshain eine große Zahl teils Schwerkranker, teils Sterbender und Toter eingeliefert worden.

Etwa 60 Leichen gab es nach den Feiertagen in Berlin, bei denen in der Vorgeschichte vermerkt war: Übelkeit, Erbrechen, Durchfall, Lufthunger, schwerste Atemnot, Zuckungen und Krämpfe, aber nicht im Gesicht, Kopf- und Gliederschmerzen, reaktionslose Pupillen, Flimmern, Sternesehen, Blindheit, schließlich Atemlähmung, das Herz schlug zuweilen noch über Minuten.

Bei leichter Erkrankten fielen die Atemnot und die Sehstörungen besonders auf. Fieber hatte kaum einer, eher Untertemperaturen. Trotzdem mußte man natürlich zunächst an eine Infektionskrankheit denken; vielleicht eine Lebensmittelvergiftung, anrüchige Räucherfische, Pferdefleischbuletten, die zu einem Botulismus geführt haben könnten ...

Aus Leipzig, nach den Untersuchungsergebnissen von Härtel und Kockel, soll dann am 30. Dezember 1911 über die Königliche Staatsanwaltschaft der telegrafische Hinweis ergangen sein, man solle auch in Berlin die Möglichkeit von Methylalkoholvergiftungen in Erwägung ziehen. Beschreibungen von Methanolmassenvergiftungen in Amerika, Ungarn und Rußland bestätigten dann die Diagnose.

In Berlin-Charlottenburg wurde inzwischen der Drogist Julius Scharmach verhaftet: Kriminalkommissar Toussaint hatte ihm nachweisen können, daß er mehrere Ballons »Schnaps«, die er aus zwei Drittel Methylalkohol und ein Drittel Ethylalkohol hergestellt hatte, an mehrere Berliner Gastwirte verkauft hatte. »Er wird sich zunächst wegen Vergehens gegen das Nahrungsmittelgesetz und wegen Betrugs zu verantworten haben. Ob ihm auch fahrlässige Tötung zur Last gelegt werden kann, ist noch fraglich, da die Ansichten über den Grad der Schädlichkeit des Methylalkohols sehr weit auseinandergehen«, berichtete eine Zeitung.

Anfang Mai 1912 wurde das Urteil im »Methylalkohol-Prozeß Scharmach« gesprochen: Wegen Betrugs, Vergehens gegen das Nahrungsmittelgesetz und Übertretung des § 367 Nr. 3 und 5 der Polizeiverordnung betr. Aufbewahrung von Gift wurde der Drogist zu fünf Jahren Gefängnis und einer erheblichen Geldstrafe verurteilt.

Offenbar war bis in die jüngere Vergangenheit die hohe Toxizität von reinem Methanol ziemlich unbekannt. Obstbrände, auch Gin und Whisky, machen zwar – so wußte man – besonders dann, wenn in einigem Übermaß genossen, einen dummen Kopf am nächsten Tag, was auch an ihrem sehr geringen Methanolgehalt (neben anderen sogenannten Fuselalkoholen) liegt. Aber wirklich schlimme Folgen hat das ja bei nur gelegentlichem Mißbrauch nicht.

Im 11. Band von »Meyers Konversations-Lexikon« aus dem Jahre 1877 kann man noch den Satz lesen: »Auf den Körper wirkt Methylalkohol wie gewöhnlicher Alkohol«.

Die Methylalkoholvergiftungen von Berlin und Leipzig im Jahre 1911/1912 waren die ersten Massenvergiftungen in Deutschland.

Noch lange allerdings hat sich selbst in Teilen der Ärzteschaft die Unklarheit über die Giftwirkung des Methanols erhalten. So erschien z. B. noch 1959 in der renommierten Ärztezeitschrift »Die Medizinische« die Anfrage: »Stimmt es, daß Russen und Polen Methylalkohol trinken?«

Professor Dr. Berthold Mueller, einer der bedeutendsten deutschen Gerichtsmediziner des zweiten Drittels des 20. Jahrhunderts, antwortete: »Daß in Osteuropa gewohnheitsmäßig ohne schädliche Folgen Methylalkohol getrunken wird, ist nicht bekannt. Vielleicht besteht insofern eine Verwechslung ...«

Methanolvergiftungen sind heute extrem selten. Und wenn eine solche Vergiftung auftreten sollte, kann man sie spezifisch – mit einem »Antidot« – behandeln: »Ethanol per oral – etwa 100 ml 50%igem Schnaps, Ethanol per infusionem, Alkoholblutspiegel bei 1 ‰.«[50]

»... annehmbar ein Ejakulat«

Untersuchungen auf Zeugungsfähigkeit gehören heute nur noch ausnahmsweise zu den Aufgaben gerichtlicher Mediziner. Qualifiziertere Fachleute – Andrologen – stehen dafür zur Verfügung. Auch macht die moderne Vaterschaftsdiagnostik solche Untersuchungen entbehrlich: Derjenige, dessen Vaterschaft mittels DNA-Diagnostik bestätigt wird, kann sich nicht auf eine Zeugungsunfähigkeit zur Zeit des Geschlechtsverkehrs mit der Kindesmutter berufen.

Wie solche Untersuchungen auf Zeugungsfähigkeit damals im Institut Richard Kockels abliefen, geht aus einer Akte über eine Unterhaltssache Barthel gegen Klein hervor: »Auf Erfordern brachte mir der Beklagte am 30.4.12 eine Urinprobe. Das chemische Verhalten des Urins war normal, in dem durch Zentrifugieren gewonnenen wenig reichlichen Bodensatz waren mikroskopisch zahlreiche Spermatozoen zu erkennen.«

Dies war gewissermaßen eine Vorprobe, die bewies, daß der Beklagte Spermatozoen produzierte und auch der Urinbefund normal war. Die Hauptprobe und ihre Ergebnisse hat Kockel so protokolliert:

»Am 6. Mai gab der Beklagte früh 7 Uhr bei mir ein Blechkästchen ab, in das ein Leinewandfleck eingeschlossen war, der mit ziemlich reichlichen, grauweißen, schleimartigen Auflagerungen bedeckt und stark durchfeuchtet war: annehmbar ein Ejakulat, zu dessen Überbringung der Beklagte am 27. April sich bereit erklärt hatte. Die mikroskopische Untersuchung der schleimartigen Auflagerungen hat ergeben, daß diese aus menschlichen Samen bestanden: Es fanden sich in sehr großer Anzahl wohlgebildete Spermatozoen vor, jedoch gelang es nicht, ebenso wenig wie in dem früher untersuchten Urin, ein noch mit Bewegung begabtes Exemplar zu entdecken.«

Azoospermie – also etwa »tote Samenflüssigkeit« – nennt man einen solchen Befund, und so schreibt Kockel in seinem Gutachten abschließend, daß der Beklagte jetzt nicht als zeugungsfähig bezeichnet werden könne, »er ist auch sicherlich am 6. Februar 1910, dem Tage der angeblichen Empfängnis, in demselben Zustand gewesen wie jetzt, daß heißt nicht zeugungsfähig gewesen.«

Letzter Akt einer Betriebsarbeit

Gemeinsam mit einem Arbeitskollegen hatte der 46jährige Maschinenarbeiter Bruno Hermsdorf am 11. Juli 1912 eine 2 ½ Zentner schwere Nußbaumbohle getragen. Heiß und stickig war die Luft auf dem Holzplatz an diesem Tag gewesen, und beide hatten unter der Last gekeucht. Am Ziel angelangt, hatten sie die Bohle von der Schulter gleiten lassen. Erschöpft hatte sich der schmächtige Mann hinsetzen müssen, dann war ihm Blut in einem kräftigen Schwall aus dem Mund gedrungen. Sehr geschwächt war er nach Hause gegangen. Am 15. Juli war er verstorben.

Drei Tage später fuhr Professor Kockel samt seinem »Sektions- und Institutsdiener Zöllner« mit der Bahn von Leipzig nach Geringswalde, um die Leiche auf dem dortigen Friedhof zu sezieren. Mit »stark gefault« hat der Obduzent den Zustand der Leiche im Protokoll beschrieben. Auftraggeber für die Obduktion war die Sächsische Holz-Berufsgenossenschaft, als deren Vertreter Dr. Jühling zugegen war, Trotz der bereits eingetretenen Fäulnisveränderungen war der Befund eindeutig: Als Todesursache kamen nur massive Blutungen aus tuberkulösen Höhlenbildungen – Kavernen – im linken Lungenunterlappen in Frage.

Daß Hermsdorf an einer Tuberkulose litt, war seit vielen Jahren bekannt, aber arbeiten und seine Familie ernähren mußte er natürlich trotzdem. Kockels Aufgabe war es, seine bei der Sektion erhobenen Befunde, insbesondere die Todesursache, in der Zusammenschau mit dem Vorfall – Blutung aus dem Mund nach Tragen einer schweren Last – darzulegen. Gab es, das war die Frage der Holz-Berufsgenossenschaft, einen ursächlichen Zusammenhang zwischen Betriebsarbeit und Tod?

Am 5. August hat Kockel sein Gutachten formuliert: Er ist – nicht zuletzt unter Bezugnahme auf eine vorangegangene Entscheidung des Senats des Reichsversicherungsamtes in einem ähnlichen Falle – zu dem Ergebnis gekommen, daß »durch die Betriebsarbeit, insbesondere durch deren letzten Akt, bei dem schon kranken Hermsdorf besondere körperliche Verhältnisse, Zerrungen, Pressen oder dergl. verursacht worden sind, die ihrerseits wieder die Ursache der Lungenblutung dargestellt und den Begriff des Unfalls erfüllt haben. Daß diese Verhältnisse in ihrer eigentümlichen Gestalt nicht nachgewiesen werden konnten, hat nach der Auffassung des Reichsversicherungsamtes als unerheblich zu gelten, da ihre Wirkung, d. h. das Bersten von Lungengefäßen und das Auftreten einer Lungenblutung dargetan ist.

Von diesen Gesichtspunkten aus ist das Auftreten der Lungenblutung und damit der Tod Hermsdorfs als Folge eines Unfallereignisses, und zwar als Folge des Transports des Nußbaumpfostens am 11.7.12 anzusprechen.«

Die Witwe Hermsdorfs hatte nach diesem Gutachten folglich einen Anspruch auf eine entsprechende Rente.

»Ein entzückender, noch in Amnios befindlicher Fötus …«

»Schafhaut« ist die wörtliche Übersetzung des Begriffes Amnios, und man versteht darunter die dünne, gefäßlose innere Eihaut als Teil der Fruchtblase des Menschen und anderer Wirbeltiere mit Ausnahme der Fische und Lurche.

Den Professor hat im Jahre 1912 ein »noch in Amnios befindlicher Fötus« in Entzücken versetzt. Ein Leipziger Gynäkologe, Dr. Huber, hatte ihm die Freude gemacht und den genau 2 1/2 Monate alten Fötus geschickt.

Die Zusammenarbeit mit Dr. Huber währte viele Jahre, schon am 3. Juni 1903 hatte Kockel notiert: »Dr. Huber (übersendet) ein unversehrtes, menschliches Ei von 3 cm Durchmesser. Das Ei wird in geschlossenem Zustand in Alkohol gehärtet, dann eröffnet. Es enthält einen gut erhaltenen Fötus von 17-18 mm Länge, stammt also aus dem Anfang des 2. Graviditäts-Monats.«

Im Oktober des gleichen Jahres erhielt der Professor ein menschliches Ei aus der 5. Woche, im November »spendete«, wie Kockel schrieb, ein anderer Gynäkologe »ein in toto ausgestoßenes menschliches Ei, angebl. vom Ende des 2. Monats. Das Gebilde ist walzenförmig, 5 cm lang, 3 cm breit, an dem einen Pol und dessen Nachbarschaft in reichl. Blutgerinnsel eingehüllt.«

1905, am 24. Dezember, sendete Dr. Donath »ein in toto abgegangenes, uneröffnetes Abortiv-Ei. Fötus 14 Tage vor dem Abort abgestorben. … Mädchen – 25-26 cm lang, also etwa Ende 5. bis Anfang 6. Monats.«

Auch der spätere Direktor der Universitätsfrauenklinik Leipzig und bedeutende Professor der Gynäkologie, Robert Schröder (1884-1957), beteiligte sich an der Sammlung dieser Präparate: »Dr. Schröder bringt einen 18 cm langen Fötus männl. Geschlechts noch im Zusammenhang mit Plazenta. Ergo: ca. Anfang 5. Monats«, hat Kockel notiert.

So entstand über Jahre hinweg eine Sammlung von menschlichen Embryos und Föten[51] in den verschiedensten Entwicklungsstadien. Sie diente unterschiedlichen Zwecken: zum Vergleich mit bei Sektionen von Schwangeren festgestellten Föten, zu Lehrzwecken im Rahmen von Vorlesungen und Vorträgen über gerichtsmedizinische Probleme im Zusammenhang mit Schwangerschaft und Abtreibung, und nicht zuletzt der Forschung.

90

Mitunter hat es auch »Einsendungen« an das Institut gegeben, wo ganz spezielle Fragen im Zusammenhang mit einer möglichen Schwangerschaft zu beantworten waren, etwa in einem Fall aus dem Jahre 1914. Da heißt es in einem kurzen Gutachten für die Staatsanwaltschaft: »Das mir übersandte Präparat in der Flasche liegt in Spiritus. Es ist nicht gelungen, das Objekt aus der Flasche herauszunehmen. Um die Flasche nicht zu zerstören, wurden lediglich zwei erbsgroße Brockchen des Präparates, die abgebrochen waren, der mikroskopischen Untersuchung unterzogen. Gefärbte Schnittpräparate des einen der beiden Bröckchen haben mit völliger Sicherheit sogenannte Chorionzotten, d. h. die charakteristischen Teile der äußersten Eihülle feststellen lassen. Es ist somit sicher, daß das Objekt ein *menschliches* Ei ist, und zwar aus einer sehr frühen Schwangerschaftsperiode. ... Da der Blutfarbstoff in dem Präparat gut erhalten ist, so kann es noch nicht sehr lange in Spiritus gelegen haben. ... Ob das vorliegende Ei spontan oder im Anschluß an einen Eingriff abgegangen ist, läßt sich nicht entscheiden.«

Neben der Sammlung von Föten in verschiedensten Schwangerschaftsstadien hat sich Kockel auch in späteren Jahren intensiv mit der mikroskopischen Untersuchung ganz früher Stadien der Schwangerschaft beschäftigt und an solchen Untersuchungen natürlich auch seine Assistenten beteiligt. So ist ein von Dr. Siegfried Müller im Jahre 1930 publizierter Artikel überschrieben mit »Ein jüngstes menschliches Ei«.[52] Darin heißt es: »Dank der gründlichen Untersuchung eines Sektionsfalles ist es Prof. Kockel gelungen, ein menschliches Ei aus der frühesten Zeit aufzufinden – ein Befund, wie ihn der Embryologe *Grosser* geradezu sucht zur Ergänzung bisher entdeckter Frühstadien.

Schon seiner geringen Ausdehnung wegen ist dieses Ei unter die allerjüngsten zu rechnen. Die Durchmesser der Implantationshöhle betragen 0,55:0,4 mm, sind also bedeutend kleiner als die entsprechenden Maße des jüngsten bekannten Eies ›SCH‹ v. Möllendorffs, die man mit 1,44:1,0 mm angibt. Da unser Ei im Gegensatz zu den beiden bisher veröffentlichten jüngsten makroskopisch überhaupt nicht sichtbar war, vielmehr erst mikroskopisch an gefärbten Präparaten entdeckt wurde, so ist es erklärlich, daß nur drei Schnitte vorhanden sind, von denen jedoch einer durch die Mitte oder nahe der Mitte des Eies verläuft. ...«[53]

Dr. Müller – und mit ihm natürlich auch sein Chef, Professor Kockel – waren der Ansicht, daß sich diese befruchtete menschliche

Eizelle erst etwa zwei Tage vorher in die Wand der Gebärmutter »eingenistet« hatte. »Abschließend«, so Müller, »könnte man in bildlichem Sinne sagen, daß das menschliche Ei schon in frühester Zeit ein malignes Kunstwerk sei: Bösartig dringt es gegen die Mutter vor, sinnvoll baut es sich vorerst ein Bett mit weitem Raum, wo sich der Fötus dann ungestört und unbeengt entwickeln kann.«

Über Handschriftenvergleichung

In den Nachmittagsstunden des 23. September 1913 hielt Kockel auf der IX. Tagung der Gesellschaft für gerichtliche Medizin, die im Rahmen der 85. Naturforscher- und Ärzteversammlung (vom 22.-27.09.) in Wien stattfand, einen Vortrag »Über Handschriftenvergleichung«.[54]

Für die meisten der anwesenden Herren – Gerichtsärzte, Amtsärzte und Medizinalbeamte – dürfte das Thema, wenn schon nicht absolut neu, so doch recht fernliegend gewesen sein. Deshalb war sein Vortrag sehr breit und allgemeinverständlich angelegt: »Die vergleichende Prüfung von Handschriften kann aus sehr verschiedenen Veranlassungen erfordert werden: bei Verdacht auf Fälschung von Unterschriften, zur Feststellung der Echtheit von Verträgen oder Testamenten, zur Ermittlung der Schreiber anonymer oder pseudonymer Briefe und Anzeigen, seltener im Interesse psychiatrischer Begutachtungen, gelegentlich auch auf Ansuchen von Autographensammlern.«

Handschrift, so erklärte Kockel seinen Zuhörern, sei ein Produkt einer von gewissen Teilen der Großhirnrinde abhängigen Muskeltätigkeit und genau wie die Sprache, der Gang, die Körperhaltung usw. aufs engste verbunden mit der betreffenden Persönlichkeit. Insofern sei sie ein Gegenstand ärztlich-naturwissenschaftlicher Forschung. Was die vergleichende Prüfung von Handschriften betreffe, müsse man deshalb selbstverständlich naturwissenschaftliche Forschungsmethoden anwenden.

Kockels Vortrag mag an die 45 Minuten gedauert haben, er ging auf die technischen Schwierigkeiten bei der Demonstration der Untersuchungsergebnisse durch Schriftsachverständige vor Gericht ein und beschrieb seine Methode, bei Handschriftenvergleichungen die Fotografie nutzbar zu machen: Die Schriftstücke, die zur Untersuchung gelangten – die fragliche Fälschung und Vergleichsschrift-

Zur Demonstration der Herstellung von Schriftvergleichungstafeln – einzelne
Buchstaben aus einer 1:1-Kopie des fraglichen Schriftstückes werden ausge-
schnitten und anschließend mit gleichen Buchstaben aus Schreiben am
Verfahren beteiligter Personen verglichen.

proben – , wurden zunächst im Maßstab 1:1 fotografiert. »Aus den
Papierkopien werden die für die vergleichenden Zusammenstel-
lungen besonders heranzuziehenden Worte und Buchstabengruppen
auf einer glatten Holzunterlage mit einem sehr scharfen und spitzen
Messer aus besonders hartem Stahl herausgeschnitten, mit der Pinzette gefaßt, auf der Rückfläche mit frischem salizylsäurehaltigem Stär-
kekleister bestrichen und auf gutes Schreibpapier oder Karton aufge-
klebt. Dabei ist jeweils nach dem Aufkleben zu beschweren, damit die
kleinen Papierstückchen der Unterlage fest anhaften.« Die fertigen
Tafeln wurden dann fotografiert und dem Gutachten beigefügt.
»Wichtig ist, daß die Tafeln übersichtlich sind und ohne weiteres
erkennen lassen, welche Schriften fraglich sind und welche der aufgeklebten Schriftzeichen den Vergleichsproben entstammen.«

Im schriftlichen Teil des Gutachtens müsse der Sachverständige
dann »die fraglichen Schriften bezüglich der allgemeinen und speziellen Befunde besprechen, hiernach das Vergleichsmaterial, dann auf
die Verschiedenheiten und die übereinstimmenden Merkmale gesondert hinweisen und im Anschlusse hieran eine kritische Bewertung
der gesamten Befunde geben«.

Diese allgemeine Anleitung klingt recht einfach, aber die Schwierigkeiten lägen – so Kockel – auch hier im Einzelfall: »So betrifft die Prüfung von Unterschriften regelmäßig die Frage, ob sie echt oder unecht sind. Erscheint die Echtheit fraglich oder ausgeschlossen, so wird in Strafsachen fast immer um Auskunft darüber ersucht, ob die Fälschung von einem bestimmten Beschuldigten bewirkt ist. Handelt es sich um die Prüfung von längeren Schriftstücken, so ist häufig mit zu erörtern, ob bei ihrer Niederschrift eine Schriftverstellung versucht oder durchgeführt worden ist.« Auch das Alter des Schreibenden spiele eine Rolle, anfänglich sei die Schrift »gewissermaßen Fabrikware ohne individuelle Eigentümlichkeiten. ... Je größer die Übung im Schreiben ist, um so mehr entfernt sich die Handschrift von den Schulnormen und nimmt schließlich Eigentümlichkeiten an, die teils in absichtlicher Anlehung an andere Vorbilder begründet sind (stilisierte Schriften, Modeschriften, Expedienten- und kaufmännische Schriften), teils, besonders bei den Angehörigen des Gelehrtenstandes, in ihren Ursachen unserer Erkenntnis sich entziehen. ... Bei Leuten, die nach der Schulzeit nur wenig schreiben, bleibt die Handschrift im wesentlichen auf dem Punkte stehen, auf dem sie sich beim Abschluß des Schulunterrichts befand. Sie kann sogar Rückbildungen erfahren, als das Schreiben mehr oder weniger verlernt und so bis zu einem gewissen Grade wieder das wird, was es anfänglich war: das mühsame Hinmalen von Schriftbildern, die in der Erinnerung haften geblieben sind. ...«

In der Diskussion betonte Professor Emil Ungar aus Bonn, daß er es bedauern würde, wenn in Zukunft jeder Gerichtsarzt zugleich als Schriftsachverständiger gelten solle. Auch der Gerichtsmediziner Marx aus Berlin meinte, daß die Untersuchung der Schreibmaterialien und die Handschriftenkunde nicht zur gerichtlichen Medizin gehörten. Kockels Erwiderung: »Den Hinweis des Herrn Marx, daß Handschriftenuntersuchungen nicht in ein gerichtsärztliches Institut gehörten, muß ich ablehnen. Für das, was in dem von mir geleiteten Institut gearbeitet wird, trage ich die Verantwortung. Ich möchte indessen bemerken, daß es mir nicht einfällt, die Herren zur Vornahme von gerichtlichen Handschriftenvergleichungen zu veranlassen. Auch ich habe mich nicht freiwillig damit eingelassen, sondern bin gewissermassen dazu gepreßt worden. Es lag mir aber daran, gerade aus diesem Gebiete meiner Sachverständigentätigkeit etwas vorzuführen. Es scheint dringend wünschenswert, daß es auch für derartige

Untersuchungen Stellen gibt, in denen die Begutachtungen unabhängig von Honorarfragen ausgeführt werden.« Marx entschuldigte sich daraufhin: »Sollte ich im Eifer des Gefechts Worte gesprochen haben, aus denen eine Kränkung entnommen werden könnte, so bitte ich Herrn Kockel, dies verzeihen zu wollen. ... Ich wollte mich lediglich sachlich dagegen wenden, daß von uns Bestrebungen ausgehen, die eine Verwischung der Grenzen unseres Gebietes zur Folge haben können.«

Kockel ist durch seinen Vortrag und durch seinen Untersuchungsgegenstand nicht etwa zum Außenseiter im Fach geworden, vielmehr wurde er gerade auf dieser Tagung der gerichtsmedizinischen Gesellschaft für die folgende Amtsperiode zum 1. Vorsitzenden gewählt.

Schriftexpertisen hat er auch weiterhin durchgeführt, er war Mitglied des »Deutschen Bundes der gerichtlichen Schriftsachverständigen und Berufsgraphologen« und hat an den Tagungen und am wissenschaftlichen Leben dieser Vereinigung teilgenommen, wobei er – als Naturwissenschaftler – niemals versucht hat, aus einer Handschrift Aussagen zu Charaktereigenschaften und Verhaltenweisen eines Schrifturhebers zu machen.

»Ist es schon sehr schwer, eine doch immer nur wenige Schriftzeichen umfassende fremde Unterschrift freihändig und getreu nachzubilden, so gilt das noch viel mehr von umfänglicheren Niederschriften. Sind derartige Nachbildungen wirklich geschehen, so sind sie als solche bei einiger Aufmerksamkeit meist leicht zu erkennen«, hatte Kockel in seinem Vortrag gesagt. Wahrscheinlich hätte er insofern sicher seine Freude an der Perfektion der von Konrad Kujau produzierten »Hitlertagebücher« gehabt – und sie vielleicht rascher als mancher andere Experte als Fälschungen entlarven können.

»Frau Lohmeier schrieb mir, das Kind könne nicht von ihrem Sohn sein ...«

»Geh. Justizrat Amtsgerichtsrat Fränkel-Breslau macht in seiner Praxis als Vormundschaftsrichter dauernd die Wahrnehmung, daß die Väter unehelicher Kinder sich der Erfüllung ihrer Verpflichtungen dem Kinde gegenüber zu entziehen suchen«, heißt es in einem Bericht über den IV. Deutschen Kongreß für Säuglingsschutz, der am 18. und 19. September 1913 in Breslau stattfand. Das Thema des Kongresses lautete: »Die Rechtsstellung des unehelichen Kindes nach deutschem Recht«. Juristen, Kommunalpolitiker, Pastoren und Ärzte hatten sich zusammengefunden, und Stadtrat Dr. Koehler aus Leipzig hielt eines der Hauptreferate. Sehr umstritten, so der Referent, sei die sogenannte Exceptio plurium[55], mit der der außereheliche Vater den Unterhaltsanspruch des Kindes vernichten könne. Solle man diese Einrede beibehalten, solle man sie beseitigen? Pastor Pfeifer aus Berlin forderte, die Einrede des Mehrverkehrs im Interesse des Kindes zu beseitigen. Ohne die Exceptio werde man auf jeden Fall schneller zum Pflegegeld kommen, dessen rechtzeitige Zahlung für eine gedeihliche Entwicklung des Kindes die erste Grundlage sei. Viele andere Meinungen wurden geäußert; über die Ansicht der Zeit, ein uneheliches Kind sei eine Schande für die Mutter, wurde nicht gesprochen.

Die erfolgreiche Suche nach »Mehrverkehrszeugen« ist noch heute das Ziel männlicher Beteiligter in Unterhaltsverfahren. Die medizinischen Forschungsergebnisse in der Blutgruppenserologie und in der modernen Genetik können den meisten Müttern allerdings die Sicherheit geben, die Alimente für ihr Kind vom wirklichen Erzeuger beanspruchen zu können. Auch der »Makel« der Unehelichkeit spielt heute (fast) keine Rolle mehr.

Keineswegs ein Einzelfall, aber doch exemplarisch ist ein Vorgang aus dem Jahre, als der og. Kongreß für Säuglingsschutz stattfand; eine Zeitungsnotiz vom 16. Juni 1913:

»Eine Verzweiflungstat. Am Dölitzer Wehr hörten Sonntagabend in der 11. Stunde Vorübergehende Hilferufe. Sie benachrichtigten die Polizei, in deren Gegenwart dann ein Mädchen aus der Pleiße gezogen wurde, das noch am Leben war. Das Mädchen hatte mit einem Bande ihr 5 Wochen altes Töchterchen fest an sich gebunden. Dieses war bereits tot, als man die Mutter aus dem Wasser zog. Ihrer Angabe nach hat die Mutter mit ihrem Kinde freiwillig in den Tod gehen wollen, weil sie von ihren Eltern verstoßen worden ist. Das Mädchen wurde sogleich nach dem Krankenhause gebracht, während der Leichnam des Kindes nach dem Institut für gerichtliche Medizin gebracht wurde. Die näheren Einzelheiten über die Tat fehlen noch. Das Mädchen ist eine in der Kronprinzstraße wohnhaft gewesene Plätterin.«

Einige Tage später sezierte Dr. Engau, der Assistent von Kockel, die Leiche des kleinen Mädchens. Das Kind war ertrunken, Pflegeschäden oder Gewalteinwirkungen wurden nicht festgestellt.

Am 21. Juli besuchte Professor Kockel die Täterin in der Haftanstalt. Am 1. Juli hatte er einen Auftrag zur psychiatrischen Untersuchung erhalten, am 19.07. waren die Akten eingegangen. »Ich hatte es mir so zu Herzen genommen, daß ich ein außereheliches Kind hatte. Ich dachte immer, mich verachten die Leute«, sagte die junge Frau.

Am nächsten Tage setzte Kockel die Befragung fort: »Frau Lohmeier schrieb mir, das Kind könne nicht von ihrem Sohn sein. ... Ich hatte ihr vorher geschrieben, daß ihr Sohn sich nicht um mich kümmere, obwohl ich schon 120 Mk ausgegeben hätte. – Nahrungssorgen hatte ich nicht, da ich bereits wieder 1 Woche gearbeitet hatte. ... Als ich den Brief der alten L. erhielt (14.6.13), faßte ich gleich den Entschluß, mich mit meinem Kind zu töten«, notierte Kockel die Aussagen der 22jährigen Plätterin.

Noch einmal, am 24. Juli, befragte Kockel die junge Frau, jetzt ging es ihm um die Einzelheiten der Tat: »Auch als ich schon im Wasser war, wollte ich mich unbedingt mit meinem Kind ums Lebens bringen. Ich bin dann herausgeholt und nach Dölitz gebracht worden. Wie lange ich im Wasser war, weiß ich nicht. Die Herren haben mich nach Dölitz geführt. Dann per Auto ins Krankenhaus. Dort war ich 1 1/2 Wochen. Mir wollte es nicht in den Kopf, daß mein Kind tot war.«

Am 25. Juli unterhielt sich Professor Kockel wieder mit der Frau – wobei sie äußerte: »Bei der Tat habe ich nur an mich gedacht.« Danach formulierte er sein Gutachten: Eine Geisteskrankheit liege nicht vor, auch eine Wochenbettpsychose bestehe nicht. »Ist somit der Nachweis nicht zu erbringen, daß sich die Beschuldigte bei der Begehung ihrer Straftat in einem der strafausschließenden Zustände des § 51 StGB[56] befunden hat, so ist doch für die Beurteilung des psychischen Verhaltens der Beschuldigten wichtig ihr allem Anschein nach großes Ehrgefühl, ferner der Umstand, daß sie am 15. Juni allem Anschein nach nur äußerst wenig Nahrung zu sich genommen und die Nacht vorher, wie sie selbst angibt, schlaflos verbracht hat. Schließlich ist zu berücksichtigen, daß die Beschuldigte sich noch innerhalb der sogenannten Sechswochenzeit befunden hat, d. h. innerhalb der Frist, in der erfahrungsgemäß erst die völlige Rückbildung der durch die Schwangerschaft und die Geburt veränderten weiblichen Geschlechtsorgane erfolgt, und in der dementsprechend das Weib in einem vom gewöhnlichen abweichenden Zustand sich befindet. Von allen diesen Gesichtspunkten aus erscheint die Annahme begründet, daß die Beschuldigte zur Zeit der Straftat nicht den normalen Grad von Widerstandsfähigkeit gegen äußere Einflüsse besessen hat, und daß sie dementsprechend vom ärztlichen Standpunkt als eine in ihrem Tun und Lassen milder zu beurteilende Person zu gelten hat.«

Des Sachverständigen Kockel verständnisvolle Beurteilung ist auf das Gericht nicht ohne Einfluß geblieben: Am 7. Oktober 1913 wurde lt. Zeitungsbericht das Urteil gesprochen: »Das Gericht erkannte wegen fahrlässiger Tötung auf drei Monate Gefängnis. Das Gericht nahm an, der Tod des Kindes sei unabhängig von ihrem Willen eingetreten. Sie habe aber voraussehen müssen, daß es ihr möglicherweise nicht gelingen würde, mit dem Kinde wieder aus dem Wasser zu gelangen. Bei der Strafzumessung wurde u. a. ihre Erregung infolge des Verhaltens ihres Geliebten und seiner Mutter berücksichtigt. Da die Strafe durch die Untersuchungshaft als verbüßt gilt, so wurde die Angeklagte aus der Haft entlassen.«

Bis heute unbekannt: die Mumie aus der Lauer

In jedem gerichtsmedizinischen Institut der frühen Jahre gab es eine »Sammlung«, und viele solche Sammlungen haben sich bis heute erhalten.

Allerlei Objekte der täglichen Arbeit wurden – ihrer scheinbaren Einmaligkeit wegen – zurückbehalten: Knochen mit Mißbildungen, verheilten Frakturen, frischen Frakturen, typischen Frakturen an Schädeldächern, Schädelbasen, lange Röhrenknochen, aufgesägt und gesammelt zu Altersbestimmungen an Skelettfunden von unbekannten Leichen, zur Geschlechtsbestimmung, Knochen mit Messerer-Brüchen, Wirbelkörper und Brustbeine, Schußfrakturen, Torsionsbrüche, ein im Auto verbrannter Körper als Torso (es ist nicht Tetzner!), mitunter makaber ästhetisch mumifizierte Gliedmaßen, Gliedmaßen mit »typischer« Fettwachsbildung, aufgefundene, niemals identifizierte ausgedörrte Neugeborene ... und dann die Unmenge der »Feuchtpräparate«: die alkoholisch bedingte Schrumpfleber zur allgefälligen Warnung, der Herzstich, die Aortenruptur, der makroskopisch voll ausgebildete Herzinfarkt, der Tumor in der Niere (auch viele Pathologische Institute verfügten und verfügen noch heute über viele Sammlungspräparate!), der sorgfältig zusammengerollte, bis 9 m lange Rinderbandwurm im 1-Liter-Glas (natürlich nur ein Zufallsfund und auch nur Nebenbefund), die in Gips abgeformte Hundeschnauze mit den scharfen Zähnen, dazu passend die postmortale Tierfraßverletzung (im Glas oder ebenfalls abgeformt) ... und schließlich die unendliche Vielfalt der »Hardware«: das stumpfe Küchenmesser, mit dem es einer doch schaffte, sich aus dem Leben zu schneiden, die Zaunslatte mit dem noch heute gefährlich herausragenden Nagel, der blutbefleckte Wecker, verbeult jetzt, aber geeignet gewesen, der scharfe Hirschfänger, eine riesige, 6 Meter lange Eisenkette von einem, der mit Sicherheit nicht wieder aus der Pleiße auftauchen wollte, selbstgebastelte, aber auch viele professionell hergestellte Vorrichtungen zum Schuß in den eigenen oder aber einen fremden bekannten oder unbekannten Kopf, Glasscherben zum Schneiden und aus dem Magen eines Inhaftierten, der sich im Gefängnisspital besser aufgehoben glaubte als in der Zelle, Schutzhelme von unglücklichen Motorradfahrern, ein Lenkrad, lange vor der Zeit von Sicherheitsgurt und Airbag verbogen am Thorax eines Fahrzeugführers, ein handgeschnitzter Phallus von beträchtlicher Größe mit fast elegantem schwarzem Fellbesatz ... Vieles eben: Hardware und noch viel mehr und anderes und ebenso klassisch in anderen Instituten der – so sagt man heute – Rechtsmedizin.

Woher das alles? Wozu das alles?

Es kam das alles – in aller Einfachheit – vom einzelnen Casus, der zu bearbeiten war. Es war und ist eben für einen Gerichtsmediziner wichtig, ein Tatwerkzeug, einen Ereignisort zu sehen, jeden Befund mit dem Vorgang, dem Ereignis, dem Gegenstand einer Einwirkung gedanklich abzuwägen, abzugleichen. Für die Bearbeitung des Falles erbeten, vom Staatsanwalt übersandt oder von der Polizei überbracht, waren viele später in der »Sammlung« bewahrte Gegenstände zunächst einmal auch mögliche Beweismittel in einem Strafverfahren. Dann blieben sie nicht selten dort, wo sie präpariert, aufbereitet und gelagert waren: in der Gerichtsmedizin. Das Verfahren war abgeschlossen, der Täter »saß« – und das von ihm zertrümmerte Schädeldach seines Opfers lag noch in der Gerichtsmedizin. Wohin damit? Vernichten – aber wie? Einfachste Lösung: Aufbewahren in der Sammlung.

Einfache Antworten auch auf das »Wozu?« des Aufbewahrens:
- zu Lehr- und Weiterbildungszwecken (es gab keine Dias, keine Colorfilme oder gar Videos und CDs)
- für wissenschaftliche Auswertungen.

Die von den gerichtsmedizinischen Instituten in den frühen Jahrzehnten des 20. Jahrhunderts aufgebauten Sammlungen waren also keine »Monsterschauen«, sondern eigentlich Sammlungen wissenschaftlicher Objekte. Mitunter allerdings sind manche Sammlungsobjekte inzwischen zu fast ewigen Institutsinsassen geworden:

Am 2. März 1914 notierte Kockel unter der Aktennummer A 3/64: »Krim.-Insp. Schaller von der Landes-Krim.-Brigade sendet die völlig mumifizierte, nackte Leiche eines erhängten Selbstmörders, die er am 28.II.14 im Gehölz bei der Lauer hoch aus einer Eiche hat herabholen lassen.

Von der Leiche sind effektiv nur noch Haut u. Knochen vorhanden, sie ist so gut wie völlig eingetrocknet. Da und dort sind Löcher in der äußeren Bedeckung zu sehen; das Objekt enthält viele Milben und wird deshalb außen und innen konserviert.«

Am 8. März schickte in der Angelegenheit der am 28. Februar aufgefundenen mumifizierten Leiche die Brigade Leipzig der Landeskriminalpolizei die Personenbeschreibung eines seit 24. November 1912 Vermißten namens Paul Fuchs – er war 165 cm groß und hatte am Hinterkopf eine 2 cm lange unbehaarte Stelle. In der Akte findet sich kein Kommentar von Richard Kockel – wahrscheinlich konnte man schon auf Grund der Körpergröße eine Identität der Leiche mit dem vermißten Fuchs ausschließen.

Am 16. März erkundigte sich Polizeisekretär Wunderlich, ob die am 2. März eingelieferte Leiche identisch sein könnte mit einem seit März 1912 vermißten 35jährigen Schutzmann namens Kutzner, der 166 cm groß war, dunkle bzw. schwarze Haare und einen Schnurrbart hatte. Kockel notiert: »Die Mumie ist (bei seitwärts geneigtem Kopf) 174 cm lang und zeigt blonde bis dunkelblonde Haupt- und Schnurrbarthaare, denen einzelne weiße beigemengt zu sein scheinen. Identität von mir abgelehnt.«

Am 4. April 1914 schließlich formulierte er entsprechend seinen Feststellungen vom 16. März ein kurzes Gutachten.

Später – ein Datum ist nicht ersichtlich – notierte der Professor in der gleichen Akte: »Kutzner ist kurze Zeit nach Beginn des Krieges wieder zum Vorschein gekommen, etwa Mitte August 1914: Er war aus Böhmen – wohl als Vagant – ausgewiesen worden.«

Kutzner war es also auch nicht.

Immerhin ist die Mumie – noch heute unaufdringlich, still und geruchlos mit zwei anderen »klassischen Fällen« in einem eigenen riesigen Glasschrank auf der Hintertreppe des Leipziger Instituts plaziert – insofern durchaus kein Unbekannter, als sie den Lesern und Nutzern bedeutender gerichtsmedizinischer Lehrbücher als Abbildung – klassisches Beispiel für eine Mumifizierung unter natürlichen Bedingungen – sehr vertraut ist.[57]

Selbstbeschädigung? – oder doch ein Unfall?

»Haft!« hat Kockel über die Akte A 1/97 geschrieben. Der Vorgang hingegen mutet an wie ein ganz einfacher Unfall: Ein junger Bauer hatte bei Arbeiten mit der Mähmaschine »Mc Cormick / Daisy« die »vordere Hälfte des rechten Zeigefingers« eingebüßt, in der Mitte des Mittelgliedes war der Finger durchtrennt worden. Bei Mäharbeiten, so der inhaftierte junge Mann, habe sich ein auf dem Felde liegendes Eisenstück zwischen den spitz-dreieckigen und gegeneinander sich bewegenden Schneiden des Mähbalkens verklemmt. Während des Versuchs, dieses Eisenstück aus den Schneiden zu entfernen, hätten die Pferde angezogen und so die Mähmaschine bewegt. Dabei sei sein rechter Zeigefinger durchtrennt worden.

Am 16. Oktober 1914 7.27 Uhr fuhr Kockel von Leipzig nach Geithain, um sich die Mähmaschine anzusehen und den Vorfall zu rekonstruieren. 4,20 Mark kostete damals die Bahnfahrt II. Klasse hin und zurück, »für die Besichtigung der Mähmaschine in Geithain einschließlich der Vornahme von Versuchen« berechnete der Professor 6,-- Mark, für das Gutachten, das er noch am gleichen Tage formulierte, 10,-- Mark.

»Versuche, die an der Mähmaschine des Beschuldigten mit Messingblech von 1 mm Dicke vorgenommen worden sind«, schrieb Kockel in seinem Gutachten, »haben ergeben, daß durch die Messer der Mähmaschine Blech sich leicht schneiden läßt, und daß, wie das beiliegende Probeobjekt aus Messing erkennen läßt, die etwas gerissenen Schnitte dem Schnitt in dem verrosteten Eisenteil, der in die Mähmaschine gekommen sein soll, außerordentlich ähnlich sind. Es läßt sich daher die Behauptung des Beschuldigten, daß der Schnitt in dem verrosteten Eisenstück von der Mähmaschine erzeugt worden ist, nicht nur nicht widerlegen, sondern findet in dem Befund sogar eine ziemlich sichere Begründung. ...

Es ist zwar nicht sehr wahrscheinlich, daß beim Mähen ein am Grunde des Feldes liegender Eisenteil in die Messer der Mähmaschine, die sich etwa 10 cm über den Boden hinbewegen, hineingerät, aber mit Sicherheit ausschließen läßt sich ein derartiges Ereignis naturgemäß nicht. Es sind daher auch die Angaben des Beschuldigten über den ganzen Verletzungsvorgang nicht zu widerlegen, auch deshalb nicht, weil es, wie die Versuche an der Maschine ergeben haben, nur einer geringen Bewegung der Maschine bedarf, um die Messer zu einer vollständigen Schnittführung zu bewegen.

Nimmt man alles zusammen, so ist manches vorhanden, was die Behauptung des Beschuldigten zweifelhaft erscheinen läßt, doch sind keine Momente gegeben, die geeignet wären, seine Angaben mit Sicherheit als unwahr und unbegründet hinzustellen.«

Leider sind die Aktenauszüge, die Kockel gemacht hat, in diesem Falle sehr spärlich, es ist ihm vielmehr der Sachverhalt – und damit sicherlich auch der Grund der Inhaftierung des Mannes – von der Staatsanwaltschaft nur mündlich geschildert worden. Man kann heute somit nicht »alles zusammennehmen«. Aber am wahrscheinlichsten ist natürlich die Vermutung, daß Kockel die Frage zu beantworten hatte, ob es sich um eine Selbstverstümmelung gehandelt hat. Die Selbstbeibringung einer solchen Verletzung kann mehrere Gründe haben: eine erstrebte Teilrente, ein dadurch notwendig werdender Wechsel in einen anderen Beruf oder aber – in Kriegszeiten – die Vorstellung, ohne einen vollständigen rechten Zeigefinger den Abzug eines Gewehrs nicht betätigen und damit vielleicht dem unmittelbaren Kriegsgeschehen etwas entrücken zu können. Eine Selbstverstümmelung mit dieser Absicht stellte aber auch im Ersten Weltkrieg schon eine strafbare Handlung dar.[58]

Der Unterzeichnete war genau 178 cm groß – Jeck 2 cm größer

Am 1. August 1914 ging im Institut eine Akte ein, in der Professor Kockel gebeten wurde, »sich gutachtlich darüber auszusprechen, ob Jeck, wenn er mit dem Rücken an dem Geländer der Wyhrabrücke gelehnt gewesen ist, ohne Gewalt von dritter Seite über das Geländer geflogen ist und ob etwa infolge des Sturzes eine gänzliche oder teilweise Amnesie eingetreten sein kann?«

Jeck, so der Vorgang, war in angetrunkenem Zustand über das Brückengeländer der Wyhra, das 95 cm hoch war, am 15. Dezember 1912 in das hier 3-4 m tiefe Wasser des Flusses geraten.

»Um sich die Verhältnisse klar vorstellen zu können«, so Kockel in seinem Gutachten, »wurde ein 95 cm hohes Geländer angefertigt. Das beigehende Photogramm zeigt den Unterzeichneten, der genau 178 cm groß, also 2 cm kleiner als Jeck ist, in der Stellung, wie sie Jeck nach seinen Angaben an dem ... Geländer der Wyhrabrücke eingenommen haben will. Wenn auch der Unterzeichnete 2 cm kleiner ist als Jeck, so kann trotzdem nicht angenommen werden, daß Jeck lediglich infolge eines spontanen, etwa in seiner Angetrunkenheit begründeten Abgleitens der Füße am Boden hintenüber gefallen und in die Wyhra gestürzt ist: Er müßte sich dann geradezu auf das Geländer der Brücke gesetzt haben. Ebenso kommt nicht in Betracht, daß Jeck etwa in vornüber gebeugter Stellung über das Brückengeländer gefallen sein könnte: denn er hat ... ausdrücklich angegeben, daß er mit den untersten Rückenwirbeln am Geländer gelehnt habe.

Nach alledem erscheinen die Angaben, die Jeck ... gemacht hat, glaubwürdig.«

Der angetrunkene Jeck, Opfer eines Überfalles, war von dem Täter an den Oberschenkeln erfaßt und mit einigem Schwung über das Geländer der Brücke geworfen worden. Nahezu unverletzt hatte er sich aus dem dezemberkalten Wasser mit eigener Kraft retten können. Jeck, so behauptete hingegen der Angeschuldigte, sei infolge seiner Trunkenheit spontan über das Brückengeländer gestürzt. »Bezüglich der Frage, ob bei Jeck infolge des Sturzes ein gänzlicher oder teilweiser Erinnerungsverlust eintreten konnte«, meinte Kockel, daß dies durch einen bloßen Sturz ins Wasser nur dann möglich sei, wenn er sich eine Gehirnerschütterung durch einen Aufprall auf den Grund des Flusses zugezogen haben würde – dies aber sei nicht der Fall gewesen. Der Täter wurde wegen Mordversuchs verurteilt.

»Dann habe ich ihr Blumen in die Hand gelegt und ihr den Klemmer wieder aufgesetzt ...«

Gemeinsam in den Tod zu gehen kam bei Liebenden in der Zeit um die Jahrhundertwende zweifellos wesentlich häufiger vor als heutzutage. Motive für solche Handlungen waren mitunter eine unerwünschte Schwangerschaft, die besonders die Frau belastete, aber auch fehlende Aussichten auf einen gemeinsamen Lebensweg bei »unschicklichen« Verbindungen. Nicht selten überlebte den gemeinsam geplanten und eingeleiteten Suizid ein Partner, zuweilen folgten Strafverfahren gegen den Überlebenden. Nicht immer waren in solchen Fällen jedoch Tötungsverbrechen auszuschließen, wobei der Täter sich anschließend suizidierte oder dies zumindest versuchte.

Auch ein deutscher Dichter, aus gutem Hause, hat eine solche Episode in seiner Biographie: Johannes R. Becher. »Das Schicksal hatte den gebürtigen Münchner schon in jungen Jahren hart gebeutelt. Der Vater, Landgerichtsdirektor, ein selbst für Wilhelminische Verhältnisse harter Knochen, hielt die poetischen Träume des Filius für puren Größenwahn. Der väterliche Einfluß war freilich hoch willkommen, als der hormonell verwirrte Johannes, in einem Anfall von Weltekel, im April 1910 gemeinsam mit seiner Geliebten Franziska Fuß aus dem Irdischen scheiden wollte. Er erschoß die unglückliche Zigarettenverkäuferin und versuchte, sich selbst zu entleiben. Doch der knapp 19jährige überlebte schwer verletzt. Sein Vater ließ den Todesschützen für unzurechnungsfähig erklären und schlug ein Verfahren nieder.« [59]

Der folgende Fall ereignete sich am 7. Juli 1914 in einem Hotel der Leipziger Westvorstadt: Nach dem gemeinsamen Entschluß, aus dem Leben zu scheiden, erdrosselte der 21jährige kaufmännische Angestellte Franz Lüttich seine Geliebte, die 20jährige Kontoristin Elsa Braun, mit seinem »Selbstbinder«, seiner Krawatte also. Der junge Mann hatte die Absicht, sich anschließend zu erschießen, die Waffe versagte aber, und so saß er fast 6 Stunden neben der Leiche seiner Geliebten; schließlich brachte er sich eine Schußwunde in der rechten Schläfengegend bei, wurde aber gerettet.

Am folgenden Tage sezierten Professor Kockel und Gerichtsarzt Dr. Thümmler im Institut die Leiche der jungen Frau, stellten die Todesursache und eine bestehende Schwangerschaft fest.

Schon am 19. August 1914 – der Erste Weltkrieg war inzwischen ausgebrochen, der Kaiser brauchte jeden seiner Untertanen als Soldaten – sollte nun in der Sache Lüttich vor der 2. Ferienstrafkammer verhandelt werden. Kockel war als Sachverständiger geladen und hat in der Akte notiert: »L. ist Ersatzreservist mit Gestellungsbefehl für den 10. Mobilmachungs-Tag (11. August). Zur Aufklärung des Sachverhalts wird die Verhandlung vertagt.«

Dann hat sich das Gericht offenbar doch noch einmal zur Beratung zurückgezogen, denn anschließend hat der Sachverständige vermerkt: »Die Verhandlung wird *nicht* vertagt, da es sich um ein Delikt

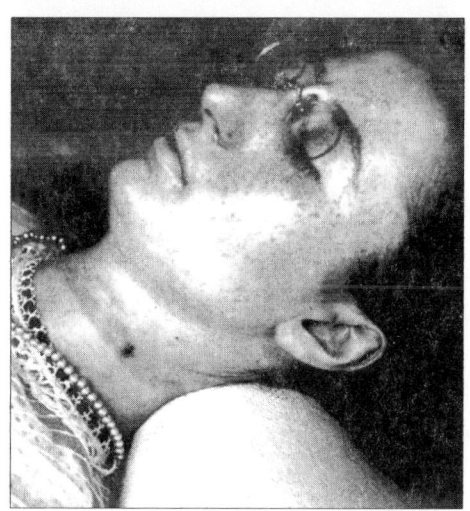

Erdrosseln der Geliebten auf
deren ausdrückliches Verlangen,
der Suizid des Täters mißlang.
Motiv: Schwangerschaft

vor der Dienstzeit handelt und da er den Militärdienst *faktisch noch
nicht angetreten hat.*«

Die nun in Gang gekommene Verhandlung verfolgte Kockel wie
immer sehr aufmerksam und notierte über den Täter und seine
Aussagen:»Realschüler bis Quarta, dann Kaufmannslehrling in Magdeburg. Die Braun war Kontoristin mit 70 Mk monatlich, ich hatte
60 Mk. – Seit 1 ½ Jahren bekannt mit der Braun, später auch Geschlechtsverkehr. Die B. wurde schwanger und war darüber so außer
sich, daß sie sterben wollte. Sie hatte Angst vor Vater und Mutter. Wir
wollten gemeinsam in den Tod gehen und sind deshalb Sonntag den
5. Juli nach Leipzig gefahren.

Am 7. (Dienstag) früh verlangte die B. von mir, ich sollte sie töten.
Erschießen lehnte sie ab, sie wollte erwürgt werden. Das habe ich mit
einem Binderschlips getan. Ich habe dann aber wieder losgelassen, so
daß die B. wieder zu sich kam und mir Vorwürfe machte. Da habe ich
sie dann erdrosselt. Dann habe ich ihr Blumen in die Hand gelegt
und ihr den Klemmer wieder aufgesetzt. Einen Brief, den die Braun
an ihre Eltern geschrieben hatte, habe ich am 6. abends in den Brief-
kasten gesteckt, ebenso einen, den *ich* an *meine* Eltern geschrieben
hatte.

Ich habe nach dem Tode der B. auf mich geschossen. Der erste
Schuß blieb im Laufe stecken; als ich wieder zu mir kam, brachte ich

die Waffe in Ordnung. Da klopfte der Kellner und fragte, ob wir wegfahren wollten. Ich legte dann die Rolloschnur um den Hals und habe nochmals auf mich geschossen. Ich kam erst wieder zu mir, als ich auf der Tragbahre lag und ins Krankenhaus transportiert werden sollte.«

Lüttich, der der Tötung auf ausdrückliches Verlangen (§ 216 StGB) angeklagt war, wurde zu 3½ Jahren Gefängnis verurteilt.

»Der Haftbefehl wurde in Anbetracht des militärischen Dienstverhältnisses des Angeklagten aufgehoben«, heißt es in einem Zeitungsbericht. Ob der junge Mann den Krieg überlebt und danach seine Strafe verbüßt hat, ist nicht überliefert.

Weitere ähnliche Fälle finden sich in den Akten aus der Kockelzeit, wir reihen einige kurz aneinander:

Am Montag, dem 3.Oktober 1904, sezierte Kockel im Institut die Leiche des 23jährigen Kaufmannes Franz Max Ewald Rockel, der sich am Tag der Trauung gemeinsam mit seiner Ehefrau durch Gas suizidieren wollte. Beide wurden bewußtlos auf dem Bett liegend vorgefunden, der Ehemann verstarb auf dem Transport ins Krankenhaus, die Ehefrau überlebte.

Sechs Wochen später wurde im Institut die 20jährige Anna Wallmann untersucht. Sie war von ihrem Geliebten durch Revolverschüsse ins Gesicht und in die linke Brustseite getötet worden. Der Suizidversuch des Geliebten schlug fehl.

Am Heiligen Abend des gleichen Jahres, früh 11 h, sezierte der Professor im Institut die Leiche der Büffetmamsell Wilhelmine Jähnicke. Die 24jährige war am Vortag in den Schreber-Anlagen nahe der Kaserne des 106. Regiments in Gohlis tot aufgefunden worden. Neben ihr lag ein junger Mann, der noch lebte, aber kurz nach seiner Aufnahme ins K-H im Operationssaal verstarb. Todesursache der jungen Frau waren zwei Gehirnschüsse.

Am 31. August 1909 untersuchten Professor Kockel und Dr. Richter im Krankenhaus Zwenkau die Leiche des 20jährigen Dienstmädchens Anna Schulze. Todesursache: Herzschüsse. »Ist Sonntag d. 29.8.09 von ihrem Geliebten in der Harth erschossen worden. Dieser selbst hat sich einen Lungenschuß beigebracht, scheint aber im Krankenhaus zu Leipzig der Genesung entgegenzugehen.«

Am 25. April 1910 sezierte der Assistent Dr. Nebel im Institut die 32jährige Ludmilla Kasparski aus (Polnisch-)Rußland. Sie wurde erschossen mit dem Ehemann (Selbstmord) im Bett aufgefunden. Todesursache: Schädelschuß.

Am 16. September 1911 wurde im Institut die Leiche des 22jährigen »Büffetfräuleins« Paula Gartner eingeliefert. Paula war von ihrem Geliebten durch einen »Schuß in die Herzgegend« (Notiz von Kockel) getötet worden, der Täter hatte sich ebenfalls durch Revolverschüsse getötet. Eine Sektion wurde von den Angehörigen verweigert.

1913, am 7. Juli, wurde die Leiche des 30jährigen Reisenden Johannes Lüders, der seine Frau erschossen hatte, danach sich selbst mit einem Browning in die rechte Schläfe schoß und auf dem Transport ins Krankenhaus verstorben war, ins Institut gebracht.

Was im einzelnen vor dem Ableben zwischen den Partnern vor sich gegangen ist, läßt sich oft nur unvollständig nachvollziehen oder ist den Akten nicht zu entnehmen. Mitunter waren die Motive aber auch recht eindeutig, wie in einem Falle, der aus dem Jahre 1931 überliefert ist. Ins Institut eingeliefert und seziert wurde die Leiche der 27jährigen Irmgard Hofer. Vorgang lt. Zeitungsbericht: »Wegen wirtschaftlicher Not in den Tod / Selbstmord und Selbstmordversuch eines jungen Ehepaares in der Kronprinzstraße – Die Ehefrau tot, der Mann verletzt in die Nervenklinik eingeliefert.« Zur Todesursache ist vermerkt: »Die H. ist unmittelbar vor ihrem Tode gewürgt worden und, da eine innere Todesursache nicht festgestellt worden ist, erwürgt worden, falls sich nicht durch eine chemische Untersuchung noch eine Vergiftung herausstellt.« Nachgewiesen wurde in den Leichenorganen das Schlafmittel Noctal – aber nicht in tödlicher Dosis.

Unter der Ladentafel: Gipsabformungen steifer männlicher Geschlechtsteile

An einem Donnerstag nachmittag, es war der 26. April 1915, waren Kockel und der Oberjustizrat Burkhardt bei der Durchsuchung, dem richterlichen Augenschein, im »Geschäftslokale des Schmidt, Emilienstraße 50« zugegen. In der Akte – es handelt sich um eine Abtreibungssache – notierte Kockel gleich am Anfang: »Es wurden Tausende von Präservatifs verschiedenster Form gefunden, ... Ballonspritzen, Okklusivpessare, Scheidenspritzen etc. etc. etc.«

Später beschreibt er in seinem Gutachten das Gesehene ausführlicher: »Daß die im Geschäftslokal des Schmidt unter der Glasplatte der Ladentafel verwahrten Condoms (besonders die mit Federn, Zacken, Spitzen, Bildwerk) ... unzüchtig sind, bedarf keiner weiteren

Begründung, ebenso die Gipsabformungen steifer männlicher Geschlechtsteile, die unter der Ladentafel aufbewahrt werden. Der Beschuldigte Schmidt hat angegeben (Bl. 36), die Artikel, die Beziehung zum Geschlechtsgenuß hatten, seien im Geschäft verdeckt gelagert gewesen. Hierzu ist zu bemerken, daß auf dem Teil des Ladentisches, in dem die auffälligsten Condoms unter der Glasplatte sich befanden, zwar ein Papierbogen lag, daß aber unter der Glasplatte die Condoms in offenen Behältnissen in großer Anzahl frei liegend sich befanden. Die im Schaufenster links ausgestellten, zum Teil leeren Kartons: ›Sanitas, bestes Frauenrohr‹, ›Leukopetra, Spülspritze‹, ›Dr. Drackes Büstenelexir‹, ferner einige dicke Hartgummispritzen, eine Ballonspritze ›Ladys Friend‹, das Bild eines mit Stricken umschnürten Storches, ein Plakat ›Richters Milostator‹ und ein Plakat ›Büstenformer Sanitas‹ muß ich vom ärztlichen wie auch vom persönlichen Standpunkt aus unbedingt als unzüchtig bezeichnen. Mein Weg hat mich häufig bei den Auslagen des Beschuldigten Schmidt vorübergeführt, und der Gesamteindruck, den ich von ihnen gehabt habe, ist jedes Mal der gewesen, daß durch die Gesamtheit der ausgestellten Gegenstände der Sinn des Beschauers in unangemesser, aufdringlicher, ja unanständiger Weise auf Fragen des Geschlechtslebens hingewiesen werden sollte.

Die geradezu enormen Mengen der im Geschäft lagernden Condoms aus Gummi und Fischblase, die reichen Bestände an Spritzen verschiedener Konstruktionen, Okklusivpessaren, Scheidenpessaren und elastischen Kathetern verschiedenen Kalibers, von denen wohl viele Hundert vorgefunden wurden, ferner die vorhandenen Moulagen von menschlichen Eiern und Föten scheinen mir darauf hinzudeuten, daß das Geschäft des Beschuldigten Schmidt zu einem mindestens sehr wesentlichen Teile darauf zugeschnitten gewesen ist, Artikel zu liefern, die den Zweck haben, die unbequemen Folgen des Geschlechtsverkehrs hintanzuhalten und zu beseitigen. Bei der enormen Fülle der hierher gehörigen Gegenstände und Hilfsmittel, die in dem Laden aufgespeichert waren, mußten viele von ihnen dem Besucher des Geschäftsraumes ohne weiteres in die Augen fallen, um so mehr, als ... die im Geschäfte liegenden Vorräte in Unordnung sich befanden.«

Hier lag also sicherlich ein Fall von »Verbreitung unzüchtiger Werke« (§ 184 StGB) vor; Schmidt hatte gegen die Absätze 3 und 3 a verstoßen, die denjenigen mit Strafe bedrohten, der

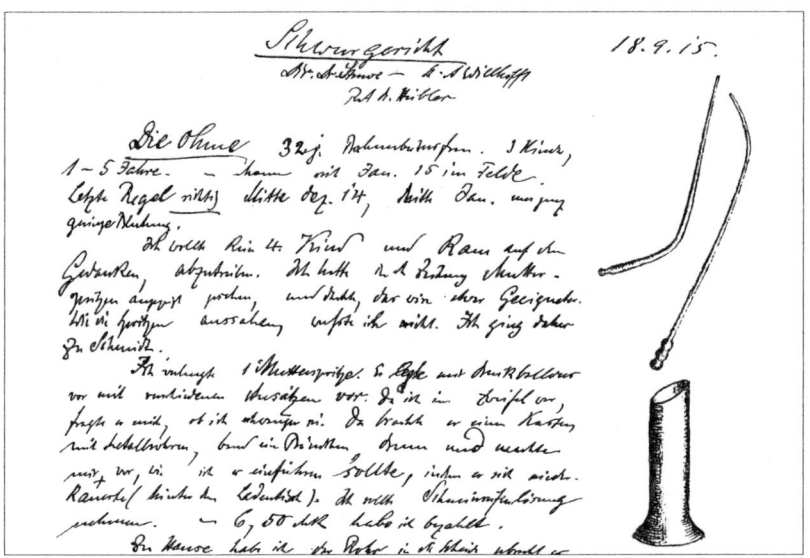

Notizen und Zeichnungen Richard Kockels – die zu Abtreibungshandlungen dienliche Instrumente darstellen – aus der Schwurgerichtsverhandlung gegen Schmidt

- »(3) Gegenstände, die zu unzüchtigem Gebrauche bestimmt sind, an Orten, welche dem Publikum zugänglich sind, ausstellt oder solche Gegenstände dem Publikum ankündigt oder anpreist;
- (3 a) in einer Sitte oder Anstand verletzenden Weise Mittel, Gegenstände oder Verfahren, die zur Verhütung von Geschlechtskrankheiten dienen, öffentlich ankündigt, anpreist oder solche Mittel oder Gegenstände an einem dem Publikum zugänglichen Orte ausstellt«.

Dafür hätte Schmidt mit Gefängnis bis zu einem Jahr und/oder zu Geldstrafe verurteilt werden können.

Man warf ihm aber weitere Straftaten vor: § 219, Anreizung zur Abtreibung, auch im § 218 war die Rede davon, daß derjenige bestraft werde, der »einer Schwangeren ein Mittel oder Werkzeug zur Abtreibung der Frucht gewerbsmäßig verschafft«, und der § 220 StGB war überschrieben mit »Anbieten zur Abtreibung«.

Diese Vorwürfe hatten folgende Vorgeschichte: Frau Oehme, die 32jährige Ehefrau eines Bahnarbeiters, der seit Januar 1915 im Felde stand, bereits Mutter von 3 Kindern im Alter von 1-5 Jahren, hatte bei

Schmidt eine Mutterspritze gekauft und sich deren Gebrauch mehrmals von diesem – der dabei hinter der Ladentafel hockte – demonstrieren lassen.

Sie hatte sich einen Mutterspiegel besorgt und vmtl. Anfang März zweimal Einspritzungen mit Seifenlösung gemacht; schließlich waren am Ostersonntag starke Blutungen aufgetreten, tags darauf war Frau Oehme in die Frauenklinik aufgenommen worden. In seinem Gutachten, das Kockel am 11. Mai formuliert hatte, nahm er mit »an Sicherheit grenzender Wahrscheinlichkeit« einen Zusammenhang zwischen Einspritzungen und Fruchtabgang an.

Am 19. Juli 1915 fand vor der Ferienstrafkammer die Verhandlung gegen Frau Oehme und den Händler Schmidt aus der Emilienstraße statt. Wegen der Abtreibung wurde Frau Oehme zu acht Monaten Gefängnis verurteilt; Schmidt erhält zunächst 300 Mk Geldstrafe.

Am 18. September war Kockel erneut als Sachverständiger in der Angelegenheit vor das Schwurgericht geladen, Frau Oehme war nun bloß Zeugin. Doch Schmidt traf es hart: Er wurde zu zwei Jahren Zuchthaus verurteilt. Die Verhandlung scheint nicht immer besonders aufregend gewesen zu sein, der Sachverständige protokollierte die Aussagen der Frau Oehme, fand aber auch Zeit zu sorgfältigen Zeichnungen am Rande seines Bogens.

Und was konnte eigentlich damals als wirksamste Form der Antikonzeption empfohlen werden? Frau Dr. med. Anna Fischer-Dückelmann wußte es bereits in der »gänzlich neubearbeiteten und vermehrten 500 000 Jubiläums-Ausgabe« von »Die Frau als Hausärztin«[60], wo auf Seite 245 zu lesen steht:

»Schwangerschaft verhütet man am sichersten, ohne seine ethischen Gefühle zu verletzen, *durch vollständige Abstinenz in der Ehe*, d. i. indem man jahrelang den Zweck der Ehe nicht in der körperlichen Vereinigung, sondern in der gemeinschaftlichen Erfüllung jener Pflichten gegen die Kinder und die Gesellschaft sucht, welche für alle Ehepaare bestehen.«

»Tausende von Präservatifs verschiedenster Form, ... Ballonspritzen, Okklusivpessare, Scheidenspritzen etc. etc. etc.«, gefunden z. B. im »Geschäftslokale des Schmidt, Emilienstraße 50«, paßten also – auch ohne den § 218 StGB direkt zu tangieren – absolut nicht in das Bild jener Zeit, obgleich Kinderreichtum allzuoft mit Entbehrung und großer Armut einherging.

Ein deutsches Schädeldach

Im Krieg wird geschossen – und erschossen, es wird mit Panzern und schwerem Gerät gefahren – und überrollt, erstickt, es wird gesprengt – und zerfetzt, Bomben und Granaten werden geworfen – und Menschen in Schützengräben und Häusern verschüttet, Flammen zum Gegner verschickt – und es werden Brandleichen erzeugt. Seinerzeit, so Brecht, bei Ypern in Flandern, sah mancher, der diesen Ort gesehen, nie mehr einen andern: Yperit hieß das im Ersten Weltkrieg eingesetzte Giftgas.

Jeder Krieg ist somit eine Orgie des gewaltsamen Todes, niemals sonst wird so massenweise nichtnatürlich gestorben. »Wissenschaftliche« Aussagen zum Thema »nichtnatürlicher Tod« – dem wichtigsten Arbeitsbereich der gerichtlichen Medizin – wären folglich an den Opfern großer Kriege am ehesten möglich.

Aber der Krieg ist auch ein Feind der Medizin: Die Bilder der Schädigungen treten massenweise auf, sie ähneln sich sehr. Die Leichen auf den Schlachtfeldern vergehen schnell, besonders im Sommer. Die Bedingungen sind ungünstig zum »Forschen«. Und: Es interessiert letztlich – außer die trauernden Angehörigen – auch niemanden, woran der einzelne Soldat, der einzelne Zivilist, das Kind, die Frau gestorben sind. Es genügt die Feststellung, daß es sich um einen von vielen Leichnamen handelt, und wenn die Dinge günstig liegen, kann er identifiziert und halbwegs würdig begraben werden.

»Die Regel auf dem Schlachtfeld ist das Massengrab. Einzelbestattungen kommen natürlich ebenfalls sehr häufig vor, namentlich im Stellungskrieg«, schrieb Dr. Wilhelm Müller in seiner Arbeit über »die Prinzipien des Bestattungswesens und das Schicksal der Leichen auf den europäischen Schlachtfeldern«, die er 1916 in der Zeitschrift »Öffentliche Gesundheitspflege« veröffentlichte. Und weiter: »Bei der Anlage der Massengräber achte man darauf, daß die obersten Schichten nicht höher unter das Niveau des Erdbodens zu liegen kommen als 1,80 bis 2 m. Möglichst *flächenhafte Verteilung* sowie Isolierung der einzelnen Leichen durch reichliche Zwischenlagen von Erde ermöglichen auch in den zentral gelegenen Partien des Massengrabes den Prozeß der typischen postmortalen Dekomposition. Liegt hingegen Leiche dicht neben Leiche innerhalb voluminöser kompakter Massen, so sind die dem Kern nahe gelegenen Körper sowohl der Sauerstoffzirkulation als auch der Möglichkeit des Abströmens der Dekom-

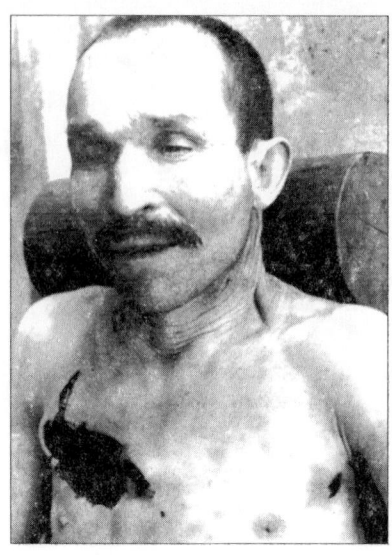

Einschuß (links) und Ausschuß (rechts)
durch Infanteriegewehr – allerdings
nicht an der Front;
Bildunterschrift durch Kockel:
»Tod beim Kartoffeldiebstahl«

positionsgase beraubt. Die Folgen davon sind atypische Dekompositionsprodukte wie Adipocirebildung und stinkende Fäulnis, zum mindesten aber hochgradige Verzögerung der Dekomposition.«[61]

Es ist nicht auszuschließen und nicht verwunderlich, daß auch Richard Kockel ein wenig vom deutschen Kriegstaumel, von der allgemeinen Hochstimmung in der ersten Zeit des ersten großen Krieges im 20. Jahrhundert beeindruckt gewesen ist. Daß den Gerichtsmediziner Kockel dabei auch die Wirkung neuer Schußwaffen, die im Krieg eingesetzt wurden, interessiert hat, ist ebenfalls nicht verwunderlich. In den Unterlagen finden sich Belege dafür, daß ein Oberstabsarzt Dr. Bischoff, im Feldlazarett 2 des XIX. Armeecorps tätig, ihm dabei geholfen hat.

So wurde unter dem 11. März 1915 notiert: »Oberstabsarzt Dr. Bischoff sendet ein von einem englischen Infanteriegeschoß durchbohrtes deutsches Schädeldach.« Drei Wochen später sendet der Oberstabsarzt ein »Schädeldach mit Einschuß rechts hinten und Ausschuß vorn links. Kolossale Zertrümmerung des Schädeldaches (offenbar Infanterie-Geschoß-Verletzung)«. Und Dr. Bischoff teilte mit:»Als No 2 lege ich Ihnen eine Schrapnellverletzung bei ...«

Im Mai trafen weitere Präparate aus dem Kriegsgebiet – der Oberstabsarzt stand jetzt bei Quesnoy – ein, auch sein Stabsarzt Dr. Wolf bemühe sich, so schrieb Bischoff, »damit Sie eine leidliche Sammlung zusammenbekommen«.

Letztmalig am 19. Juli 1915 traf eine neue Sendung »aus dem Felde« ein: eine »Schädelverletzung durch Wurf mit einem Eisenstab, der im Schädel steckenblieb. *Kriminelle Verletzung:* Wurf eines bayerischen Kameraden! (Die Einwurföffnung ist operativ erweitert worden.)« und ein weiteres Präparat: »Schädelverletzung durch englisches Infanterie-Geschoß, dessen zertrümmerte Spitze im Kleinhirn gefunden wurde.«

Der Professor konnte sich natürlich nicht nur mit einem schriftlichen Dank begnügen, er schickte an die Front vielleicht schon begehrte Kleinigkeiten, denn Bischoff bedankte sich am 19. Juli 1915 für eine Konfektsendung, weiter schrieb er: »Stabsarzt Wolf hat mittlerweile eine kleine Geschoßsammlung zusammengebracht, die er wohl bezeichnet hat. Es ist wohl alles aus dem Körper herausgeholt. ... Darf ich Ihnen auch einmal etwas Nichtmedizinisches schicken? Es wären einige ganz leidlich geratene Films: badende Barbaren in Gotende (mit und ohne Badehosen). Ich hätte gern eine Vergrößerung davon. Da das Institut doch alles hat, hat es sicher auch einen Vergrößerungsapparat. ...«

Hier endet der Briefwechsel mit dem Oberstabsarzt, warum, ist nicht ersichtlich. War Bischoff gefallen, oder hatte Kockel genug von deutschen und den Deutschen feindlichen Schädeldächern – oder gar schon vom Kriege überhaupt?

Der einzige Assistent des Instituts aus der Vorkriegszeit, Dr. Friedrich Gieseler, fiel übrigens – als Stabsarzt – am 3. Februar 1916.

Der 3. Sonntag im Juli 1914 – »offenbar unmöglich«

»Es soll Beweis erhoben werden über die Behauptung der Klägerin, daß es offenbar unmöglich sei – nach den von der Hebamme Oehme Bl. 46 gemachten Angaben –, daß das Kind aus einer am 3. Sonntag im Juli (18. Juli) 1914 erfolgten Beiwohnung empfangen sei.«

So lautete das Ersuchen des Königlichen Amtsgerichtes an den Professor der gerichtlichen Medizin, und dieser stellte folgende Rechnung an: Ilse S. war am 26. Februar 1915 geboren. Der Geschlechtsverkehr zwischen der Mutter Ilses und dem vielleicht als Kindesvater in Betracht kommenden Mann, dem Beklagten, sollte an jenem 3. Sonntag im Juli 1914 stattgefunden haben. Dann zählte er die Tage der Entwicklung des Kindes im Mutterleib, also: Juli 13, August 31, September 30, Oktober 31, November 30, Dezember 31, Januar 31, Februar 26; summa summarum folglich 223 Tage. Anschließend formulierte er sein Gutachten, das dem Gericht eine eindeutige Entscheidung erlaubte:

»Die Klägerin ist am 26.II.15 geboren und war nach den Angaben der Hebamme Oehme Bl. 46 d. Akte 56 cm lang und vollkommen ausgetragen.

Rechnet man vom 26.II.15 zurück bis zum 3. Sonntag im Juli 1914, dem 18. Juli, so ergeben sich 223 Tage.

Die durchschnittliche Schwangerschaftsdauer beträgt, vom Tage der Empfängnis an berechnet, ungefähr 270 Tage, sehr selten erheblich weniger und erheblich mehr. Die unteren und oberen Grenzen der Schwangerschaftsdauer bis zur Geburt eines ausgetragenen Kindes werden mit 245 bzw. 321 Tagen angenommen, wobei den kürzeren Fristen die kleineren, den längeren Fristen die größeren, ja über normal großen Kinder entsprechen.

Die Klägerin ist bei ihrer Geburt mit 56 cm Länge bedeutend größer gewesen als die reifen Durchschnittskinder, die bei ca. 3250 gr. Gewicht 50-50,5 cm lang sind. Würde nach dem eben Bemerkten schon für ein ausgetragenes Durchschnittskind eine Schwangerschaftsdauer von nur 223 Tagen wesentlich zu kurz ein, so gilt das naturgemäß und viel mehr von der bei der Geburt mit 56 cm weit überdurchschnittlich langen Klägerin. Es ist somit offenbar unmöglich, daß die am 26.II.1915 geborene Klägerin aus einer am 3. Sonntage des Juli 1914 (18.VII.14) erfolgten Beiwohnung empfangen sei.«

Vorausgesetzt, der beklagte Mann hatte nur an diesem Tage mit der Kindesmutter Geschlechtsverkehr, so konnte er folglich nicht als »Erzeuger« des Kindes in Betracht kommen, seine Vaterschaft war daher »offenbar unmöglich«, wie die gerichtsgängige Formulierung in solchen Fällen lautet.

Heute kaum noch in Gebrauch: Rasiermesser

Am 1. September 1914 ging nahe des Dorfes Zwötzen ein Strohfeim in Flammen auf. Bei den Löscharbeiten wurde dicht am Rande des Feims die stark verkohlte Leiche einer Frau gefunden, nur die Unterschenkel und Füße blieben von der Glut verschont. Die Bekleidung war bis auf Stoffreste am Hals, am Rücken und an den Armen vollkommen verbrannt. Die Identität der Leiche war unbekannt, man glaubte zunächst, es könne sich um ein junges Mädchen handeln.

Am 3. September erfolgte eine Sektion. Nun allerdings wurde klar, daß es sich offenbar um eine ältere Frau handeln mußte, die Haut der Unterschenkel war welk, die Fußsohlen rissig. Die Obduzenten protokollierten: »Auf der Mitte des Halses befindet sich vorn eine quer verlaufende, ziemlich flache und dunkelbraun gefärbte Furche, die ihrer Lage nach dem Rande des Halsbündchens entspricht. Oberhalb der Furche sind die ganzen Weichteile bis hinauf zum Mundboden weggebrannt, so daß über der Querfurche eine starke Vertiefung und am Mundboden ein 5 cm langes und 3 cm breites Loch entstanden ist, durch das man in die vollständig verbrannte Mundhöhle hineinsehen kann.« Ein Brandartefakt, eine durch die Hitzeeinwirkung bewirkte Veränderung also, schlußfolgerten die Obduzenten. Die Halsschlagadern seien unverletzt gewesen, wurde protokolliert. Das Hirngewebe war sehr blaß, die Herzkammern nahezu blutleer, und Leber und Nieren zeigten fast »Eigenfarbe«, waren also auch sehr blaß und blutverarmt. Allerdings fand man an den Resten der Oberbekleidung intensive Blutdurchtränkungen.

Das Gutachten der beiden Obduzenten lautete: »Es handelt sich um die Leiche einer bereits im mittleren Alter befindlichen, weiblichen Person, die ihren Tod durch Verbrennung gefunden hat. Ein Anzeichen für eine vorhergegangene, gewaltsame Tötung ließ sich bei der Leichenöffnung nicht finden.«

Die Persönlichkeit der Toten war zunächst nicht festzustellen, am 19. September entschied die Staatsanwaltschaft, von weiteren Ermittlungen abzusehen, da ein Verdacht auf das Vorliegen einer Straftat nicht vorhanden sei.

Bei der Beräumung des Brandortes Anfang Oktober fand man in der Asche die Klinge eines Rasiermessers, und am 5. Oktober erfuhr die Polizei, daß seit dem 1. September eine 50jährige Frau aus einem Dorfe, eine halbe Wegstunde von der Brandstelle entfernt, vermißt

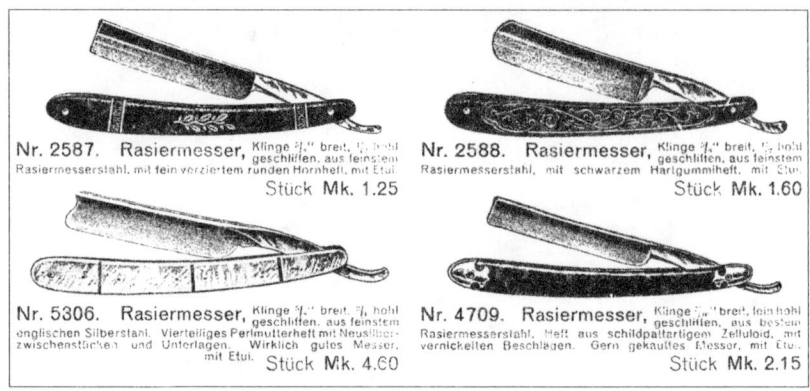

»Rasiermesser führe ich in den verschiedenen Preislagen, um für alle Ansprüche etwas Passendes zu bieten«, schrieb August Stukenbrok in seinem »Illustrierten Hauptkatalog« von 1912

wurde. Zunächst hatten Hausbewohner vermutet, sie halte sich besuchsweise bei ihrer Tochter auf, aber dann hatte sie die Oktobermiete nicht bezahlt, und der Hauswirt war stutzig geworden und zur Polizei gegangen. Nun gelang es sehr rasch, die Leiche anhand der im Sektionsprotokoll niedergelegten Eigenheiten der Zähne und der Bekleidungsreste zu identifizieren. Tatsächlich handelte es sich um die vermißte Witwe Walda Weber.

Sehr rasch geriet dann der Schwiegersohn der Witwe in den Verdacht, an ihrem Tod schuldhaft beteiligt zu sein. Schon am 9. Oktober wurde er verhaftet, leugnete aber beharrlich.

Der im Brandschutt gefundene Rest des Rasiermessers rückte zunehmend in das Zentrum der Erörterungen. Aber da war das Sektionsgutachten, das besagte, daß keine Anzeichen für eine gewaltsame Tötung vorhanden gewesen seien. Der eine der Obduzenten räumte zwar ein, es bestehe die Möglichkeit, daß die Öffnung am Hals auf einen Schnitt zurückzuführen sei; dafür sprächen Lage und Verlauf dieser Öffnung, wohl auch die Blutarmut der inneren Organe und der Umstand, daß die wenigen Bekleidungsreste blutig gewesen seien.

Der andere Obduzent blieb bei seiner im Gutachten geäußerten Meinung, daß die Öffnung am Hals brandbedingt entstanden sei. Auch sei die Blutarmut an den inneren Organen nicht so beträchtlich gewesen, wie man bei einem Halsschnitt hätte erwarten müssen, und

116

die blutähnliche Beschmutzung der nichtverbrannten Bekleidungsreste sei wohl am ehesten durch Flüssigkeit aus den Brandblasen entstanden.

Den Untersuchungsrichter plagten Zweifel: Wem der beiden Ärzte sollte er glauben, wer von beiden war auf der richtigen Fährte? Vielleicht, so mag er sich gedacht haben, weiß Professor Kockel einen Rat.

Kockel prüfte die Akten, untersuchte die Stoffreste und kam zunächst einmal zu dem Ergebnis, daß *nach* der gerichtlichen Sektion durch die beiden jungen Ärzte eine Reihe von Umständen bekannt geworden seien, die den Verdacht einer gewaltsamen Tötung, insbesondere durch einen Halsschnitt, erhärten könnten. Kockels Empfehlung: eine Exhumierung.

Nach 158 Tagen – am 5. Februar 1915 – erfolgte die Enterdigung der Leiche, die – durch die kalte Jahreszeit erklärlich – noch gut erhalten war. Doch waren die Bedingungen schwierig: Nachsektion nach einer Exhumierung. Doch in der Brusthöhle fanden sich Teile der Lunge mit kompletter Luftröhre und Kehlkopf, auch die Speiseröhre war vorhanden.

Besondere Aufmerksamkeit widmete Profesor Kockel der weiteren Bearbeitung dieses »Organpakets«. Der Kehlkopf wurde sorgfältig rekonstruiert und gehärtet, und da zeigte sich, daß außer dem senkrecht verlaufenden sektionsbedingten Schnitt in der rechten Schildknorpelplatte auch in der linken Schildknorpelplatte eine Schnittverletzung vorhanden war. Verbrannt allerdings war der Kehlkopf nicht.

Noch eine neue Erkenntnis hat Kockel zur Aufklärung des Falles beitragen können: Die mikroskopische Untersuchung der Durchtränkungen der Kleiderreste von Hals, Armen und Rücken ergab, daß es sich dabei nicht etwa um Flüssigkeit aus Brandblasen handeln konnte, denn Kockel fand wohlerhaltene, dicht gedrängt beieinanderliegende rote Blutkörperchen. Die Quelle des Blutes aber konnte nur eine zu Lebzeiten erlittene Verletzung sein – und als solche kam nach dem Befund an der Leiche und der Lage der blutdurchtränkten Kleiderreste einzig und allein eine Halsschnittverletzung in Betracht.

Der Schwiegersohn der Witwe Weber hatte inzwischen ein teilweises Geständis abgelegt: In heftigen Wortwechsel mit seiner Schwiegermutter, die ihm eine Unterstützung verweigert habe, geraten, sei es schließlich zu Tätlichkeiten gekommen: Möglich sei, daß er sie dabei mit seinem Taschenmesser am Hals verletzt habe ...

»Bei Ablegung des Geständnisses hat er sich die Darstellung seines Verteidigers zu eigen gemacht, der in dieser Weise für Bejahung der auf Totschlag gerichteten Schuldfrage eingetreten war, um die Frage nach Mord zu verhüten«, hat Oberstaatsanwalt Dr. Schlegel später geschrieben.[62]

Das Gericht hatte natürlich zur Hauptverhandlung auch Prof. Kockel als Sachverständigen geladen. Kockel »vertrat sein Gutachten in so überzeugender Weise, daß sich die beiden Sekanten ihm anschlossen«, war Schlegels Ansicht, und er meinte, »daß den heranwachsenden Medizinern nicht warm genug empfohlen werden kann, der Beschäftigung mit der gerichtlichen Medizin ihre Aufmerksamkeit zu widmen«.

Der Beweggrund zur Tat: Erbschaftsinteressen.

Im öffentlichen Interesse: die gute Haltung eingelebter Stalltiere

„Serumkarnickel« nannte man in der sächsischen Laborsprache jene Tiere, die – nach mehrfachen Injektionen menschlichen oder des Eiweißes einer anderen Spezies – die Aufgabe hatten, Antikörper zu bilden – eben gegen menschliches Eiweiß oder gegen Eiweiß der anderen Tierart. Für die Kaninchen ist die erste Injektion ungefährlich, die notwendigen Wiederholungsinjektionen jedoch können heftige Abwehrreaktionen auslösen.

Diese Erkenntnis basierte auf den Untersuchungen von Paul Uhlenhuth, jenes Greifswalder Hygienikers, der im Jahre 1901 fast zeitgleich mit den Berlinern Wassermann und Schütze eine Methode zur Unterscheidung von Tier- und Menschenblut beschrieben hatte.

In den Anfangsjahren der Serologie war es – bis zur Etablierung entsprechender Firmen – üblich, daß jedes Labor diese Antiseren selbst herstellte. Natürlich mußten die Kaninchen gut genährt werden, in einem meist instituteigenen Tierstall, in großen Instituten von einem eigens angestellten Tierpfleger betreut. In der Leipziger Gerichtsmedizin war die Betreuung der Serumtiere eine von vielen Aufgaben des Sektionsassistenten.

Die Tiere bildeten zwar eine serologische Abneigung gegen Mensch »an sich«, also ein Anti-Mensch-Serum – dies ist jedoch kein Hinderungsgrund für den Menschen an sich, Kanincheneiweiß als

Keule oder Läufchen, gebraten oder gekocht – also denaturiert – zu verzehren. Und das dürfte in jenen Kriegsjahren für den Professor und die Seinen (und darunter sind auch seine Mitarbeiter zu verstehen) ein nicht ganz unwichtiger Grund für sein Engagement im Interesse seiner Stallhasen gewesen sein. So bat am 29. Oktober 1915 »den sehr geehrten Rat der Stadt«, Quartieramt, »die unterzeichnete Direktion ganz ergebenst, sie regelmäßig zu ermächtigen, in jedem Monat für die im Institut gehaltenen ungefähr 30 Kaninchen den Ankauf von je ¼ Zentner Kleie, ¼ Zentner Kartoffelflocken und ¼ Zentner Rübenschnitzeln zu betätigen.

Zur Begründung dieses Ersuchens hat die unterzeichnete Direktion anzuführen, daß im Institut immer ein größerer Bestand von Kaninchen gehalten werden muß, da diese Tiere für die dem Institut von den sächsischen Gerichten zugewiesenen Untersuchungen auf Menschen- und Tierblut gebraucht werden. Die Art dieser Blutuntersuchungen ist so, daß die dabei verwendeten Kaninchen besonders sorgfältig genährt und gepflegt werden müssen, und daß nur gut gehaltene und eingelebte Stalltiere die erforderliche eingreifende Vorbehandlung aushalten können.

Da es sich nach dem Vorstehenden bei der Haltung der Kaninchen um ein öffentliches Interesse handelt, so bittet die unterzeichnete Direktion dringend, dem eingangs ausgesprochenen Ersuchen bis auf weiteres Folge zu geben.«

»Die Direktion« hat in dem uns vorliegenden Konzept des Schreibens wie stets schlicht mit einem »K.« unterzeichnet.

»Die Zucht dieses Nagetiers, die in Friedenszeit, obgleich sie, mit Verständnis betrieben, schon damals reiche Beträge abwarf, vielerorts nur Sport- und Liebhabersache war, ist im Krieg Gemeingut weitester Volkskreise geworden«, konnte man in der Mai-Ausgabe 1917 der »Frischhaltung«, der »Monatsschrift über das Frischhalten der Nahrungsmittel mit den Weck-Einrichtungen« lesen.

Wie Kockel seine Kaninchen hat töten lassen, ist nicht überliefert, vermutlich aber nicht nach der Empfehlung in der von J. Weck herausgegebenen Zeitschrift: »Man tötet die Kaninchen am leichtesten und einfachsten, indem man ihnen mit einem kleinen Revolver dicht vor der Stirne in den Kopf schießt.« Wahrscheinlich wurden die Tiere schlicht und einfach mit einem Handkantenschlag ins Genick betäubt und anschließend – an den Hinterbeinen hochgehalten – nach einem Herz- oder Halsstich entblutet. Nur auf das Blut kam es ja bei der

Institutsarbeit an: Das im Auffanggefäß überstehende Blutserum wurde sorgfältig abgenommen und diente dann bei den Untersuchungen zur Feststellung der Arteigenschaft als »Antiserum«. Was also sollte man mit dem restlichen frischtoten Kaninchenkadaver anfangen? Vernichten? In Kriegszeiten?

Tatort: Lindenstraße

Dieser Vorfall, aus einer Leipziger Tageszeitung zitiert, liegt weit über 80 Jahre zurück (man schrieb das Jahr 1916), hat also zu heutigen Lindenstraßengeschichten zumindest zeitlich keinerlei Bezug.

»Am Montag gegen 5 Uhr nachmittags hat eine hier bei ihren Eltern wohnhafte *18jährige Kontoristin* auf ihren *17 Jahre alten Geliebten*, einen Buchhandlungsgehilfen, in dessen Wohnung im Grundstück Lindenstraße 20 *drei Schüsse aus einem Revolver abgefeuert*. Beim Eintreffen der Polizei gab der am Kopfe schwer verletzte junge Mann noch Lebenszeichen von sich, während das Mädchen besinnungslos neben ihm liegend aufgefunden wurde. Es hatte durch die Aufregung einen Nervenschok erlitten. Beide wurden alsbald ins Krankenhaus gebracht. Hier erholte sich das Mädchen wieder, während der Verletzte kurz nach seiner Einlieferung starb. Wie die Erörterungen bis jetzt ergeben haben, ist die verbrecherische Tat des Mädchens ein *Racheakt*. Zwischen beiden bestand Uneinigkeit. Die Täterin hatte schon den ganzen Tag über ihren Geliebten verfolgt und zuletzt Eingang in dessen Wohnung gefunden. Hier kam es zu einer Auseinandersetzung, die in dem geschilderten Akte ihr trauriges Ende fand. Den Revolver hatte sich das Mädchen erst kurz vorher gekauft.«

Die Sektion des im St. Jakob-Krankenhaus verstorbenen jungen Mannes, Miegel war sein Name, erfolgte im Pathologischen Institut der Leipziger Universität. Professor Versé, der Obduzent, stellte seinem Kollegen aus der Gerichtsmedizin sein Leichenöffnungsprotokoll und die bei der Sektion entnommenen Präparate zur Verfügung, Kockel besichtigte die sezierte Leiche nochmals.

Nach seinen Notizen war an der rechten Wange eine Einschußöffnung vorhanden, das zugehörige Geschoß hatte sich bei der Sektion in der Zunge in der Nähe des Kehlkopfeinganges befunden. Eine fragliche kleine Einschußstelle fand sich auch oberhalb des linken Ohres, allerdings ohne daß der darunterliegende Knochen verletzt gewesen wäre. Aber in der rechten unteren Hinterhauptsgegend war eine dritte Einschußöffnung vorhanden, von der ein Schußkanal durch die Nackenmuskulatur und den Hinterhauptsknochen in das Schädelinnere führte und schwere Zerstörungen des Gehirns hinterlassen hatte. Das Geschoß fand sich in der zerstörten Hirnsubstanz.

Die junge Frau mit dem schönen Namen Preciosa Perske hatte für alles eine Erklärung: Sie habe sich selbst erschießen wollen, deshalb den Revolver an ihre rechte Stirnseite gehalten und abgedrückt. Kein Effekt habe sich eingestellt, der Revolver sei noch gesichert gewesen. Nun habe ihr Geliebter nach der Waffe gegriffen und sie ihr entrissen. Dann sei er einen Schritt zurückgetreten und habe den Revolver mit der rechten Hand an seine rechte Kopfseite gehalten. Auch an den Hinterkopf habe er ihn wohl gehalten, schließlich sei ein Schuß gefallen, ihr Geliebter schien zu wanken, habe dann auf sie gezielt, und wieder sei ein Schuß gebrochen. Er sei hingestürzt, und auch sie sei zu Boden gefallen, einen dritten Schuß habe sie schon nicht mehr gehört.

Drei Geschosse waren aber gefunden worden: eines in der Zunge des Toten, eines in seinem Gehirn und ein drittes in seinem Zimmer; auch eine Zeugin hatte es dreimal knallen gehört.

»Es fragt sich nun«, so Kockel in seinem Gutachten für den Untersuchungsrichter, »ob die Befunde an der Leiche Miegels mit den Angaben der Angeschuldigten, er habe sich selbst geschossen, vereinbar sind oder nicht, ferner, ob etwa bei einem Ringen um den Revolver, wie es nach den Angaben der Angeschuldigten stattgefunden haben soll, zufällig ein oder einige Schüsse sich entladen haben können, die die festgestellten Verletzungen Miegels hervorriefen.

Um die Entfernung abzuschätzen, aus der der in der rechten Wangengegend sitzende Schuß abgegeben wurde, sind am 4. Januar in Gegenwart des Herrn Untersuchungsrichters Schießversuche vorgenommen worden. Diese haben ... ergeben, daß die Wangenverletzung Miegels durch einen Schuß hervorgerufen worden ist, der aus über 10 cm, aller Wahrscheinlichkeit nach aus ungefähr 15 cm Entfernung abgegeben worden ist. Denn die Pulvereinsprengungen an der rechten Wange Miegels umfassen einen wesentlich größeren Bezirk als bei dem Probeschuß auf Papier, der aus 10 cm Entfernung mit einer der noch vorhandenen Patronen der Perske abgegeben worden ist. ...

Daß ein Selbstmörder, um sich zu töten, auf sich einen Schuß aus ungefähr 15 cm Entfernung von der Seite her in die rechte Wange abgeben sollte, ist in höchstem Grade unwahrscheinlich. Die Schüsse der Selbstmörder am Kopf finden sich zu allermeist in der rechten Schläfengegend, weitaus seltener an der Stirn oder im Munde, nur äußerst selten in der linken Schläfengegend und an anderen Stellen des Schädels. Dabei tragen sie meist die Charaktere des Schusses mit aufgesetzter Waffe, d. h. keine Pulvereinsprengungen in der Umgebung der Einschußöffnung, wohl aber Pulverrauchschwärzung im Anfangsteil des Schußkanals. Viel seltener schießt der Selbstmörder auf seinen Schädel aus geringer Entfernung, so daß in der Umgebung der Einschußöffnung Pulvereinsprengungen sich entwickeln.

Daß somit Miegel den Schuß in die rechte Wange in Tötungsabsicht auf sich abgegeben haben sollte, ist nicht annehmbar. ...

Der tödliche Schuß am rechten Hinterkopf kann seiner ganzen Beschaffenheit nach nicht von Miegel selbst auf sich abgegeben worden sein. Denn wie man sich selbst bei Versuchen mit dem Revolver überzeugen kann, ist es geradezu unmöglich, die Schußwaffe so gegen den eigenen rechten Hinterkopf zu richten, daß der Schuß in waagerechter und gleichzeitig sagittaler Richtung, d. h. genau von hinten nach vorn in das Gehirn eindringen müßte. Die Tatsache eines Hinterkopfschusses an sich würde nicht gegen Selbstmord sprechen, denn solche sind, wenn auch in äußerst seltenen Fällen, auch bei Selbstmördern beobachtet worden. Bei Miegel aber spricht mit voller Bestimmtheit außer der Richtung des Schusses auch noch das gesamte sonstige Verhalten der Schußverletzung gegen eine Tötung durch eigene Hand. Denn es fehlen dem Hinterkopfschuß Miegels alle Merkmale des Schusses aus nächster Entfernung bzw. aus aufgesetzter Waffe: Es sind keine Versengungen von Haaren vorhanden, keine Pulvereinsprengungen in der Umgebung der Einschußstelle, keine Pulverrauchschwärzungen im Anfangsteil des Schußkanals. Selbst wenn man den Kopf nach links dreht, so daß man die Waffe in mehr sagittaler Richtung gegen den rechten Hinterkopf bringt, so ist es bei dieser Haltung der Waffe nicht möglich, die Mündung weiter als 5 oder höchstens 10 cm vom Kopf entfernt zu halten, und es bedarf hierzu noch einer ganz unnatürlichen und gezwungenen Haltung der Hand. Wenn Miegel mit so unnatürlicher Handhaltung den Schuß auf seinen rechten Hinterkopf abgegeben haben sollte, so hätten doch die Charakteristika des Nahschusses aus 5 bis 10 cm Entfernung in Gestalt von Schwarzpulvereinsprengungen und Versengung der Haare in der Umgebung der Einschußöffnung und Pulververschmau-

122

chung im Anfangsteil des Schußkanals entstehen müssen. Der tödliche Hinterkopfschuß Miegels ist nach alledem kein Schuß aus nächster Nähe, sondern ist aus größerer Entfernung, wahrscheinlich aus einem Abstand der Schußwaffe von mindestens 50 cm abgefeuert worden. ...

Überblickt man das Ganze, so ergibt sich im schroffen Gegensatz zu den Angaben der Angeschuldigten, daß Miegel von *fremder* Hand zwei, vielleicht auch drei Schüsse in den Kopf erhalten hat, von denen der eine in der rechten Wange von rechts und vorn her aus ungefähr 15 cm Entfernung abgefeuert worden ist, während der andere von hinten her aus einer erheblich größeren Entfernung von wahrscheinlich über 50 cm auf Miegel abgefeuert wurde, ein dritter möglicherweise überdies in die linke Schädelseite. Die beiden sicheren Schußverletzungen (rechte Wange, rechter Hinterkopf) lassen es am nächsten liegend erscheinen, daß der Vorgang in der Weise sich abspielte, daß Miegel als ersten Schuß den in die rechte Wangengegend erhielt, vielleicht beim Ringen um den ihm entgegengehaltenen Revolver, und daß er, im Begriff, nach der Tür zu entkommen, genau von hinten her aus größerer Entfernung den tödlichen Schuß in die rechte Hinterkopfgegend bekam. Bezüglich der Entstehung der Verletzung an der linken Schädelseite ist, wie bemerkt, eine sichere Aufklärung nicht zu gewinnen.«

Mit einem weiteren Gutachten über den Geisteszustand der jungen Frau beauftragt, besuchte und untersuchte Kockel die Angeschuldigte mehrmals in der Gefangenenanstalt. Er fand dabei keine »hinreichenden Anhaltspunkte dafür, ... daß sie infolge einer gesteigerten Erregbarkeit etwa gemindert zurechnungsfähig wäre: Die Angeschuldigte hat vielmehr als voll verantwortlich zu gelten«.

Am 14. März 1917 fand die Schwurgerichtsverhandlung gegen Preciosa P. statt. Die Staatsanwaltschaft beim Königlichen Landgericht klagte »die Perske an, einen Menschen vorsätzlich getötet, die Tötung jedoch nicht mit Überlegung ausgeführt zu haben – Verbrechen nach § 212 StGB« – Totschlag also.

Als Sachverständiger geladen, trug Professor Kockel vor, daß »mit dem höchsten Grade der Wahrscheinlichkeit« eine Selbsttötung Miegels nicht vorliege.

Das Ergebnis der Verhandlung aber war überraschend: »Gemäß dem Wahrspruche der Geschworenen, welche die *Schuldfrage, übereinstimmend* mit dem Antrage des Verteidigers Rechtsanwalt *Dr. Ewald, verneinten,* wurde die *Angeklagte freigesprochen* und sofort auf freien Fuß gesetzt«, meldete die Zeitung.

Ungeschickter Staatsanwalt, raffinierte Verteidigung, unqualifizierte und durch Mitleid mit einer ansehnlichen jungen Frau und von ihrer Liebesgeschichte beeindruckte Geschworene, übertölpelte Richter? Das wird sich nicht mehr nachvollziehen lassen. Auf alle Fälle wäre aber auch ein heute mit der Begutachtung betrauter Gerichtsmediziner nicht zu anderen Aussagen gekommen als Richard Kockel im Jahre 1916.

Braucht der Schuldner einen Pelz?

62 Jahre alt war Franz Keilitz und Hilfsarbeiter im Steueramt. Er hatte bessere Tage gesehen und einstmals sogar ein Speditionsgeschäft geführt. Nun war er zuckerkrank, hatte Schulden über Schulden, sein Besitz war gepfändet worden, ein warmer Pelz und ein Winterüberzieher waren ihm geblieben. Doch auch diesen Pelz wollte man pfänden. Dagegen aber wehrte sich der Schuldner ganz entschieden: »Ich brauche den Pelz im Winter, da mir bei Kälte Finger und Zehen kalt werden.«

Diese an sich einsehbare Behauptung wollte das zuständige Amtsgericht überprüfen und ersuchte den Professor um ein Gutachten darüber, »ob dem K., der einen Winterüberzieher besitzt, in Rücksicht auf die von Dr. Wrapidlo bescheinigte Anwesenheit von Zucker u. Eiweiß der gepfändete Pelz unentbehrlich ist«.

Am 24. August 1916 hat Kockel den Franz Keilitz untersucht; 4 % Zucker waren im Urin festzustellen. Aber natürlich war eine Zuckerkrankheit mit Diät in jenen Kriegsjahren nur schwer zu beherrschen: Immer nur Brot und Kartoffeln, Kartoffeln und Brot und wenig Zubrot wären die Ursachen für seine Mattigkeit, für Durst und häufigen Harndrang, sagte der Mann. Außer der Zuckerkrankheit war der Untersuchte jedoch gesund, und so kam der Gutachter zu dem Schluß, der Pelz sei entbehrlich, was sich – schließlich handelte es sich um ein Gutachten für ein Königliches Amtsgericht im deutschen Kaiserreich – so liest:

»Bei dem beschriebenen Gesamtzustand des Schuldners kann vom ärztlichen Standpunkt aus nicht gesagt werden, daß der Pelz für den Schuldner tatsächlich unentbehrlich wäre, indessen nur unter der

Voraussetzung, daß der überdies noch in seinem Besitze befindliche Winterüberzieher seiner gesamten Beschaffenheit nach geeignet ist, den im Winter nötigen Kälteschutz zu bieten. Daß der Schuldner wegen seiner Zuckerkrankheit unbedingt im Winter einen Pelz haben müsse, ist weder aus dem Untersuchungsbefund, noch aus den eigenen Angaben des Schuldners zu entnehmen.«

Übrigens wurde der Kriegswinter 1916/17 tatsächlich extrem kalt ...

Überhoben am Riesen Mochty

»Der Kläger hat behauptet, er habe sich am 10.7.12 beim Verladen des über 3 Zentner schweren Riesen Mochty Schaden getan: Infolge des anstrengenden Hebens und des Festhaltens des Riesen habe er sich das Handgelenk verstaucht und noch am selben Tage Schmerzen im Kreuz verspürt, so daß er, als er in Magdeburg angekommen sei, nicht mehr habe gehen können. Drei Tage später habe sich bei ihm Nierenbluten eingestellt, das ungefähr 14 Tage gedauert habe. Er sei deshalb 10 Tage in der Klinik des Prof. Oberländer in Dresden gewesen. Auch in der Folgezeit habe er dauernd an Schmerzen im Kreuz und in der Hüfte gelitten und könne seit Ende 1914 nur mit Krücken gehen.

Der Zeuge Mochty hat ... eine eingehende Darstellung des fraglichen Ereignisses gegeben. Aus dieser ist hervorzuheben, daß der Kläger, um den Zeugen zu halten, neben dem anfahrenden Zug 20-25 Meter herlief, während der Zeuge sich mit seinem rechten Arm um des Klägers Hals klammerte. Als der Zug hielt, hätten den Kläger die Kräfte verlassen, und dadurch seien sie beide zu Fall gekommen. ... Sie seien beide in Magdeburg sofort in ärztliche Behandlung gekommen, sie hätten nicht gehen können.«

Diese einleitenden Sätze hat Professor Kockel seinem Gutachten für das Königliche Amtsgericht Hannover »in Sachen Tischer c/a Preußischen Staatsbahnfiskus« vorangestellt. In der Akte, die Kockel vom Gericht zugeschickt bekam, sind auch die Berichte von Ärzten, die den Schausteller Karl Tischer bisher behandelt hatten. Doch notwendig ist auch die Untersuchung des Klägers durch den Gutachter.

Für Sonnabend, den 13. Mai 1916, ½ 4 h hatte sich Prof. Kockel den Schausteller zu einer ersten Untersuchung ins Institut bestellt, am 30. Juni setzte er seine Untersuchungen fort. Der 42jährige Mann ist

»Toni Mochty, das lebende Naturwunder –
Besitzt 24 Finger und Zehen. Ca. 3 Zentner
schwer« (Originaltext einer Postkarte mit
Mochty)

sehr gut genährt und hat eine gut entwickelte Muskulatur. Er geht an
zwei Krücken und hat eine schwere Einschränkung vor allem der akti-
ven Beweglichkeit im linken Hüftgelenk, das linke Bein ist viel
schwächer als das rechte. Die oberen beiden Lendenwirbelkörper weisen krankhafte Knochenveränderungen auf. Vom linken Hüftgelenk
und von der Lendenwirbelsäule werden Röntgenaufnahmen gefertigt.

Am 11. Juli hatte Kockel schließlich alle Befunde beisammen und
formulierte das angeforderte Gutachten. Er führt aus, daß die
eigentümliche Lähmung des linken Beines wohl hauptsächlich auf
eine linksseitige Schädigung des Lendenmarks zurückzuführen sei.
»Wenn man das Ganze überblickt, so besteht zwischen dem Unfall und
den unmittelbar danach aufgetretenen Beschwerden einerseits und
dem jetzigen krankhaften Zustand andrerseits eine ununterbrochene
Brücke krankhafter Störungen, die entnehmen läßt, daß der jetzige
Krankheitszustand ein späteres Entwicklungsstadium der unmittelbar
nach dem Unfall vorhandenen Störungen darstellt.« Das linke Bein sei
so gut wie gebrauchsunfähig, und es sei nicht annehmbar, daß er in
seinem Gewerbe als Schausteller weiterhin seinen Unterhalt verdie-
nen könne. Eine Beschäftigung im Sitzen sei zwar möglich, verursache
aber Schmerzen. Kockel hält den Kläger derzeit für voll erwerbsunfähig; daß später eine teilweise Erwerbsfähigkeit wieder eintreten
könnte, sei »sehr zweifelhaft«.

Die Zeiten haben sich geändert: Noch heute gibt es in Deutschland etwa 7000 Schausteller, aber keiner wird wohl einen »Riesen« wie Mochty neben einem zu früh anfahrenden Eisenbahnzug herschleppen müssen. Und Mochtys müssen auch nicht mehr Objekte der Schaustellerei sein.

Kann man Nährhefe an Gefangene verfüttern?

In den schlimmen Kriegsjahren zwischen 1914 und 1918 litt insbesondere die einfache Bevölkerung der großen Städte zunehmend unter Hunger. Kein Wunder, daß man in den Gefängnissen noch »sparsamer« mit Nahrungsmitteln umging und bereitwilligst nach Ersatzstoffen Ausschau hielt.

Ende November 1916 wurde deshalb von der Direktion der Königlichen Gefangenenanstalt Leipzig an Kockel die Anfrage gerichtet, ob man der Kost der Gefangenen Nährhefe zusetzen könne.

Diese Nährhefe erhielt man durch Alkalibehandlung und Trocknung von Bierhefe, die in Brauereien sehr reichlich anfiel und die nur teilweise – z. B. als Viehfutter – verwertet werden konnte. Durch die Aufbereitung wurde diese Bierhefe entbittert. Von ihrer Zusammensetzung her war sie reich an Eiweißstoffen und Kohlenhydraten, der Fettgehalt hingegen war sehr gering.

Die von der Direktion der Gefangenenanstalt gestellte Frage dürfte auch für den Professor unerwartet gewesen sein, aber offenbar sehr rasch fand sich eine ganz aktuelle wissenschaftliche Arbeit zum Thema, so daß er schon am 4. Dezember die Anfrage beantworten konnte:

»Nach einer mir vorliegenden Arbeit von Völtz in ›Die Naturwissenschaften‹ (47. Heft vom 24. November 1916) sind bisher Versuche über die Verfütterung von Nährhefe an Menschen allem Anschein nach nur in ganz geringer Anzahl ausgeführt worden. Ich halte deshalb die Frage, ob durch die Darreichung von Nährhefe eine sichere Verbesserung der Kost herbeigeführt wird, noch nicht für spruchreif, und es scheint mir deshalb auch nicht angezeigt, Versuche nach dieser Richtung in der Königlichen Gefangenenanstalt vorzunehmen.

Ich habe in der Sache mit Herrn Geheimrat Kruse, Direktor des hygienischen Instituts, Rücksprache genommen, der mir erklärt hat, er hielte ganz im allgemeinen die Darreichung von 10 gr. Nährhefe pro Tag für kaum geeignet, dem Gewichtsverlust der Gefangenen erfolgreich zu steuern. Nach den bisherigen Erfahrungen scheint es ja, als ob die Gewichtsabnahme, die wohl bei Gefangenen während der ersten Haftzeit eintritt, schließlich einer Gewichtskonstanz Platz macht, die begründet ist in einer Anpassung an die in der Gefangenenanstalt gereichte Kost. Die Gewichtsabnahme, die niemals bedrohlich gewesen ist, durch Darreichung von Nährhefe zu hemmen, wird kaum möglich sein, da sie offenbar in der Hauptsache begründet ist in dem Mangel an Fett. Diesem aber läßt sich durch Darreichung von Nährhefe nicht begegnen.

Was schließlich die Klagen eines Teils der Gefangenen über Hunger anlangt, so werden diese bei Darreichung von Nährhefe kaum aufhören, da das rasch eintretende Hungergefühl nicht sowohl begründet ist in der Zusammensetzung der Kost, als vielmehr in deren Umfang und insbesondere darin, daß die Leute nicht so, wie sie das sonst gewohnt waren, zu jeder Tageszeit beliebige Mengen von Gebäck erhalten.«

Auch in den Hungerjahren nach dem Zweiten Weltkrieg wurde Nährhefe als Ersatz- oder Zusatznahrungsmittel verwendet, und noch heute gibt es »Nährhefe«, deren Reichtum an Vitaminen der B-Gruppe besonders gerühmt wird – aber noch heute hat sie keine wirkliche Bedeutung für die menschliche Ernährung. Wenn man einmal absieht von der Bedeutung ihres Augangsproduktes: der Bierhefe.

»Frau Achilles klebt *sehr fleißig* Tüten«: während ihrer 17. Schwangerschaft – im Knast

Kockel als auch klinisch ausgebildeter Mediziner hat eine große Anzahl von Gutachten zur Beurteilung des Grades der Erwerbsminderung nach Unfällen, Körperverletzungen durch Unfälle, durch andere Personen oder nach Kriegsbeschädigungen erarbeitet. Als Beispiel eine Geschichte aus der Zeit des Ersten. Weltkrieges:

Am 3. Januar 1917 hatte sich die damals 43jährige Frau Achilles zur Verbüßung einer Reststrafe in der Strafvollzugsanstalt eingestellt. Einige Monate zuvor, am 16.09.1916, war sie in ihrer Zelle gestürzt und hatte sich den »linken Vorderarm« gebrochen und war deshalb einige Zeit außerhalb der Haftanstalt ärztlich behandelt worden. In dieser Zeit war sie erneut schwanger geworden; am 29. Januar hatte Kockel die Frau in der Haftanstalt untersucht und notiert: »17. Schwangerschaft, etwa 5. Monat«.

Die Einschätzung des Grades der Erwerbsminderung war unter den Haftbedingungen mitunter offenbar besonders einfach, der Professor notierte: »Klebt *sehr fleißig* Tüten und bringt 1500 Stück (gegen 2000 Pensum) täglich fertig«, daher belaufe sich die Erwerbsunfähigkeit derzeit auf etwa 25 %, die Erwerbsschädigung werde auch in ungefähr zwei Monaten noch nicht völlig behoben sein.

Tatsächlich erfolgte am 22. März eine erneute Untersuchung: Noch immer bestand eine etwa 25 %ige Erwerbseinschränkung.

Die hochschwangere Frau erhielt wieder Haftaufschub; »Frau Achilles hat am 28.06. ein Kind geboren, das von ihr auch gestillt wird«, wurde in der Akte notiert. Am 15. Oktober schätzte Kockel die Erwerbsminderung auf 15 %.

In der Folgezeit hatte Kockel offenbar neben der Einschätzung der Erwerbsfähigkeit auch Anfragen der Staatsanwaltschaft wegen der Verbüßung der Reststrafe zu beantworten. So notierte er am 7. Juni 1918 nach einer Untersuchung der Frau Achilles, die im Institut erfolgte, eine »ziffernmäßig festzustellende Erwerbsbeschränkung« der linken Hand und des Unterarmes ist nicht mehr feststellbar; da Frau Achilles nach wie vor ihr Kind stillt, komme jedoch eine Fortsetzung der Haft offenbar derzeit nicht in Betracht.

Und wenige Monate später, am 10. Oktober, teilte er der Staatsanwaltschaft auf eine erneute Anfrage wegen des Vollzuges der Reststrafe mit, »daß die A. ihr Kind noch stillt. Ich halte dementsprechend eine Untersuchung der A. nicht für erforderlich und empfehle angesichts der gegenwärtigen Ernährungsschwierigkeiten dringend, ihr einen zweiten Aufschub von 3 Monaten zu gewähren.«

Ob sich Frau Achilles mit ihren vielen Kindern außerhalb der Haftanstalt allerdings in jenen Monaten hat besser ernähren können, ob sie vielleicht erneut schwanger geworden ist und einem 18. Kind das Leben »geschenkt« hat, um dann doch wieder in den Knast »einzuziehen«, geht aus der Akte nicht hervor.

Kaffeemühle A, Kaffeemühle B

Seit Februar 1915 gab es in Deutschland Lebensmittelkarten. Die Zuteilungen waren nicht nur gering, sondern auch unregelmäßig und fielen zuweilen aus.

Der Winter 1916/1917 ging als »Kohlrübenwinter« in die Geschichte ein: Aus Kohlrüben (andernorts Steckrüben genannt) stellte man »Hindenburgmarmelade« her; die Morgen-, Mittag- und Abendsuppe bestand aus Wasser und Kohlrüben ohne Mehl und Fett. Es gab bald nichts mehr als Ersatz: Kaffee-Ersatz und Dünnbier. Das Brot war »glitschig« und bitter, weil mit viel Sägespänen verbacken.

Von dem Nürnberger Hauptprediger Geyer wird erzählt, daß er, von einer Dame gefragt, ob er wisse, daß es nun schon Mäuse als Nahrung gäbe, gesagt haben soll: »Vor der Maus bin ich nicht bange; aber vor der Ersatzmaus habe ich Respekt.«

Natürlich gab es auch unverfälschte Nahrung: »Kälberzähne« wurden die dicken Graupen in harter Schale genannt.

Tauschhandel blühte, »Hintenherum«-Einkaufen war für den, der etwas zu bieten hatte, nicht allzu schwer. Manchen Kleinen fing man, manchen Großen ließ man laufen.

»Bei Reichert sind 32 Pfd. geschroteter Weizen gefunden worden. R. behauptet, er hätte, da ihm den Weizen niemand gemahlen hätte, ihn auf seinen beiden Kaffeemühlen geschroten und täglich stundenlang damit zugebracht. Die beiden Kaffeemühlen sind auf dem Boden des R. gefunden worden; in die eine scheint Weizenschrot ›zum Markieren‹ eingeschüttet worden zu sein.

Herrn Prof. Kockel mit dem Ersuchen um Erstattung eines Gutachtens, ob auf den Mühlen geschroten worden ist, was und wieviel?«

Zwei Kaffemühlen gingen also mit dem zitierten Anschreiben der Königlichen Staatsanwaltschaft am 16. Dezember 1916 im Institut ein. Kockel, der naturwissenschaftliche Kriminalist, untersuchte sie sorgfältig und kam in seinem Gutachten zu folgenden Ergebnissen:

»Die *Kaffeemühle A* ist, besonders auf ihrer oberen Fläche, beträchtlich verstaubt und enthält im Inneren des Mühlenkastens und im Schubkästchen eine geringe Menge Getreideschrot, der nach dem mikroskopischen Befund Weizenschrot ist. Außerdem befindet sich im Schubkästchen und im Mühlenkasten eine größere Anzahl brauner Partikel, die nach Geruch und mikroskopischem Befund Bruchstücke von Kaffeebohnen sind. ...

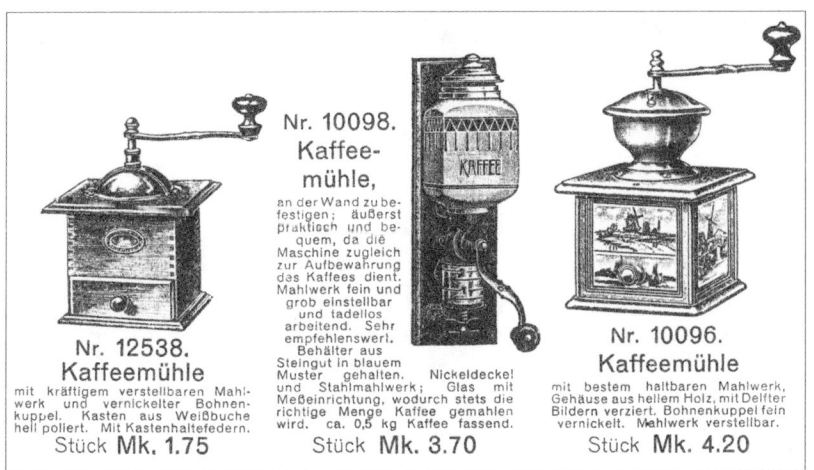

Nr. 12538. Kaffeemühle
mit kräftigem verstellbaren Mahlwerk und vernickelter Bohnenkuppel. Kasten aus Weißbuche hell poliert. Mit Kastenhaltefedern.
Stück **Mk. 1.75**

Nr. 10098. Kaffeemühle,
an der Wand zu befestigen; äußerst praktisch und bequem, da die Maschine zugleich zur Aufbewahrung das Kaffees dient. Mahlwerk fein und grob einstellbar und tadellos arbeitend. Sehr empfehlenswert. Behälter aus Steingut in blauem Muster gehalten. Nickeldeckel und Stahlmahlwerk; Glas mit Meßeinrichtung, wodurch stets die richtige Menge Kaffee gemahlen wird. ca. 0,5 kg Kaffee fassend.
Stück **Mk. 3.70**

Nr. 10096. Kaffeemühle
mit bestem haltbaren Mahlwerk, Gehäuse aus hellem Holz, mit Delfter Bildern verziert. Bohnenkuppel fein vernickelt. Mahlwerk verstellbar.
Stück **Mk. 4.20**

Kaffeemühlen aus einem Verkaufskatalog aus dem Jahre 1912

Nach diesen Befunden ist es ausgeschlossen, daß mit dieser Kaffeemühle große Mengen von Weizen geschroten worden wären. Denn wäre das geschehen, so könnten sich in der Mühle nicht noch Reste von gemahlenem Kaffee vorfinden.

Die *Mühle B* ist an ihrer oberen Fläche sehr stark verstaubt und verschmutzt, auch durch Ziegelsteinteilchen, am Rande noch teilweise mit Spinnweben bedeckt. Auch im Inneren des Mühlenkastens und im Schubkästchen befinden sich Ziegelmehlteilchen, überdies aber eine weißliche, mehlartige Masse und gröbere Partikel, die nach Geruch, Geschmack und mikroskopischem Befund Pfeffermehl darstellen. Weizenstärkekörner sind nur ganz vereinzelt mit dem Mikroskop zu finden. ...

Nach den genannten Befunden ist es ausgeschlossen, daß auf der Mühle in auch nur nennenswerten Mengen geschroten worden ist.«

Fast 8 Wochen Zeit hat übrigens der Professor für dieses Gutachten gebraucht, erst am 14. Februar 1917 hat er es formuliert – hatte er zuviel anderes zu tun, oder hatte er Verständnis für die Einreden des Besitzers von 16 kg zerkleinertem Weizen?

Die Psychologie der Liftbenutzer

»Auf der Pariser Industrieausstellung von 1867 hob ein Aufzug die Besucher 20 Meter hoch auf das Dach des Industriepalastes«, kann man in einem alten Lexikon lesen und kommt heute darüber kaum mehr ins Staunen.

Tatsächlich aber waren die Zeiten vor und kurz nach der Wende zum 20. Jahrhundert offenbar auch die Jahre, in denen die Benutzung von Aufzügen und Liften immer noch mit gewissen Gefahren belastet war. Erst durch eine Vielzahl der verschiedensten Unfälle gewann man Erkenntnisse darüber, was man bei der Benutzung eines Aufzuges oder bei dessen Wartung alles falsch machen konnte – immer ausgeklügelter wurden im nachhinein dann die konstruktiven Verbesserungen, immer umfassender die Regelwerke für den Betrieb solcher Anlagen.

Der Schweizer Arzt Dr. Moritz Ganzoni hat 1918 – auf Anregung des Gerichtsmediziners Prof. Dr. Zangger – ein kleines Büchlein verfaßt, in welchem er 44 Liftunfälle analysiert hat, davon verliefen 18 tödlich, und dreimal waren davon Kinder betroffen.[63] »Das Ziel der Prophylaxe ist, die Psychologie der Liftbenützer in der Kausalität der Unfälle auszuschalten, d. h. es sollen die Konstruktionen so beschaffen sein, daß auch durch die verschiedenen Handlungen und Reaktionen der Benützer keine Unfälle mehr entstehen können«, schrieb Ganzoni. Zu deutsch: Man muß allen Eventualitäten von möglichen Verhaltensweisen der Liftbenutzer durch eine entsprechende Konstruktion dieser Anlagen vorbeugen.

Die von ihm beschriebenen Unfälle hat Ganzoni in zwei Gruppen eingeteilt, in Abstürze und Einklemmungen. Da kann der Fahrstuhl samt Insassen in die Tiefe sausen, wenn z. B. das Seil reißt, oder Personen können in einen leeren Fahrstuhlschacht stürzen, wenn z. B. der Türmechanismus unvollkommen konstruiert ist. Personen können eingeklemmt werden, durch die Türen zum offenen Fahrstuhlschacht oder – auch das gab es damals noch – an Vorsprüngen der Schachtwand bei offenen Liftanlagen und unebenen Wandungen. Sie können auch erdrückt werden, oben und unten durch die Kabine am jeweiligen Ende des Laufes, also auf dem Schachtboden durch den herunterkommenden Lift und an der Schachtdecke, wenn die Leute aus irgendwelchen Gründen auf dem Kabinendach stehen, wegen Reparatur- oder Reinigungsarbeiten, Transport auf der Kabine usw.

Schauerliche Vorstellungen, aber gelegentlich werden ja solche Vorgänge auch heute noch filmisch verarbeitet ...

Auch die Unterlagen aus der Zeit des Wirkens von Professor Kockel enthalten Schilderungen solcher Vorkommnisse.

So sezierte der Professor am 17. Juni 1905 im Institut die Leiche des 21jährigen Fahrstuhlwärters Richard Wunderlich. Er war im Grundstück Markt Nr. 13 von dem abwärtsgleitenden Fahrstuhl, nachdem er im Erdgeschoß auszusteigen versuchte, zwischen Fahrstuhldecke und Fußboden des Erdgeschosses eingequetscht worden. »So wurde er, mit dem Kopf nach außen liegend und mit dem Körper in den in seiner Weiterbewegung gehemmten Fahrstuhl herabhängend, von hinzukommenden Personen tot aufgefunden«, hieß es in einer Zeitungsmeldung. Als Todesursache stellte Kockel eine »Erstickung durch Kompression des Halses und oberen Brustkorbes« fest.

Am 7. September 1910 wurde die Leiche des 25jährigen Markthelfers Rudolf Hahnefeld in das Institut eingeliefert: »Ist im Fahrstuhl erdrückt worden«, notierte Kockel; eine Sektion wurde von den Angehörigen in diesem Falle verweigert.

Am 22. Oktober 1913 sezierte Kockels Assistent Dr. Gieseler im Institut die Leiche des 38jährigen Maschinisten Friedrich Karl Enderlein. Er war »im Betriebe einer hiesigen größeren Zeitungsdruckerei« dadurch tödlich verunglückt, »daß er den Kopf in einen Fahrstuhl steckte, vermutlich um in diesen hineinzusehen, und zu gleicher Zeit die Aufzugsvorrichtung des Fahrstuhls in Betrieb setzte«. Todesursache war ein Bruch der Halswirbelsäule.

1918, am 14. Februar, wurde die Leiche des 25jährigen Fahrstuhlführers Josef Rauer ins Institut eingeliefert. Zum Vorgang wurde notiert: »Ist bei Althoff 5 Stockwerk hoch in den Fahrstuhlschacht abgestürzt.« Todesursache waren schwere Schädelverletzungen.

Im Dezember 1919 machte Kockel eine Leichenschau bei einem 23jährigen Mann namens Franz Cuwiakowski und notierte zum Vorgang: »Ist, als er durch eine Luke in den Fahrstuhlschacht sah, vom Fahrstuhl erfaßt & totgequetscht worden.« Beschrieben werden schwere Kopfverletzungen.

Auch im folgenden Jahr wurde wieder ein Fahrstuhltodesfall im Institut untersucht: ein 69jähriger Fahrstuhlführer, der in den Fahrstuhlschacht gestürzt war. Todesursache: Schädelbruch.

In den späteren Jahrzehnten wurden derartige Todesfälle immer seltener. Es ist zwar beruhigend, wenn man heute auch an derartigen

Anlagen die »TÜV«-Plakette sieht oder, mit dem Paternoster den letzten oberen oder unteren Ausstieg verpassend, an der Kabinenwand lesen kann: »Weiterfahrt ungefährlich«, aber Unfälle sind selbst in der modernen Gegenwart nicht unmöglich.[64]

Kapp-Putsch: 61 Leichen im Institut

Mit der kaiserlichen Reichskriegsflagge waren am 13. März 1920 die Marinebrigade Erhardt, Verbände von Zeitfreiwilligen und andere militärische Formationen, deren Auflösung die Reichsregierung verfügt hatte, in Berlin einmarschiert, hatten das Regierungsviertel besetzt und den rechtsradikalen Politiker Wolfgang Kapp zum Reichskanzler ausgerufen. Überall in Deutschland formierte sich Widerstand, der viele Opfer besonders unter den Arbeitermassen forderte. Der Aufruf zum Generalstreik, zu dem schon am 13. März von den sozialdemokratischen Reichsministern und dem Reichspräsidenten aufgerufen worden war, wurde auch in Leipzig befolgt.

Hier fielen die ersten Gewehrschüsse am Johannisplatz, am Roßplatz und am Fleischerplatz in den Vormittagsstunden des 14. März, einem Sonntag. Vorübergehend kam es zu Panikreaktionen bei den Demonstranten, sehr rasch aber auch zu Gegenreaktionen: Die Arbeiter begannen mit dem Bau von Abwehrstellungen, entrissen verschiedenen Zeitfreiwilligen die Waffen und wechselten Schüsse mit dem Gegner. Die bewaffneten Auseinandersetzungen weiteten sich aus, Barrikaden wurden errichtet, die Arbeiter versuchten, die Innenstadt, die von Zeitfreiwilligen besetzt war, abzuriegeln und einzuschließen. Schwere Gefechte entbrannten am Montag an einer Barrikade vor der Thomasschule, die von einer starken Einheit Zeitfreiwilliger besetzt gehalten wurde; auch in der Gegend um das Volkshaus und am Floßplatz wurde gekämpft. Am Krystallpalast hatte sich die Reichswehr mit Maschinengewehren verschanzt. Die Universität und die umgebenden Gebäude waren von Zeitfreiwilligen besonders stark befestigt worden.

Auch in den folgenden Tagen dieser Woche flauten die Kämpfe in Leipzig kaum ab. Zwei Tote und mehrere Verwundete hatte die Reichswehr bei Kämpfen an der Kreuzung Hallische und Mecklenburgstraße zu verzeichnen. Insgesamt sollen bei den Kämpfen in Leipzig über 100 Menschen getötet und 400 verletzt worden sein.

Die Brandruine des Volkshauses in Leipzig (19. März 1920)

In das Institut für gerichtliche Medizin wurden in jenen Tagen 61 Menschen eingeliefert, die bei den Kämpfen umkamen. Meist waren es Arbeiter, Lehrlinge, Dienstmädchen und: drei Reichswehrsoldaten.

Die Örtlichkeiten, wo die Betroffenen zu Tode kamen, sind nur in 13 Fällen in den Protokollen angegeben: Johannisplatz, Connewitz, Kurprinzstraße, Sternwartenstraße, Westplatz, Volkshaus, Tauchaer Straße, Konzertviertel.

Hauptanliegen der gerichtsmedizinischen Tätigkeit waren die Identifizierung der Leichen und die grobe Feststellung der Todesursache, die meist schon durch die äußere Besichtigung der Leiche möglich war, eine Obduktion erfolgte nur bei den getöteten Reichswehrsoldaten.

In allen Fällen war der Tod durch Erschießen eingetreten; die Dokumentation der Befunde mußte Kockel aus Zeitgründen auf die Angaben von Einschuß, Schußkanalverlauf und Ausschuß oder Steckschuß beschränken. Einen Einschuß an der Körpervorderseite stellte er bei 46 Toten fest, an der Körperrückseite lag er bei 15 Opfern. 52 Opfer wurden von einem Schuß, 8 von zwei Schüssen getroffen. Todesursächlich waren bei 17 Opfern tödliche Verwundungen an Kopf oder Hals, bei 39 Opfern Verletzungen am Rumpf.

Zur Identifizierung mußten – wenn Ausweispapiere fehlten – oft sehr einfache Merkmale herangezogen werden: »Kleiner dunkler Schnurrbart, am Zipfel des Oberhemdes aufgedruckt:Tandem, Weste mit dunklen Glasknöpfen« ist in einer Akte vermerkt, oder: »in der Rocktasche Zigarettenetui mit etwas Geld und Lotterielosen«.

Nicht immer gelang die Identifikation zweifelsfrei und sofort, im Falle eines Toten, der zunächst als die Leiche eines Paul M. aus Finsterwalde angesehen wurde, vergingen zwei Monate. Kockel läßt dazu in den Akten notieren: »Am 7.5. erscheint Frau R., Plagwitz, Merseburger Str. 14, und erklärt, daß der oben bezeichnete M. mit ihrem Ehemann, dem Friseur Otto R., geb. 30.8.1883, identisch sei. ... Frau R. hat sämtliche Wertsachen und Kleider als die ihres Mannes erkannt, nachdem festgestellt worden ist, daß ein Paul M. in Finsterwalde, Leipziger Str. 36, nicht existiert.«

Nur von einem der bei den Kämpfen getöteten drei Reichswehrsoldaten ist ein Sektionsprotokoll vorhanden: Die Leichenöffnung des Th. wurde am 20. März auf Bitten des Kompanieführers des Soldaten durchgeführt. Den Kompanieführer interessierte besonders, ob das todbringende Geschoß aus einem Revolver oder aus einem Gewehr stammte ...

Der Tod der Johanna Berger

»Zeichen äußerer Gewalttätigkeiten, aus denen auf die Einwirkung dritter Personen geschlossen werden müßte«, fanden sich nicht bei der Sektion der Leiche des achtjährigen »außerehelichen Kindes der Vester« namens Johanna Berger. Nur eine kleine markstückgroße Blutung hatten die Obduzenten Professor Kockel und Dr. Thümmler in der Kopfschwarte oberhalb des linken Scheitelbeinhöckers festgestellt. Das Mädchen war am 19. August 1920 nahe der Ortschaft Groitzsch früh $1/2$ 6 h in der Schwenigke, die zwischen Groitzsch und Pegau fließt, gefunden worden.

Zwei Tage später waren die Obduzenten auf dem Friedhof in Pegau tätig geworden und zu dem Ergebnis gekommen, daß das Kind ertrunken sei. Trotzdem erschien ein unfallbedingter Ertrinkungstod an jener Stelle, wo das Kind gefunden wurde, bei der geringen Wassertiefe der Schwenigke – nur 60 cm – nicht recht plausibel: Das Kind war gesund gewesen und mit 126 cm Körpergröße ganz normal entwickelt. Auch wann der Tod eingetreten war, schien zunächst unklar.

Am 23. August hat Kockel dann noch den bei der Sektion asservierten Mageninhalt unter dem Mikroskop untersucht. Er fand darin, so seine Notizen in der Akte, »einzelne Fleisch- bzw. Fettgewebspartikel (Speck?), viele Obstschalen, grünlich (Birnen?), ferner Kohlrabi, Kartoffeln nicht sicher«.

Die Ermittlungen in der Todesfallsache der Johanna Berger gingen offenbar nicht so recht zügig voran, sie konzentrierten sich aber schließlich auf das Verhalten des Vaters des Kindes, Kurt Vester. Dieser hatte sich jahrelang widersetzt, Unterhalt für das Mädchen zu zahlen, die Kindesmutter aber dann doch geheiratet.

Ende Oktober gingen dem Professor die Akten zu, Kockel machte Auszüge und notierte besonders, was das Kind wann vor seinem Verschwinden zuletzt gegessen hatte.

Am 4. November wurden die »in Sachen Vester beigezogenen Kleider des Kindes« nach deren Untersuchung – die nichts zur Klärung des Sachverhaltes erbrachte – von Kockel an den Untersuchungsrichter beim Landgericht, Landgerichtsrat Opitz, zurückgesandt.

Die Ermittlungen scheinen weiterhin nur schleppend vorangekommen zu sein, erst am 4. April 1921 erhielt Kockel die gesamten Unterlagen für eine nunmehr umfassende Begutachtung des Falles; schon am 12. April schickte er das folgende Gutachten an Untersuchungsrichter Opitz:

»Nach dem Sektionsbefund Bl. 4 ff. d. A., insbesondere nach den Ziffern 5, 19, 20, 29, 33, 35, 36, 37, ist der Tod der Johanna Berger infolge von Ertrinken eingetreten. Daß der Ertrinkungstod an der Stelle, wo die Leiche in der Schwenigke gefunden worden ist, durch Unfall herbeigeführt worden wäre, ist bei der geringen Wassertiefe an der Fundstelle (60 cm) und der Körperlänge des Kindes (126 cm), auch wenn man von allen anderen Umständen absieht, ausgeschlossen.

Im vorläufigen Gutachten Bl. 10 d. A. ist ausgesprochen, daß Zeichen äußerer Gewalttätigkeiten, aus denen auf die Einwirkung dritter Personen geschlossen werden müßte, bei der Sektion sich nicht vorgefunden haben. Mit diesem Satz ist nicht ausgesprochen, daß das Kind ohne Verletzungen gewesen ist. Denn nach Ziffer 52 des Sektionsprotokolls hat sich in der Kopfschwarte etwas nach hinten vom linken Scheitelbeinhöcker eine geringfügige, höchstens markstückgroße frische Blutung vorgefunden. Es fragt sich, ob diese Blutung einen genügenden Hinweis darauf darstellt, daß kurz vor dem Tode eine mit dem Ableben in irgendwelchem Zusammenhang stehende Gewalteinwirkung auf den Kopf des Kindes stattgefunden hat, oder ob das nicht angenommen werden kann.

Wie erwähnt, ist die Blutung in der Kopfschwarte frisch gewesen, d. h. sie kann nur kurze Zeit vor dem Tode des Kindes entstanden sein. Würde sie eine längere Reihe von Stunden oder gar Tagen vorher sich entwickelt haben, so würde sie eine andere, mehr trockene und nicht feuchte Beschaffenheit, vielleicht sogar bereits eine Braunfärbung dargeboten haben. Die Blutung war markstückgroß und von geringer Dicke. Bei der Größe und trotz der geringen Dicke der Blutung würde ihre Entstehung z. B. dadurch, daß das Kind sich gestoßen haben sollte, immerhin ein nicht ganz geringes Trauma voraussetzen, d. h. das Kind würde, wenn es sich gestoßen hätte, aller Wahrscheinlichkeit nach über Schmerzen geklagt und geweint haben. Über alles, was die Johanna Berger am 18. August erlebt und getrieben hat, ist in den Akten ein umfassendes Material zusammengetragen, aber nirgends findet sich erwähnt, daß das Kind beim Spielen oder einer anderen Gelegenheit sich an den Kopf gestoßen hätte, oder daß es seiner Umgebung von einer derartigen Beschädigung berichtet hätte, wie das bei Kindern gewöhnlich zu geschehen pflegt. Es spricht aber auch der Sitz der Beschädigung sehr gegen eine, wie eben berührt, etwa entstandene Zufallsverletzung, denn derartige Beschädigungen infolge von Hinfallen oder Anstoßen finden sich meist in den vorderen Teilen des Schädels, besonders oft an der Stirn der Kinder. Es ist also höchst unwahrscheinlich, jedenfalls aber aus den Erörterungsergebnissen nicht zu entnehmen, daß die mehrgenannte Blutung in der Kopfschwarte das Kind im Laufe des 18. August auf irgendeine Weise zufällig sich selbst zugezogen haben sollte.

Geht man hiervon aus, so bleibt nur übrig, die Blutung als Folge einer Gewalteinwirkung bei einer anderen Gelegenheit und aus anderen Gründen aufzufassen. Es ist daher auch vom ärztlichen Standpunkt aus zu prüfen, wo es den Ertrinkungstod gefunden haben kann. Die Gelegenheit zum Ertrinken war für das Kind gegeben in der Vesterschen Gärtnerei, wo (die Elster kommt nach dem gesamten Sachverhalt nicht in Betracht) nach Bl. 85 b im großen Warmhaus ein steinerner Wassertrog sich befindet. Ob das Kind in diesem tatsächlich ertrunken ist, hat sich objektiv nicht feststellen lassen: Weder die Untersuchung der Kleidungsstücke noch die mikroskopische Untersuchung der Lungen hat in dieser Richtung verwertbare Resultate geliefert. Diese negativen Befunde sind aber naturgemäß kein Beweis dagegen, daß das Kind in dem steinernen Trog ertrunken ist. Ist das der Fall, so findet die geringfügige Verletzung in der Kopfschwarte am linken Scheitelbein ihre ungezwungene Erklärung. Denn das Kind kann beim Hineingeraten in den Trog bzw. als es in ihn getaucht wurde, recht wohl durch Stoß an die harten Wände des Behälters die erwähnte Beschädigung sich zugezogen haben. Daß es sich dabei um die Folgen eines Faustschlages oder einer ähnlichen Gewalttätigkeit handeln sollte, ist bei der Geringfügigkeit der Verletzung wenig wahrscheinlich.

Nach den Angaben der verehelichten Berger Bl. 185 hat die Verstorbene Dienstag den 17. das irrtümlich von Wegner (Bl. 20 b d. A.) auf den 18. verlegte Buttermilchgericht gegessen und Mittwoch den 18. mittags Kohlrabigemüse, das mit Weizenmehl und Fett angemacht und mit kleingeschnittenem gebratenem Speck übergossen war. Die Berger hat auch hinzugefügt, daß das Kind möglicherweise am 18. mittags noch einige rohe Birnen gegessen habe. Bei der Sektion und der späteren makroskopischen und mikroskopischen weiteren Nachprüfung hat sich ergeben, daß im Magen sich viel Kohlrabi, daneben einzelne Fleisch- bzw. Fettgewebsstückchen, vermutlich Speckteilchen, und reichliche grünliche Obstschalen, wohl Birnenschalen befanden. Kartoffeln konnten nicht mit Sicherheit nachgewiesen werden.

Nach Ziffer 41 des Sektionsprotokolls und nach meinen persönlichen Notizen haben sich im oberen Dünndarm nicht unbeträchtliche Mengen derselben Speisemassen vorgefunden, die der Magen enthielt, im unteren Dünndarm neben bräunlichen, teilweise flüssigen Massen streckenweise brockige Massen von der Beschaffenheit des Mageninhalts, aber in geringer Menge. Im Dickdarm, insbesondere im Blinddarm, war von diesen Substanzen nichts zu finden.

Nach den Röntgenuntersuchungen am normalen Verdauungsapparat ist der Magen 2-4 Stunden nach der Mahlzeit geleert, der Dünndarm gefüllt 3-5 Stunden nach der Mahlzeit, und der Übertritt der Probemahlzeit in den Blinddarm erfolgt etwa 1-3 Stunden nach der Mahlzeit. Da bei dem Kind Berger die Mageninhaltsmassen nur bis an, aber noch nicht in den Blinddarm vorgeschoben waren, da sich von ihnen nur spärliche im unteren Dünndarm vorfanden, und da schließlich der Magen noch stark gefüllt war, muß angenommen werden, daß das Ableben des Kindes ungefähr 1-2 Stunden nach dem Mittagessen eingetreten ist. Da man nach den Erörterungsergebnissen vermuten darf, daß das Kind etwa ¹/₂ 1 Uhr, jedenfalls aber noch vor 1 Uhr, gegessen hat, so muß der Tod des Kindes ungefähr zwischen ¹/₂ 2 und ¹/₂ 3 oder nur ganz wenig später eingetreten sein. Nach der Aussage des Zeugen Wegner ist das Kind kurz vor ¹/₂ 1 Uhr aus dem hinteren Teile des Gartens nach vorn gegangen, denn der Zeuge hat unmittelbar darauf die Turmuhr schlagen hören. Etwa ³/₄ 2 hat der Zeuge ... das Kind bereits vergeblich im Garten gesucht. Da das Kind seitdem verschwunden war, muß angenommen werden, daß es zwischen ¹/₂ 2 und ³/₄ 2 gestorben ist, d. h. zu der Zeit, die sich mit der aus dem Verhalten des Verdauungsapparates ermittelten deckt.«

Am 22. Und 23. November nahm Kockel als Sachverständiger an der Schwurgerichtsverhandlung gegen Kurt Vester wegen des Todes des Kindes Johanna Berger teil. Vester bestritt jede Schuld, wurde aber, so notierte Kockel, bei der Besprechung des Tagesablaufs des Todestages der kleinen Hanna, »ersichtlich unsicher und etwas unruhig, greift sogar den U-R (Untersuchungsrichter – F. H.) Opitz an. Wird sehr wortreich, gibt aber keine prompte Antwort auf die Fragen«. Dann wurde in die Beweisaufnahme eingetreten, Zeugen wurden gehört, ihr Lehrer, die Großmutter von Johanna, der Lehrling Wegner, Vesters Vater, seine Schwester und sein Vater. Am zweiten Tag sagte der Bruder als Zeuge aus, auch seine Aussage belastete Kurt Vester. Ein Lokaltermin ergänzte die Beweisaufnahme.

Am 26. November 1922 schließlich wurde das Urteil verkündet, Kockel notierte es in der Akte: »10 Jahre Zuchths. wegen Totschlags«.

Doch die Sache hatte noch ein längeres Nachspiel, eine zweite Runde: Rechtsanwalt Dr. Ewald, der Verteidiger Kurt Vesters, legte mit Erfolg Revision ein: Landgerichtsdirektor Dr. Mebes hatte es unterlassen, beim Lokaltermin in Pegau die Betreffenden nochmals darauf hinzuweisen, daß ihre Aussage unter den bereits geleisteten Eid falle.

Wieder verging ein reichliches halbes Jahr, am 8. Juni 1922 begann schließlich eine neue Verhandlungsrunde gegen Kurt Vester, diesmal unter dem Vorsitz von Landgerichtsdirektor Miaskowski. Auch Kockel war an diesem Tage wieder als Sachverständiger anwesend. In einer weiteren Verhandlung hatte sich die Verteidigung des Angeklagten offenbar etwas Neues zur Beweisaufnahme einfallen lassen, denn Kockel notierte am 12. Juni in der Akte: »Telephonische Aufforderung, im Schwurgericht zu erscheinen (4h N). Ich soll morgen nachm.

mit Baurat Franke nach Pegau fahren, um etwaige, auch tiefe Strömungen in der Schwenigke festzustellen.«

Doch, so ist unter dem 13. vermerkt, »Baurat Franke kann wegen Erkrankung nicht mitfahren. Ich fahre deshalb (nach Rücksprache mit dem Beisitzer Amtsgerichtsrat Nauck) 12.20 allein nach Pegau, wo mich Stadt-Wachtmeister Teichmann erwartet. Mit ihm an die Fundstelle bei Groitzsch, wo Kommissar Körber, der Zeuge Schütze und ein Frl. Gertrud Wagner ... anwesend sind. Frl. Wagner hat gleich nach dem Zeugen Ebersbach das Kind gesehen, als es noch im Wasser lag. Es lag im Wasser auf der rechten Seite, so daß der Hinterkopf und Teile des Rückens aus dem Wasser herausragten ... Das Wasser war völlig klar u. ließ das alles erkennen.«

Das Urteil fiel auch in der Revisionsverhandlung nicht anders aus: »10 Jahre Zuchthaus« hat Kockel notiert und: »V. hat sich unterworfen.«

Schmerzverzerrte Züge?

Schmerz – als ein sehr subjektives Erlebnis, vom Außenstehenden kaum nachempfindbar – kann hell, spitz, dumpf, drückend, stechend oder brennen sein, anfallsartig, kolikartig, krampfartig, halbseitig, ausstrahlend, fernempfunden vom Ort der Schädigung, Headsche Zonen sagt man dazu, nachempfunden nach dem Verlust eines Gliedes als Phantomschmerz.

Schmerz verzerrt die Züge des Betroffenen. Schmerz ist an Leben gebunden, er erlischt mit ihm. Aber was wird aus den schmerzverzerrten Zügen nach dem Ableben eines Menschen? Sie glätten sich, Friede zieht ein. Die zahlreichen kleinen Muskeln des Gesichts erlahmen, erschlaffen – die »mimische« Gesichtsmuskulatur stellt ihre Tätigkeit ein. Im Angesicht des Todes Erlebtes spiegelt sich folglich nicht im Antlitz des Toten.

Der Leichnam kann gräßlich verunstaltet sein, auch ein langer, qualvoller Kampf um das Leben kann vorangegangen sein, dennoch: Nur in Zeitungsberichten sind die Gesichtszüge »entstellt« und »schmerzverzerrt«, d. h. durch die vor dem Tode erlittenen schlimmen Erlebnisse, Schmerzen und Qualen angeblich sichtbar gezeichnet.

In den unzähligen von Professor Kockel gefertigten ausführlichen Protokollen über äußere und innere Leichenbesichtigungen finden sich niemals Formulierungen, die etwa andeuten würden, daß sich ein langsamer und vielleicht sogar ersehnter oder aber ein kurzer hochdramatischer Todeseintritt bei der Leichenbesichtigung in irgendeiner Weise an den Gesichtszügen des Verstorbenen hätte ablesen lassen.

Es stehe fest, so Kockel in einer seiner Publikationen,[65] »daß diese ... in ihrer Konfiguration keinerlei Rückschlüsse auf den dem Tode unmittelbar voraufgehenden Gemüts- oder Affektzustand gestatten, wie man früher gern vermutete«.

Für den naturwissenschaftlichen Kriminalisten und den Gerichtsmediziner Kockel, der auch in psychologischen und psychiatrischen Fragen sehr kenntnisreich war, wäre eine solche Möglichkeit der Rekonstruktion von Ereignissen, über die nur ein Täter und sein Opfer etwas hätten aussagen können, eine ganz wichtige Erkenntnisquelle gewesen.

Selbst zur Diagnostik einer Todesursache ist das Erscheinungsbild des Gesichts – die »Facies« – wenig geeignet. Abgesehen davon, daß Menschen, die an einem Herzinfarkt versterben, nicht selten im Gesicht gedunsen und leicht blaurot verfärbt erscheinen, kann man aus dieser Facies eben kaum etwas ableiten. Eine rosige Gesichtsfarbe kann darauf hindeuten, daß eine Vergiftung durch Kohlenmonoxid – früher im Leuchtgas, aber auch in Rauchgasen vorhanden – vorliegt.

Allerdings hat der klinische Mediziner eine Reihe von Begriffen für das veränderte Antlitz des Patienten, die bestimmten Krankheitsbildern zugeordnet werden können: Da gibt es das ängstlich verfallene, blasse Gesicht bei schweren akuten Baucherkrankungen, etwa Magendurchbrüchen oder fortgeschrittenen »Blinddarmentzündungen«. Das Gesicht des an einem langwierigen Magengeschwür Leidenden ist eingefallen, fahl die Haut und tief die Falten zwischen Nase und Lippen.

Als »Facies hippocratica« wird schließlich das Antlitz des Sterbenden bezeichnet: mit spitzer, blasser und kühler Nase, eingefallenen Schläfen, fahlgrauer Hautfarbe, kaltem Schweiß auf der Stirn und kühlen Ohren. Die letzte Phase des Sterbens, der Todeskampf – die Agonie – hat begonnen, sie endet mit einer allgemeinen Erschlaffung.

Kopflos im Reisekorb

Wer war die Frau, die am Montag, dem 6. März 1922, nachmittags gegen ½ 7 Uhr vor dem Leipziger Hauptbahnhof, preußische Seite, zwei Dienstleute beauftragte, einen Reisekorb zu dem Zuge, der 7.14 Uhr nach Halle fuhr, zu bringen und ihn in einem Personenzugwagen 4. Klasse zu plazieren? Bahnsteigkarten hatte die Frau schon für die Dienstleute besorgt gehabt, ein bißchen aufgeregt sei sie gewesen, obwohl noch reichlich Zeit bis zur Abfahrt war. Ziemlich eilig hatte sie sich entfernt, um noch etwas zu besorgen. Der Reisekorb hatte sich auf einem kleinen, etwas ramponierten Handwagen befunden, der in der Nähe des Droschkenhalteplatzes gegenüber dem Hotel »Astoria« abzuholen war. Ein junger Mann, vielleicht der Sohn der Frau, hatte dort gestanden und den Wagen übergeben. Die Dienstleute erfüllten ihren Auftrag, bugsierten den Korb in den Zug und warteten. Doch die Frau kam nicht. Unmittelbar vor der Abfahrt hob einer der Dienstleute den Korb wieder aus dem Zugwagen heraus und brachte ihn zur Kriminalstelle des Hauptbahnhofes.

Dort wurde der Korb geöffnet. Obenauf lag blutiges Papier, darunter ein schwarzer Herrenmantel mit Samtkragen, darauf eine goldene Uhr mit Kette, dann, unter einer weiteren Lage blutigen Papiers: die Leiche eines gutgekleideten Mannes.

Die Leiche kam zur Gerichtsmedizin, Professor Kockel und die Mordkommission begannen noch am Montagabend ihre Arbeit. Zunächst ging es ans Auspacken – natürlich wurde dabei auch ausgiebig fotografiert – es gab eine weitere Überraschung: Die Leiche war ohne Kopf, der freiliegende Halsstumpf mit dem herausragenden Wirbelkörper war in eine blutige Decke eingeschlagen. Kockel meinte, daß vermutlich mit einer Art Hackmesser der Kopf vom Rumpf getrennt worden sei, aus beginnenden Fäulnisveränderungen der Leiche wäre zu schließen, daß die Tat bereits zwei bis drei Tage zurückliegen dürfte.

Eine ganz wichtige Aufgabe war es, die Leiche zu identifizieren. Hier gab es zahlreiche verwertbare Eigenheiten schon an Bekleidung und Effekten: die vornehme Kleidung – mit schwarzem Cutaway und schwarzgestreifter Cutawayhose – , ein Tresorschlüssel vom Lieferanten Karl Kästner Leipzig, Nr. 3060, Taschentücher mit dem eingestickten Monogramm »E.C.«, ein goldener Kneifer mit schwarzem Futteral, eine schwarze Schnupftabakdose aus Horn, schwarz und gelb meliert, die wertvolle Uhr aus 585er Gold, mit 15 Rubis und mit der Nr. 186 im Sprungdeckel, das Oberhemd ebenfalls mit dem Monogramm »E.C.«, schließlich – was auch nicht jeder ständig in der Manteltasche mit sich herumträgt – ein kleiner, geladener Trommelrevolver, aus dem in der letzten Zeit offenbar nicht geschossen worden war. Auch die Geldbörse des Toten wurde in der Kleidung gefunden, mit über 100 Mark.

»E.C.« war also vermutlich ein wohlhabender Mann – und ein trivialer Raubmord lag sehr wahrscheinlich auch nicht vor.

Die Identifizierung gelang rasch: Das Opfer war ein 68jähriger Kürschnermeister vom Leipziger Brühl. Nach der noch in der Nacht zum Dienstag erfolgten Befragung der Angehörigen »wurde eine Spur aufgenommen, die in den frühen Morgenstunden des Dienstag zur *Festnahme* einer der Tat dringend verdächtigen Frauensperson geführt hat. Zwei Gepäckträger, die den erwähnten Korb auf dem Hauptbahnhofe transportierten, haben in ihr mit voller Bestimmtheit diejenige Person wiedererkannt, die ihnen am Montag abend den Korb zur Besorgung gegeben hat«, las man in der Zeitung.

Am Dienstag sezierten dann Professor Kockel und Dr. Thümmler im Institut die Leiche: Der Hals war zwischen 6. und 7. Halswirbelkörper durchtrennt, allerdings stellte sich bei der nun sehr genauen Untersuchung heraus: »Es scheint alles mit dem Messer gemacht zu sein. ...«

Am nächsten Tag hat Kockel in der Akte notiert: »Mit Staatsanwalt John in der Wohnung der H. (Wallstr. 18), 3 h Spurensuche und Asservierung möglicher Tatwerkzeuge im Mordfall Carlsberg.« Man suchte nach Blutspuren, fand einige an der Tür zum Mittelzimmer, nahm Küchenmesser in Augenschein und beschlagnahmte einige.

Die »H.« – ihren vollen Namen kann man in der Zeitung lesen: Berta Hoffmann – war eine 47jährige Witwe. Sie hatte in Prag eine Töchterschule besucht, war dann Erzieherin, hatte später geheiratet, ihr Ehemann war 1919 verstorben. Frau Hoffmann wollte von Carlsberg ein Haus in Lindenthal bei Leipzig kaufen.

Bei den ersten Befragungen der Beschuldigten war Kockel dabei, er notierte am Freitag, dem 10. März 1922: »3 Stunden auf der Kriminal-Abtlg. der Vernehmung der H. durch Kriminal-Rat Jacobi beigewohnt.« An diesem Tage hat Frau Hoffmann ein Teilgeständnis abgelegt, die »Leipziger Neuesten Nachrichten« faßten es – in der Zwischenüberschrift ihres Berichtes – so zusammen: »Herr Carlsberg durch einen ›Unglücksfall‹ ums Leben gekommen. – Frau Hoffmann hat den Kopf mit einem Rasiermesser abgeschnitten – Der Kopf noch nicht gefunden.«

Der »Unfall« habe sich so abgespielt: Herr Carlsberg hätte, nachdem sie ihm 33 000 Mark für ein Haus in Lindenthal , teils in bar, teils in Wechseln, bezahlt habe und der Kaufvertrag von beiden Parteien unterschrieben gewesen sei, ihrem Drängen, den Kauf mit einem Glas Grog zu beschließen, nachgegeben. Während des Beieinandersitzens sei dem Carlsberg plötzlich ein hochliegender Schraubstock auf den Kopf gefallen, er sei sofort bewußtlos geworden. In Angst versetzt, den Schraubstock anhebend, sei ihr dieser aus den Händen geglitten und habe Carlsberg nochmals am Kopf verletzt. Nunmehr völlig außer Sinnen, habe sie den Schraubstock ergriffen und noch ein-, zweimal auf Carlsberg eingeschlagen. Größte Unannehmlichkeiten wegen dieses unglücklichen Vorfalles befürchtend, habe sie dem Manne nun die Weichteile des Halses mit dem Rasiermesser ihres Sohnes durchschnitten und anschließend den Kopf »abgedreht«.

In den folgenden Wochen hat Professor Kockel Frau Hoffmann mehrfach in der Haftanstalt aufgesucht und sich mit ihr ausführlich unterhalten. Ziel dieser Unterhaltungen – fachsprachlich: »Explorationen« – war es, ein Gutachten über die strafrechtliche Verantwortlichkeit von Frau Hoffmann vorzubereiten. Nun wandelte sich die Geschichte, die Frau Hoffmann zur Tat veranlaßt hatte, doch erheblich: Sie schilderte, daß sie mit Carlsberg Geschlechtsverkehr gehabt habe. »Beim 2. Coitus sollte ich ihn schlagen, ich sollte ihm in den Mund bullen, ich sollte sein Glied in den Mund nehmen! Ich habe mich bisher geschämt, das zu erzählen. C. wollte mich dafür auch unten küssen. Ich lehnte das alles ab. ... Schließlich, als er sein Glied herausnahm, ärgerte ich mich. Ich hatte viel getrunken. Er legte sich dann hin ..., ich sollte mich obendrauf legen. Und nun geriet ich in Wut.«

Die ausschlaggebenden Sätze des Gutachtens, welches Kockel und Gerichtsarzt Dr. Schütz am 30. Mai 1922 dem Untersuchungsrichter beim Landgericht, Landgerichtsrat Dr. Richter, präsentierten, lauteten: »Auf Grund des objektiven Befundes steht fest, daß die Beschuldigte an einer cerebrospinalen (hirn- und rückenmarkbezogenen) Form der Syphilis leidet. Die Erkrankung kann mit und ohne geistige Störungen verlaufen. Im vorliegenden Falle fehlen sie.

Die Beschuldigte will vor der Mordtat größere Mengen Alkohol zu sich genommen haben. Ob diese Angabe richtig ist, kann nicht nachgeprüft werden. Auf keinen Fall kann dem Alkohol irgendwelcher Einfluß auf die Ausführung der Tat zugeschoben werden. Die Beschuldigte ist auch nicht sinnlos betrunken gewesen, sonst würde sie nicht in dieser vorbildlichen Weise über alle Einzelheiten ... der Tat lückenlos berichten können. Wir sind deswegen zu der Überzeugung gekommen, daß die Beschuldigte voll verantwortlich ist.«

Am 12. Juli 1922 nahm Kockel dann als Sachverständiger an der Schwurgerichtsverhandlung gegen Frau Berta Hoffmann teil. Die Angeklagte schilderte, daß sie – wegen der sexuellen Verlangen des Carlsberg – in Wut geraten sei und ihm mit einem Schraubstock 2 oder 3 Schläge auf den Kopf versetzt habe. Später habe sie den Kopf mit dem Rasiermesser ihres Sohnes abgeschnitten (die Halswirbelsäule »abgedreht«) und in einem Eimer auf der Pleißenflutkanalbrücke versenkt. Den Körper habe sie in einen Korb verpackt und am 6. März von zwei Dienstmännern nach dem Hauptbahnhof bringen lassen.

Tags darauf fällte das Landgericht seine Entscheidung, Richard Kockel notierte in der Akte: »Todesurteil nach 2 ½-stündiger Beratung.«

Und wo blieb der Kopf des Ermordeten Carlsberg? Frau Hoffmann war nach ihrer Festnahme veranlaßt worden, selbst die Stelle zu bezeichnen, wo der Kopf ins Wasser geworfen worden war, es war am »Mittelpfeiler der südöstlichen Seite der Pleißenflutkanalbrücke im Zuge der Plagwitzer Straße«. Dort fand man den Kopf aber nicht, und die Familie des Ermordeten erhöhte in der Folge für die Auffindung des Kopfes die ausgesetzte Belohnung von 1500 Mark auf 3000 Mark.

»Die Nachforschungen nach dem Kopfe unter Leitung das Fischermeisters Böse werden fortgesetzt«, berichtete die Zeitung.

Unmittelbar nach Ende der Verhandlung fand man dann den Kopf des Kürschnermeisters, er wurde »eingeliefert früh 10 h, stark gefault«, jedoch »überall unverletzt«.

War dem Ermordeten doch kein Schraubstock auf den Kopf gefallen (worden), war ihm vielleicht im Zustand der Trunkenheit, nach einem sexuellen Exzeß, des Schlafes, mit einem Rasiermesser ein tödlicher Halsschnitt beigebracht worden, der Kopf anschließend abgetrennt worden? Immerhin – so scheint es – war die Todesstrafe für Frau Hoffmann auch in jener Zeit eine sehr harte Entscheidung eines Gerichts.

Inflation

Im Deutschen Reich waren die Verbraucherpreise nach der Reichsgründung im Jahre 1871 bis zur Jahrhundertwende nahezu unverändert geblieben und danach bis zum Ausbruch des Ersten Weltkrieges noch vergleichsweise wenig gestiegen. Während der Kriegsjahre und insbesondere nach Kriegsende im Jahre 1918 kam es zu einer rapiden Beschleunigung des Preisauftriebs. Erst am 15. November 1923 – ein Dollar war zuletzt 2 $1/2$ Billionen Papiermark wert – wurde die Inflation durch eine neue Währungsordnung (»Rentenmark«) beendet. Die Inflation wirkte sich selbstverständlich in allen Lebensbereichen aus, auch in der Gerichtsmedizin und in der Tätigkeit Richard Kockels.

Am 09. Juni 1923 beantwortete Richard Kockel ein am Vortage von der Berufsgenossenschaft der chemischen Industrie übersandtes Schreiben, in welchem die Höhe des Honorars für das Gutachten in einem Todesfall Holler moniert wurde: man akzeptiere Gebühren von 13 000 bis 35 000 Mk. Der Gutachter antwortete: »Ich weise darauf hin, daß der Höchstbetrag von 35 000 Mk, den mir die Berufsgenossenschaft genannt hat, ungefähr 3 Goldmark entspricht. Die Berufsgenossenschaft wird doch wohl selbst nicht annehmen, daß ich in Friedenszeiten ein derartiges Gutachten für 3 Mark erstattet hätte. Was die Berufsgenossenschaften mit dem Ärztevereinsbund ausgemacht haben, weiß ich nicht, bekümmert mich auch nicht. Ich muß aber darauf hinweisen, daß ich schon nach der staatlichen Gebühren-Ordnung für gerichtsärztliche Verrichtungen seit Monaten befugt bin, für derartige Gutachten 60 000 Mk zu berechnen. Wenn ich bei meiner innerhalb durchaus bescheidener Grenzen gehaltenen Kostenrechnung über diesen Betrag hinaus gegangen bin, d. h. nach der jetzigen Buchhändlerschlüsselzahl von 4 200 den Friedensbetrag von etwa 25 Goldmark eingestellt habe, so wird mir das die Berufsgenossenschaft der chemischen Industrie, d. h. der Industrie, deren Fabrikate gegenüber dem Frieden um das weit über 10 000fache im Preise gestiegen sind, wohl nicht verargen.«

Nachdem die Berufsgenossenschaft in der Honorarangelegenheit zur Unfallsache Holler am 12.06. geantwortet hatte, sie könne von ihrem Standpunkt nicht abgehen, reichte Kockel eine Kostenfestsetzungsbeschwerde an das »zuständige übergeordnete Amt« ein. Unter dem 19. Juni wurde ihm von der Berufsgenossenschaft mit Postkarte geantwortet, man sei – um allen Weiterungen aus dem Wege zu gehen – bereit, die auf 60 000 Mk abgeänderte Liquidation zu begleichen ...

»Bei Hundshitze seit 8 Tagen« fuhr der Professor mit seinem Sohn »Heinz als Sektionsgehilfen«[66] am 14. Juli 1923 nach Mutzschen, um dort auf dem Friedhof im Auftrag der Sächsisch-Thüringischen Eisen- und Stahl-Berufsgenossenschaft die Leiche eines 37jährigen Mannes zu sezieren. Seine Ausgaben an diesem Tage hat Richard Kockel notiert:

Eine Fahrt III. Klasse – der »Gehilfe« Heinz reist offenbar nicht mit dem Vater im gleichen Abteil – nach Mutzschen kostet 6 900 Mk, eine Fahrt II. Klasse 15 900 Mk (also mehr als das Doppelte). Für das Frühstück in Mutzschen bezahlt Vater Kockel 34 500 Mk; dann fahren Vater und Sohn für 7 800 Mk nach Oschatz, essen Mittag in Oschatz für 36 740 Mk und benutzen dann den D-Zug (II. Klasse) Oschatz – Leipzig, was noch einmal 78 400 Mk kostet.

Doch die Preise steigen weiter, auch für die Verkehrsmittel in Leipzig; am 15.08.1923 muß ein Benutzer der Leipziger Straßenbahn für eine Fahrt 25 000 Mark zahlen, die Stundenlöhne der Straßenbahnarbeiter lagen inzwischen bei 75 500 Mark.

Die im Inflationsjahr 1923 vom 17.-20.09. in Bad Steben/Fichtelgebirge geplante XIII. Tagung der Gesellschaft für gerichtliche und soziale Medizin wurde der allgemein schlechten Wirtschaftslage und der Inflation wegen abgesagt; der bescheidene Programmzettel deutet die finanziellen Nöte an, in denen sich auch viele Mitglieder der Fachgesellschaft befunden haben mögen: »Wohnungen ohne Frühstück sind frei; ... Auf die Hauptmahlzeiten werden 10 % Ermäßigung gewährt.« Trotzdem kam die Tagung nicht zustande.

Leichentoilette

Dies ist ein Begriff, der in einem modernen Lexikon der Rechtsmedizin so definiert wird: »wiederherstellende Maßnahmen (Nähte, Einspritzungen, Schminken, Pudern usw.) besonders im Bereich des Gesichtes und der Finger (um Daktyloskopie zu ermöglichen) bei hochgradiger Verstümmelung (nach Gewalteinwirkung) und nach Fäulnisveränderungen (bes. Wasserleichen), um Angehörigen, Bekannten und Polizeibeamten eine Identifizierung oder eine erkennungsdienstliche Fotodokumentation zu ermöglichen.«[67]

In den ersten Jahrzehnten des 20. Jahrhunderts war dieser Begriff noch nicht üblich, wohl aber wendete man im Fach »wiederherstellende Maßnahmen« zum Zwecke der Identifizierung (Rekognition) von Leichen an. Richard Kockel hat darüber folgendes geschrieben: »Das Wichtigste für die nachträgliche Rekognition der Leichen Unbekannter ist das Festhalten der Gesichtszüge. Hierzu ist die Photographie unentbehrlich. Will man gut brauchbare Rekognitionsphotogramme von Leichen anfertigen, so empfiehlt es sich, vorher die Augen zu öffnen. Das geschieht ... durch Injektion von verdünntem Glycerin vermittels einer ... Spritze in die Bulbi[68], die so ihre Spannung wieder gewinnen. Das Herabgleiten der oberen Lider verhindert man entweder durch kräftiges Abreiben der Bindehäute mit dem Alaunstift oder durch Einstreuen von Xeroform[69] unter das obere Lid. War der Unterkiefer herabgesunken, so hebt man ihn durch eine an den Zähnen oder am Zahnfleisch befestigte Fadenschlinge.

Zur photographischen Aufnahme wird im Hamburger Hafenkrankenhaus die Leiche vermittelst zweier Achselhöhlen- und einer Beckenstütze auf einem 60 cm breiten, schwach nach rückwärts geneigten Brett montiert. Das Verfahren hat manche Vorteile, aber auch den Nachteil, daß sich eine übermäßige Hebung der Schultern und damit eine scheinbare Verkürzung des Halses nur schwer vermeiden läßt. Das Leichenbrett ist auch entbehrlich. Denn man kann von der auf dem Tische liegenden Leiche die jeweils erforderliche Profil- und Halbprofilaufnahme bei geschickter Lagerung des Körpers so anfertigen, daß die Bilder, auf die Schmalseite gestellt, den Eindruck von Aufnahmen machen, die vom aufrecht stehenden Körper gefertigt worden sind. Für Rekognitionsphotogramme, die außerhalb der Räume eines entsprechend ausgerüsteten Institutes vorgenommen werden, ist das zuletztgenannte Verfahren naturgemäß ausschließlich anwendbar. Auf künstliche Öffnung der Lider wird man in solchen Fällen meist verzichten müßen.

War das Gesicht der Leiche durch zufällige oder vorsätzlich beigebrachte Wunden erheblich verunstaltet, so müßen diese zum Zwecke der Wiedererkennung sorgfältig vernäht werden. Das geschieht am besten am abgetrennten Kopf, eventuell erst nach erfolgter Sektion. Der Kopf wird nach Nahtlegung im ganzen in 4%iger Formaldehydlösung[70] konserviert. Sind die Weichteile genügend fixiert, so werden die Nähte entfernt und nunmehr die erforderlichen photographischen Aufnahmen gemacht. ...

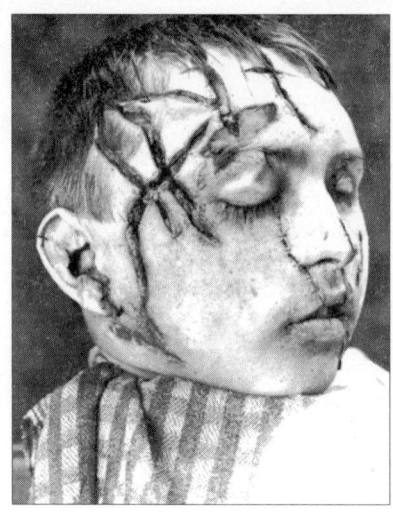

**Zur Identifizierung rekonstruierter
Kopf eines Mordopfers**

Handelt es sich um gefaulte Leichen, bei denen durch Entwicklung von Fäulnisgasblasen in den Weichteilen die äußeren Formen und auch die Gesichtszüge stark verunstaltet und gedunsen sind, so muß, falls nicht besondere Merkmale, z. B. künstliches Gebiß, Verstümmelungen, Narben usw. für die spätere Wiedererkennung ausreichend erscheinen, der Versuch unternommen werden, die Gesichtszüge zu rekonstruieren.« Auch hierbei werden, so schrieb Kockel weiter, z. B. zur Fixierung Einspritzungen mit Formaldehyd vorgenommen, man solle aber von derartigen Rekonstruktionsversuchen des Gesichtes nicht zu viel erwarten. Sind infolge der bereits fortgeschrittenen Leichenfäulnis auch »Haupt- und (bei Männern) Barthaare abgängig, so liegt darin eine weitere Erschwerung der nachträglichen Rekognition, weil derartige Leichen wegen ihrer Haarlosigkeit immer den Eindruck vorgeschrittenen Alters machen. Hier kann man sich nur durch Beiziehung anderer Befunde, besonders auch an den Zähnen, vor schweren Irrtümern einigermaßen schützen. ...

Bei weiter vorgeschrittener Zerstörung der Weichteile durch Fäulnis, durch Madenfraß oder durch Verkohlung ist naturgemäß für die nachträgliche Wiedererkennung von einer Festhaltung der Gesichtszüge nichts mehr zu erhoffen.«[71]

Leichenveränderungen verlaufen übrigens heute wie damals in völlig gleicher Weise, und die gerichtsmedizinische Aufgabe einer

Identifizierung steht somit – durch die größere Mobilität der Menschen – vielleicht häufiger als zu Kockels Zeiten auf dem Arbeitsprogramm eines Gerichtsmediziners. Allerdings gibt es heute einige neue Methoden der Identifizierung[72], und auch zahnärztliche Befunde sind öfter und ausführlicher als damals bei der Identifizierung zunächst unbekannter Leichen verfügbar. Abgesetzte menschliche Köpfe, die aus formalingefüllten Gläsern ihrer Rekognition entgegenschauen würden, sind folglich ein aus fernen Tagen überkommenes, aber nicht mehr reales Bild von gerichtsmedizinischer Arbeit.

Ergebnis im Mäuseversuch: exquisit tetanisch

Am 25. Oktober 1924, es war ein Sonnabend, sezierte Prof. Kockel im Auftrag der Müllerei-Berufsgenossenschaft auf dem Friedhof in Wurzen die Leiche des 53jährigen »Schlossers in der Krietschmühle« Otto Rieder. Sohn Heinz arbeitet mit als Sektionsgehilfe, Dr. Brabant, der Arzt, der den Schlosser behandelt hatte, ist zugegen. Zum Vorgang notiert Kockel: »Hat sich vor etwa 2 ½ Wochen bei der Arbeit einen Splitter in die Haut des rechten Zeigefingers gestoßen. Danach habe die Stelle etwas geeitert. Am 18. konnte R. den Mund nicht öffnen, ist jedoch am 19. noch in den Pilzen gewesen. Am 18. erste Konsultation bei Dr. Brabant, der sofort Tetanus vermutete.« Am 24. Oktober war der Schlosser verstorben.

Als unmittelbare Todesursache ergibt sich bei der Sektion eine Lungenentzündung, doch auch das Grundleiden ist – zumindest klinisch – schon klar: Wundstarrkrampf, Tetanus. Zur Abklärung dieses Grundleidens bedarf es – die Versicherung möchte es schließlich genau wissen – eines Tierversuchs. Ins Institut nach Leipzig zurückgekehrt, »impft« Kockel deshalb noch am gleichen Tage 3 Mäuse mit bei der Sektion entnommenem Material, »und zwar eine mit Hirnrückenmarkflüssigkeit, eine zweite mit dem Stück eines Nerven vom verletzten Zeigefinger des Verstorbenen, und einer dritten wurde ein kleines Stück von der verletzt gewesenen Stelle des Zeigefingers des Verstorbenen unter die Haut gebracht. Die beiden ersten Mäuse sind dauernd gesund geblieben, während bei der dritten Maus am 27. Oktober, also zwei Tage nach der Impfung, in überaus deutlicher Weise die ersten Erscheinungen des beginnenden Wundstarrkrampfes am rechten Hinterbein erkennbar waren. Am 28. war das Tier indessen wieder völlig gesund, offenbar deshalb, weil es das unter die Haut gebrachte Gewebsstück nach Durchnagung der gelegten Nähte mit den Zähnen herausgeholt und gefressen hatte.«

Die Maus hatte sich also zu helfen gewußt, doch in seinem Gutachten ist sich Kockel sicher: »Nach dem Ausfall des Impfversuchs bei der dritten Maus und nach der Beobachtung an dem Erkrankten steht es fest, daß Rieder einem Wundstarrkrampf erlegen ist, der von einer ganz unbedeutenden Holzsplitterverletzung am rechten Zeigefinger seinen Ausgang genommen hat. Die vorgefundene Lungenentzündung ist als eine sogenannte terminale, d. h. infolge Darniederliegens der Herz- und Atemtätigkeit entstandene zu betrachten. Da, wie uns berichtet worden ist, das Einstoßen des Splitters bei einer Betriebsarbeit erfolgt ist, so ist der Tod Rieders die Folge eines Betriebsunfalls.«

In einem anderen Tetanustodesfall überlebten auch die Versuchsmäuse nicht: »Ein mit Teilen vom Rande der Wunde am r. Ellbogen geimpfte Maus ist am 6.6. früh exquisit tetanisch: beide Hinterbeine weit nach hinten ausgestreckt, Schwanz fast kerzengerade in die Luft gereckt«, notiert Kockel im Protokoll zum Todesfall einer Gutsbesitzerswitwe namens Böhme. Sie war 8 Tage vor ihrem Tode beim Scheuen der Pferde vom Wagen herabgeschleudert worden und hatte sich einen komplizierten offenen Oberarmbruch zugezogen.

Nicht wenige andere Todesfälle infolge Wundstarrkrampfes nach an sich nicht von vornherein besonders schweren oder aber ganz einfachen Verletzungen sind im Institut für gerichtliche Medizin zu Kokkels Zeiten und später immer wieder zur Untersuchung gelangt. Noch heute ist eine Tetanusinfektion bei unterlassener Tetanusprophylaxe eine außerordentlich schwere Erkrankung, und nicht selten enden auch Bagatellverletzungen tödlich: Die Wunde kann eine kleine Schramme sein, bei 20 % der Fälle ist von einer Verletzung nicht einmal etwas bekannt. Verletzungen des Nabelstumpfes kann Neugeborenen-Tetanus verursachen und ist in den Entwicklungsländern die Todesursache bei etwa einer Million Kindern im Jahr.

Wie einige andere Bakterien setzt auch das Bakterium Clostridium tetani »Giftstoffe« – Toxine – frei, die auf das Nervensystem wirken, ohne aber selbst in das Nervensystem einzudringen. Tetanussporen sind im Boden weit verbreitet und können in eine Wunde eindringen.

Wenn dann zerfallendes (nekrotisches) Gewebe oder die Anwesenheit eines Fremdkörpers den Bakterien ein lokales und anaerobes Wachstum erlaubt, wird das Tetanustoxin produziert.

Nach einer Periode von 3-21 Tagen, gelegentlich sogar noch länger, treten übertriebene Reflexe, Muskelsteifheit und unkontrollierte Muskelspasmen auf. Durch Kontraktion der Kiefermuskulatur wird eine Kiefersperre verursacht. Auch Schluckstörungen, »Risus sardonicus« (starres »teuflisches Grinsen«), Nackensteifigkeit und Krämpfe der Rückenmuskulatur werden beobachtet, schließlich tritt Atemversagen auf ...

Heute allerdings quält man in den gerichtsmedizinischen Instituten zur Diagnostik der wenigen tödlich verlaufenden Fälle von Wundstarrkrampf keine Kleinsäuger mehr, und auch in den Speziallaboratorien, die entsprechende Untersuchungen durchführen, versucht man, den Erreger – das Clostridium tetani – direkt aus der Wunde zu züchten oder die von diesen Bakterien produzierten und in die Blutbahn abgegebenen Toxine im Blut nachzuweisen.[73]

Tetzner

Ein elegantes, zweisitziges Opel-Cabriolet soll der ausgebrannte Kraftwagen gewesen sein, den man am 27. November 1929 auf der Landstraße zwischen Etterzhausen und Regensburg gefunden hatte. Eine völlig verkohlte menschliche Leiche hatte sich auf dem Fahrersitz befunden. Durch das noch erkennbare Kennzeichen »III 15033« hatte man den Besitzer ermitteln können: Es war der Kaufmann Kurt Erich Tetzner aus Leipzig, gerade 25 Jahre alt geworden.

Anzunehmen war ein Unfall, man benachrichtigte die Ehefrau des Kaufmannes. Von einer gerichtlichen Sektion nahm man angesichts der starken Verbrennungen Abstand, die Leiche wurde zur Bestattung freigegeben und von der untröstlichen Witwe nach Leipzig überführt.

Für Sonnabend, den 30. November, war die Beerdigung vorgesehen, doch am Morgen erschien im Leipziger Institut ein Beamter der »Nordstern und Vaterländischen Allgemeinen Versicherungs-Aktiengesellschaft« und berichtete, daß der verstorbene Tetzner sich erst vor kurzem bei seiner und anderen Gesellschaften zu hohen Beträgen im Falle eines Unfalltodes versichert habe. Gleichzeitig bat er Kockel, die auf dem Südfriedhof befindliche Leiche Tetzners zu sezieren, da seine Gesellschaft vermute, Tetzner sei nicht infolge eines Unfalls gestorben bzw. verbrannt. Man wolle Gewißheit darüber erlangen, daß Tetzner nicht etwa durch eine schwere plötzliche Spontanerkrankung in das Unglück hineingeraten sei, vielleicht liege auch ein Selbstmord vor. Die Sache sei sehr dringlich, da die Einwilligung der Witwe zur Sektion erst unter großen Schwierigkeiten erlangt worden sei und die Beerdigung bereits in einer Stunde stattfinden werde.

Was Kockel im Sektionsraum auf dem Südfriedhof vorfand, war ein sehr stark verkohlter Rumpf, dem noch anhafteten: die Halswirbelsäule nebst dem Schädelgrund, die oberen Hälften beider Oberschenkel, das untere Gelenkende des rechten Oberschenkels und Teile der Arme. Auch ein faustgroßer Teil des Gehirns fand sich bei der Leiche. Ein Torso also, konnte eine Sektion hier noch etwas bringen?

Zunächst einmal ließ sich feststellen, daß der verbrannte Körper der eines Mannes war: Die männlichen Geschlechtsteile waren zwar verkohlt, in ihrer Form aber gut erhalten, noch vorhandene Schamhaare waren von ausgesprochen hell-rötlichblonder Farbe. Da der gesamte behaarte Hirnschädel abgängig war, konnte Kockel zur Farbe der Kopfhaare natürlich nichts sagen. In der Mundhöhle, im Kehlkopf und in den unteren Teilen der Luftröhre – ihr oberer Teil war durch Verbrennung zerstört – sowie in den Bronchien lag den Schleimhäuten kein Ruß auf, das Herz enthielt eine geringe Menge dickflüssigen, mit Klumpen untermischten Blutes. Im übrigen waren fast sämtliche Organe durch die Hitzeeinwirkung schwer verändert, d. h. gekocht, mit Ausnahme eines kleinen Teils des rechten Lungenunterlappens, der, ebenso wie das Herzblut, für spätere Untersuchungen aufbewahrt wurde.

Der linke Oberarmknochenkopf, einigermaßen gut erhalten, wurde aus der Leiche entfernt und aufgesägt: Kockel fand eine noch deutlich erkennbare Knochenleiste (sogenannte Epiphysenlinie), ein Hinweis zu einer Aussage über das Lebensalter des Verstorbenen. Die Bruchflächen der beiden Oberschenkelknochen saßen in deren Mitte und waren unregelmäßig gestaltet: die eine von ihnen war größtenteils frei von schweren hitzebedingten Veränderungen, d. h. Verkohlungen und sogenannte Calcinierungserscheinungen. Der Unterkiefer fehlte fast völlig, die Zähne des Oberkiefers waren durch die Hitzeeinwirkung zum größten Teil zerstört. Insgesamt war der Knochenbau des Verbrannten, soweit das noch beurteilbar war, für einen Mann ungewöhnlich zart.

»Während der Sektion«, so schrieb Kockel später,[74] »kamen mir Bedenken, ob die Leiche überhaupt die Tetzners wäre, und ich ließ mir von dem mit anwesenden Versicherungsbeamten, der seinerseits keine solchen Zweifel hegte, aus seinen Akten die Personalbeschreibung Tetzners vorlegen. Aus dieser war zu ersehen, daß Tetzner 25 Jahre alt, 170 cm groß, kräftig gebaut war und dunkelblondes Haupthaar hatte.

Mit diesem Signalement Tetzners standen also die Leichenbefunde größtenteils in Widerspruch, denn der Tote war ein zierlicher, zart gebauter Mann, dessen Alter in Rücksicht auf die knöchernen Reste der Epiphysenleiste sehr wahrscheinlich nicht mehr als 22 Jahre betrug, und der – selbst wenn man die Hitzeinwirkung berücksichtigt – höchstwahrscheinlich entsprechend den hell-rötlichblonden Schamhaaren gleichfarbiges Haupthaar besessen hatte.«

Ins Institut zurückgekehrt, hat Kockel das Blut der sezierten Leiche spektroskopisch und chemisch untersucht: Am roten Blutfarbstoff war keinerlei Kohlenmonoxid – das bei derartigen Bränden entsteht und vom Opfer eingeatmet wird – angelagert.

Bei der mikroskopischen Untersuchung der entnommenen kleinen Proben von Lungengewebe – es wurden sogenannte Gefrierschnitte gefertigt und mit dem Farbstoff Sudan gefärbt – ergab sich ein neuer aufregender Befund: »eine zwar nicht starke, aber völlig einwandfreie Fettembolie«.

Der Routinefall – Sektion eines Verkehrsunfallopfers – bekam eine völlig neue Wendung, Kockels Schlußfolgerungen lauteten:»Aus dem Fehlen von Ruß in den Luftwegen und dem Fehlen von Kohlenoxyd im Blut war abzuleiten, daß die Verbrennung nicht bei Lebzeiten erfolgt war, sondern erst nach dem Tode, und aus der Fettembolie in den Lungengefäßen, daß der Verbrannte bei Lebzeiten Verletzungen erlitten hatte. Ferner schien es ausgeschlossen, daß die fehlenden Körperteile restlos verbrannt sein könnten, es mußte vielmehr damit gerechnet werden, daß Teile der Gliedmaßen und des Schädeldachs beseitigt worden waren, um die Ermittlung der Körpergröße und der Farbe des Haupthaars unmöglich zu machen. Mit anderen Worten: Der von mir Sezierte war gewaltsam getötet, verstümmelt und verbrannt worden.

Von den genannten Befunden und von meiner Auffassung, daß die von mir sezierte Leiche nicht die des angeblich verunglückten Tetzner sei, habe ich noch am Tage der Sektion die Leipziger Kriminalpolizei in Kenntnis gesetzt, die nunmehr ihre Erörterungen aufnahm.«

Was nun folgte, kann – obwohl 70 Jahre zurückliegend – als moderne kriminalistische und kriminaltaktische Arbeit bezeichnet werden:

Überwachung der Ehefrau Tetzners, insbesondere ihrer Telefonge-
spräche – am 4. Dezember früh gelingt es der Polizei, ein Telefonat aus
Strasbourg abzufangen, in dem ein gewisser Stranelli Frau Tetzner zu
sprechen wünschte – Frau Tetzner sei ausgegangen, teilt der über-
wachende Beamte dem Anrufer mit, sie werde nachmittags 6 Uhr
zurück sein – der stellvertretende Leiter des Kriminalamtes Leipzig
fliegt umgehend nach Strasbourg, wo auf seine Veranlassung von der
französischen Kriminalbehörde ein Mann in dem Augenblick verhaftet wird, als er im dortigen Postamt das vormittags verabredete
Gespräch mit Frau Tetzner anmeldet. Der Verhaftete heißt Kurt Erich
Tetzner.

Schon bei einem ersten Verhör nach seiner Inhaftnahme gestand
Tetzner, er habe, um sich in den Besitz der Versicherungssumme zu
setzen, seinen eigenen Unfalltod vorgetäuscht. Dazu habe er nachts
auf der Straße nach Regensburg einen Handwerksburschen aufgenommen und bei günstiger Gelegenheit, unter Vortäuschung einer
Panne, den Wagen mit Benzin begossen und nach Öffnen des Tanks
das Ganze in Flammen gesetzt. Danach habe er eilig die Flucht ergriffen, während der Handwerksbursche lebendig im Wagen verbrannt
sei.

Der Untersuchungsrichter beim Landgericht Regensburg glaubte
dieser Darstellung, in einem Schreiben vom 15. März 1930, an den
Leipziger Professor gerichtet, heißt es: »Der Angeschuldigte gibt ohne
jede Beschönigung alle Einzelheiten der Tat aufs genaueste an. An
seinen Angaben kann kaum gezweifelt werden, zumal er sich selbst
durch die von ihm behauptete und gewählte Todesart aufs schwerste
belastet.«

Doch Kockel zweifelte daran, denn seine Befunde paßten nicht zu
diesem Geständnis; trotzdem blieb Tetzner 5 Monate lang bei dieser
Darstellung.

Später, als ihm Kockels Gutachten vorgehalten wurde, änderte
Tetzner seine Schilderung der Tat: Er habe unterwegs einen jungen
Mann, Anfang der Zwanzig und vielleicht 130 Pfund schwer, überfah-
ren und den lebensgefährlich Verletzten in seinen Wagen genommen,
wo dieser bald verstorben sei. Nunmehr sei ihm der Gedanke gekommen, die Leiche des Überfahrenen zu verbrennen und so zum Zwecke
des Versicherungsbetruges zu nutzen. Er habe den Körper zunächst
im Notsitz verpackt und, nachdem er nochmals getankt habe, bis zur
Brandstelle mitgeführt. Bei dieser Darstellung ist Tetzner geblieben.

Am 17. März 1931 begann vor dem Schwurgericht in Regensburg der Prozeß gegen Kurt Tetzner, auch seine Frau Emma mußte auf der Anklagebank Platz nehmen.

Schon am Vortage war Professor Kockel mit der Bahn von Leipzig nach Regensburg gefahren. Unterhaltendes wie »Bomben auf Monte Carlo« von Fritz Reck-Maller und »Die große Mauer« von Frank Arnau hatte er auf der Fahrt gelesen. Dabei stand ihm ein regelrechtes Sachverständigen-Duell mit seinem gerichtsmedizinischen Kollegen Professor Hans Molitoris (1874-1972), dem Direktor des Instituts in Erlangen, bevor.

Molitoris, ohne praktische Erfahrungen im Mordfall Tetzner, hatte sein Gutachten »nach Aktenlage« zusammengebastelt und war zu dem Ergebnis gekommen, daß die Angaben Tetzners über die lebendige Verbrennung seines Opfers richtig seien.

Alles, was Kockel ausgeführt habe, so Molitoris, könne, müsse aber nicht richtig sein.

»Es würde zu weit führen«, schrieb Kockel später, »alle die meist fernliegenden Einwürfe des Nachgutachters (Molitoris – F. H.) hier im einzelnen zu besprechen, da sie sich ... immer wieder in inneren Widersprüchen verlieren.« Kockel blieb bei seiner – wissenschaftlich zweifellos auch heute noch solide begründeten – Sichtweise des Vorganges: »Tetzner hat den Unbekannten umgebracht nicht durch Verbrennen, sondern auf irgendeine gewaltsame Weise, bei der es zu Fettgewebsquetschungen und damit zu einer Fettembolie kam. Er hat alsdann die Leiche nach vorgenommener Verstümmelung hinter das Lenkrad postiert und mit dem Wagen verbrannt.

Daß Tetzner so lange an seinem ersten Geständnis festgehalten hat, ließ sich dadurch erklären, daß er die Tötung des Unbekannten annehmbar unter für ihn viel grauenerregenderen Umständen beging, als ihn das Lebendigverbrennen dünkte, bei dem er keine Hand hätte anzulegen brauchen.

Diese, das Psychologische angehende Vermutung fand ihre volle Bestätigung. Denn einige Tage nach seiner Verurteilung zum Tode legte Tetzner dem Vorsitzenden des Schwurgerichts ein letztes Geständnis ab: Er habe einen Wanderburschen schon von Reichenbach aus im Auto mitgenommen. Endlich, nicht fern von Regensburg, habe sich eine Gelegenheit zum Mord geboten, als sein Fahrgast über Kälte klagte. Er habe ihn fest in eine Reisedecke eingehüllt, auch seine Arme, und dann habe er ihm eine bereitgehaltene starke Schnur um den Hals gelegt und ihn erdrosselt. Die Leiche habe er noch ein Stück mitgenommen und sie verbrannt, nachdem er sie auf den Führersitz gesetzt habe.

Bei diesem letzten Geständnis ist Tetzner bis zum Augenblick seiner Hinrichtung am 2. V. 1931 unbeirrt stehengeblieben und hat das durch die Äußerung bekräftigt: ›Der Herr Professor Kockel hat ganz recht, das habe ich mir während der ganzen Verhandlung gedacht‹.«

Blutgruppenbestimmung und Hilfe in Vaterschaftssachen

»Einer von uns hat darauf aufmerksam gemacht, daß normales menschliches Serum fast regelmäßig die Eigenschaft besitzt, fremde menschliche Blutkörperchen zu agglutinieren«, hatten Karl Landsteiner und Max Richter 1903 in einer Arbeit »Über die Verwerthbarkeit individueller Blutdifferenzen für die forensische Praxis« geschrieben. Dieser eine war Karl Landsteiner (1868-1943).[75]

Die Eigenschaft des Blutwassers (Serum), Blutkörperchen eines anderen Menschen zu beeinflussen, zeigte dabei gewisse, bis dahin nicht erklärbare Regelmäßigkeiten. Landsteiner hatte sie zunächst an den Blutproben seiner Kollegen und Mitarbeiter am Wiener Institut für pathologische Anatomie beobachtet: Das Serum von Hübler verklumpte (agglutinierte) die Blutkörperchen von Hilm, Mons und Krieger, nicht aber die von Forkes. Dessen Serum wiederum agglutinierte nur die Blutkörperchen von Mons. Hilms Serum reagierte genauso. Das Blutserum von Mons hingegen ballte die Blutkörperchen von Forkes, Hilm und Krieger zusammen. Maly, Mrhal, Maener Mechauk, Mittelmann und Stürzenbüchler waren die Namen weiterer Spender von Blutproben für Landsteiners epochale Entdeckung: die Entdeckung der später als AB0-System bezeichneten Blutgruppen.

Schon 1903 – also kurz nachdem Paul Uhlenhuth seine Methode zur Unterscheidung menschlichen und tierischen Eiweißes beschrieben hatte – haben Landsteiner und Richter die Brauchbarkeit ihrer Erkenntnisse für die gerichtsmedizinische Praxis ausprobiert. Tatsächlich war es möglich, auch an auf Leinwand, Glas und Holz angetrockneten und einige Zeit gelagerten Blutstropfen bei entsprechender Aufbereitung daßelbe Resultat zu erzielen wie bei den Proben mit frischem Blut.

Wenige Jahre später haben andere Untersucher (z. B. Ottenberg und Epstein, 1908) Hinweise darauf gefunden, daß die Blutgruppen erbliche Eigenschaften darstellen, die sich vermutlich nach den Mendelschen Gesetzen vererben. Der Deutsche Emil von Dungern und der Pole Ludwik Hirszfeld erhoben 1910 schließlich Stammbaumbefunde an 72 Heidelberger Familien mit insgesamt 348 Gruppenbestimmungen, wobei teilweise drei Generationen erfaßt wurden. Von den beiden Wissenschaftlern stammen auch die noch heute gültigen Bezeichnungen für die einzelnen Eigenschaften in diesem System: Blutgruppe A, B, AB und 0. Allerdings wurde diese Nomenklatur erst 1928 mit Unterstützung der Hygienekommission des Völkerbundes allgemein verbindlich.

Richard Kockel hat diese Entwicklung sehr aufmerksam verfolgt. Allerdings war die höchst interessante Angelegenheit mit der Vererbbarkeit der Blutgruppen zunächst über nahezu zwei Jahrzehnte eine fast ausschließlich akademische Angelegenheit. Bis in die Mitte der zwanziger Jahre konnte gerichtsmedizinische Hilfe in Vaterschaftsfragen den auftraggebenden Gerichten nur über die Beurteilung der Zeugungsfähigkeit des Beklagten, sogenannte Tragzeit- und erbbiologische Ähnlichkeitsgutachten gegeben werden.

Kockel selbst war auf dem nun sehr rasch sich entwickelnden Gebiet der Blutgruppenforschung wissenschaftlich kaum engagiert, wohl aber sein wichtigster Schüler Gottfried Raestrup (1889-1956). Raestrup ist der Verfasser eines umfangreichen Kapitels über »die Blutgruppenkunde in der gerichtlichen Medizin« in einem 670seitigen »Handbuch der Blutgruppenkunde«.[76]

In seinem Beitrag werden – neben der Anwendung der Blutgruppenkunde für die Paternitätsbegutachtung – auch heute noch wichtige forensische Probleme behandelt: Beurteilung von Zwischenfällen bei Bluttransfusionen, etwa durch unkorrektes Arbeiten beim Austesten der Blutgruppe von Spender und Empfänger vor einer Transfusion (z. B. in der sogenannten Kreuzprobe), Verwechslungen von Blutproben oder Veränderungen durch Absiedelung von Keimen.

Bei der spurenkundlichen Anwendung der neuen Techniken waren die Erfolge jedoch noch bescheiden; Raestrup schrieb dazu: »Die Gruppenanalyse trockener Blutflecken ist im allgemeinen sehr schwierig und undankbar und erfordert große Sachkenntnis, Übung und wohlüberlegtes Vorgehen, weil das meist spärliche Material unersetzlich ist und zu einer Nachprüfung nicht ausreicht. Auch die

Grenzen der Untersuchungen sind noch recht eng und die Untersucher schwerwiegenden Irrtümern ausgesetzt.« Neue Verfahren, die von dem italienischen Gerichtsmediziner Leone Lattes (1887-1956) und von dem Österreicher Franz Josef Holzer (1903-1974) entwickelt wurden, eröffneten in jenen Jahren jedoch aussichtsreiche Perspektiven.

Bei der Wiedererkennung einer lebenden oder toten Person konnte hingegen schon damals die Bestimmung der Blutgruppenzugehörigkeit ein wichtiges Indiz sein.

Bei den streitigen Vaterschaftssachen liegt – damals wie heute – der Rechtsfall in der Regel so, daß zwar die Abstammung des Kindes von der Mutter unzweifelhaft ist, diese Abstammung aber von dem als Vater in Anspruch genommenen Manne entschieden bestritten wird. (Mater certa, pater incerta est, hatten schon die Römer formuliert.) Umgangssprachlich hatte sich für die Vaterschaftsdiagnostik sehr bald eingebürgert: »die Blutprobe machen«. Die »Blutprobe« hat recht eindeutige, medizinische Erkenntnisgrundlagen:

1. Die Blutgruppe eines Menschen verändert sich während seines Lebens nicht.
2. Wenn die Blutgruppe A oder B bei einem Kind auftritt, dann muß die entsprechende Blutgruppenstruktur folglich bei einem Elternteil vorhanden gewesen sein.
3. Von einem Elternpaar, wovon ein Teil der Blutgruppe AB angehört, können nie Kinder der Blutgruppe 0 abstammen.
4. Von einem Elternpaar, bei dem ein Elternteil der Blutgruppe 0 angehört, können niemals Kinder der Blutgruppe AB gezeugt werden.

Die juristische Anwendbarkeit dieser neuen Erkenntnisse war recht vielgestaltig, wie folgende Beispiele zeigen:

Fall 1: Es wird ein uneheliches Kind geboren. Der wegen Unterhalts in Anspruch genommene Mann weist durch die Blutprobe nach, daß er *nicht* der Vater des Kindes sein kann. Somit muß die Kindesmutter abgewiesen werden.

Oder: Der wegen Vaterschaft und Unterhalt Beklagte wendet ein, daß während der empfängnisfähigen Zeit noch ein anderer Mann mit der Kindesmutter Geschlechtsverkehr gehabt habe. Weist die *Mutter* durch die Blutprobe nach, daß dieser andere Mann nicht der Vater sein kann, so wird der Beklagte zum Unterhalt verurteilt.

Im Falle der »mehrfachen Beihälterschaft«, wie es damals auch im Juristendeutsch hieß, wurden – bis zur Einführung der Blutgruppenuntersuchung – die Unterhaltskosten übrigens keineswegs zwischen den fraglichen Erzeugern eines Kindes gleichmäßig aufgeteilt. Vielmehr ging die Mutter nach § 1717 des BGB leer aus, wenn ihr nachgewiesen wurde, daß sie während der gesetzlichen Empfängniszeit mit einem zweiten oder mit mehreren Männern geschlechtlich verkehrt hatte.

Fall 2: Wird *während* der Ehe ein Kind geboren, von dem der Ehemann behauptet, daß dieses Kind nicht von ihm stammt, so kann er dessen Ehelichkeit anfechten und den Unterhalt verweigern. Falls er bei einer Blutgruppenuntersuchung als Vater ausgeschlossen werden würde, könnte er über den so zudem bewiesenen Ehebruch einen Ehescheidungsantrag stellen.

Fall 3: Nicht selten waren auch Meineidsprozesse mit folgender Vorgeschichte: Die Kindesmutter hatte im Zivilprozeß *beschworen*, während der Empfängniszeit allein mit dem Unterhaltsbeklagten Geschlechtsverkehr gehabt zu haben. Der Kläger, d. h. das uneheliche Kind, hatte den Prozeß gewonnen, der beklagte Mann war zur Unterhaltszahlung verpflichtet worden. Wenn nun nachträglich durch die »Blutprobe« nachgewiesen werden konnte, daß der »Zahlvater« nicht der biologische Vater sein konnte, hatte sich die Kindesmutter des Meineids schuldig gemacht.

Etwa nach 1925 haben sich zunehmend mehr Gerichte in Deutschland, aber auch im europäischen Ausland, der Nutzung von Blutgruppengutachten bei Urteilssprüchen in Vaterschaftsprozessen bedient. Trotzdem gab es besonders unter maßgeblichen Juristen dieser Zeit erhebliche Einwände gegen die »Blutprobe«. Schon die Entnahme einer solchen Blutprobe war juristisch nicht abgesichert, konnte also nur mit allseitiger Zustimmung der am Verfahren Beteiligten erfolgen. Andererseits hatte besonders eine ablehnende Stellungnahme des 8. Zivilsenats des Kammergerichts Berlin unter seinem Präsidenten Leonhardt für Zurückhaltung bei vielen Gerichten gesorgt. Leonhardt hatte über Jahre hinweg die Schlüssigkeit dieses Beweismittels durch Wort und Schrift bestritten und immer wieder die Auffassung vertreten, daß es nicht zu dem Spruch, die Vaterschaft sei »offenbar unmöglich«, ausreiche. Nach Leonhardt lag die offenbare Unmöglichkeit – also der Ausschluß der Vaterschaft eines bestimmten Mannes für ein bestimmtes Kind – nur dann vor, wenn nach den gesicherten Ergebnissen der Wissenschaft auch die entfernteste Möglichkeit ausgeschlossen ist, wenn also Gewißheit herrsche.

Richard Kockel war es, der sich 1929 mit dem Begriff des »offenbar unmöglich« in der »Juristischen Wochenschrift« auseinandergesetzt hat. Er schrieb dazu, daß die in den medizinischen Sachverständigengutachten gebrauchte Formulierung »den Umständen nach offenbar unmöglich« (im Falle des Ausschlusses der Vaterschaft eines bestimmten Mannes) bedeute, daß – entsprechend der Art naturwissenschaftlicher Beweisführung – der untersuchende und begutachtende Arzt eben »nicht die geringsten Bedenken« an der Richtigkeit seiner Aussage habe.

Die Uneinigkeit der Juristen darüber, ob man die Blutgruppendiagnose als Beweismittel anerkennen könne oder nicht, hat noch einige Zeit gedauert, doch selbst der obenerwähnte 8. Zivilsenat des Kammergerichts Berlin hat in seinem Urteil vom 4. April 1930 ausgesprochen, daß der Senat die Beweiskraft der Blutproben nicht weiter verneinen dürfe. Im gleichen Jahre erhielt Karl Landsteiner den Nobelpreis für seine 30 Jahre zurückliegende Entdeckung.

Die Möglichkeiten, in Vaterschaftsangelegenheiten durch ein Blutgruppengutachten eine Hilfe für die Rechtsprechung zu bieten, sind natürlich bei alleiniger Nutzung des AB0-Systems recht beschränkt gewesen: Nur in etwa 18 % der Fälle kann eine Aussage, d. h. ein Ausschluß erfolgen. Doch neue Blutgruppensysteme wurden entdeckt: das MN-System (1927) wieder durch Landsteiner (und Levine), die von etwa 80 % der Menschen vererbbare Eigenschaft, die AB0-Gruppensubstanz auch in Schweiß, Speichel, Sperma und Scheidensekret ausscheiden zu können (Ausscheider- oder Sekretoreigenschaft, 1926 bzw. 1932), schließlich, 1940, das besonders für Bluttransfusionen und das Schicksal von Neugeborenen wichtige Rh-System: durch Landsteiner. Damit erhöhten sich natürlich auch die Ausschlußchancen in Blutgruppengutachten.

In dem folgenden Fall aus dem Leipziger Institut hätten vielleicht schon die Möglichkeiten der dreißiger Jahre ausgereicht, um einen Betrug in Sachen Vaterschaft aufzuklären: Ein Mann, vom Kläger – dem Kind, das voll ausgetragen zur Welt gekommen war – als Vater beklagt, hatte angegeben, daß noch ein anderer Mann innerhalb der gesetzlichen Empfängniszeit mit der Kindesmutter Geschlechtsverkehr gehabt habe.

Die Zeit zwischen der Geburt des klagenden Kindes und dem »Beiwohnungstage« des Beklagten betrug 276 Tage, die des »Mehrverkehrszeugen«, des »Exzeptionisten«, jedoch nur 240 Tage. Somit konnte der Beklagte in erster Linie als Kindesvater gelten, die Vaterschaft des Exzeptionisten war nach der Schwangerschaftsdauer als höchst unwahrscheinlich, wenn auch nicht als völlig unmöglich zu bezeichnen.

Das überraschende Ergebnis der Blutgruppenbestimmung: Kind (Kläger): A, Mutter: 0, Beklagter: B, Exzeptionist: A. Der Beklagte wurde also durch die Blutprobe als Erzeuger des Kindes ausgeschlossen, durch Urteilsspruch des Gerichtes wurde die Klage des Kindes abgewiesen. Nun aber wurde der Exzeptionist als Vater in Anspruch genommen. Obwohl sich in der Gerichtsverhandlung herausstellte, daß er von dem zunächst beklagten Manne gewonnen worden war, mit der Kindesmutter geschlechtlich zu verkehren, damit dieser der Zahlungspflicht entgehen könne, wurde er als »Zahlvater« verurteilt. Medizinisch bestand kaum ein Zweifel daran, daß auch dieser Mann nicht der wirkliche Vater des Kindes war, denn nach der Berechnung der Schwangerschaftsdauer – der Tragzeit – war ja seine Vaterschaft als »höchst unwahrscheinlich« zu bezeichnen.

Hinweise gab es dafür – aber keine Beweise – , daß die Mutter ihr Kind aus einem Geschlechtsverkehr mit einem dritten Mann empfangen hatte. Auch war der Verdacht aufgetaucht, daß sie mit diesem Mann übereingekommen war, zu heiraten, und daß für das von ihnen schon zu erwartende Kind ein unehelicher Vater erlangt werden sollte, der nach seiner Verurteilung monatlich einen durchaus nicht unbeachtlichen Zuschuß an die Eheleute abzuführen hatte.

Der lachende Erste, der schallend und über viele Jahre lachende Dritte – Rechtsprechung ist eben nicht immer identisch mit Gerechtigkeit und Wahrheitsfindung, denn »offenbar unmöglich« war die Vaterschaft des Zweiten ja nicht.

Der Jähzorn des Meisters

Mit dem Schneiden von Blechen waren sie beschäftigt, der Schlossermeister Georg Polei und sein Lehrling Walter Höhl. Die große Schere hatte geklemmt und war schwergängig. »Hol' Öl!«, hatte der Meister befohlen, und der 16jährige hatte das falsche gebracht, einen Napf mit schmutzigem Öl. Polei habe, so sagte er später, die Schere weggelegt und dem Jungen eine Kopfnuß gegeben. Dessen Mütze war dabei heruntergefallen, er war wie angewurzelt stehengeblieben. »Da ging ich selbst zur Werkbank, ergriff die Ölkanne und wollte sie nach Höhl schmeißen, um ihm die richtige Kanne zu zeigen. Dabei ist mir die Kanne aus den Händen gerutscht und traf H. in den Kopf. H. fiel sofort um und blieb liegen. Ich mußte, um die Ölkanne herauszuziehen, den Kopf etwas drehen. Die Ölkanne hing etwas nach unten. Ich trug den H. dann in einen Nebenraum ...« So hat Kockel die Aussagen des Meisters vor Gericht – es war das Schwurgericht am Landgericht Dresden, kurz vor Weihnachten 1928 fand die Verhandlung statt – protokolliert.

Dann hatte Polei einen Arzt geholt, der verletzte Lehrling war rasch ins Krankenhaus gekommen: Rechtsseitig gelähmt, auch das Sprachzentrum im Gehirn war auf das Schwerste geschädigt, und 9 Tage nach dem Wurf des Schlossermeisters war der Junge verstorben.

Die Erregung in der Bevölkerung über den Vorfall war groß: Drohungen waren laut geworden, man wolle den Schlossermeister in die Elbe werfen; vorübergehend hatte man Polei deshalb sogar in Schutzhaft genommen.

Die Sektion, von dem damals 60jährigen Oberregierungsmedizinalrat Dr. Oppe und Dr. Schneller in Dresden durchgeführt, ergab, daß das lange Ausgußrohr der Ölkanne das linke Scheitelbein durchschlagen hatte und tief in das Gehirn eingedrungen war. Die rundliche Öffnung des Ölkannenrohres hatte einen ebensolchen Knochensplitter tief in die Hirnsubstanz hineingetrieben. Nachfolgend hatte es in das geschädigte Gewebe hineingeblutet, wichtige Hirnregionen waren zerstört worden, eine Lungenentzündung war hinzugetreten.

Nicht wenige Zeugen waren zur Verhandlung geladen worden, sagten aus zum allgemeinen Verhalten des 38jährigen Angeklagten: Frühere Lehrlinge des Meisters erinnerten sich an nicht wenige »Dachteln«, verabreicht mit der flachen Hand; Polei sei manchmal sehr aufgeregt gewesen und habe zugeschlagen. Dazu Polei: »Ohne Grund habe ich keinen Jungen geschlagen.« Auch der Verteidiger hatte seine Version zu dem Vorgang: Polei wollte die Kanne dem Höhl vor die Füße werfen, dieser sei gestürzt und habe sich dabei das Ausgußrohr in den Kopf gestoßen ...

Dabei gab es einen unmittelbaren Zeugen: Der Lehrling Mettel sah, wie die Ölkanne auf Höhl zugeflogen kam – und zwar in dessen Kopfhöhe. »Daraus entnehme ich, daß Polei den Höhl treffen, ihm sie nicht vor die Füße werfen wollte. Die Ölkanne war mit dem Ausgußrohr dem H. in den Kopf gedrungen und blieb, als Höhl zu Boden fiel,

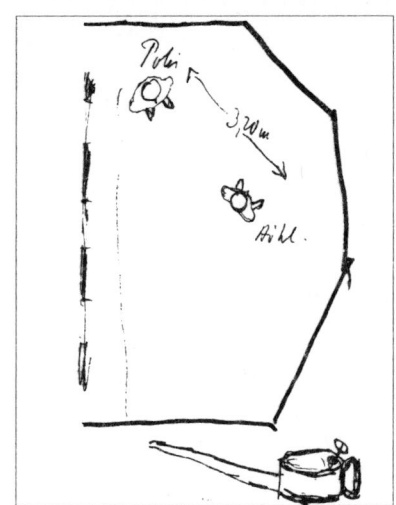

Zeichnung Richard Kockels, während der Verhandlung gegen den Schlossermeister entstanden (Standpunkte der Beteiligten, darunter Skizze der vom Meister geworfenen Ölkanne)

in diesem stecken. ... Als Höhl umfiel, kam er auf der rechten Körperseite zu liegen.«

Der aus Leipzig angereiste sachverständige Professor wurde insbesondere zur *Wucht* der Gewalteinwirkung vernommen, denn an der Todesursache und an dem ursächlichen Zusammenhang zwischen der Gewalteinwirkung und der Verletzung bzw. dem Tod des Jungen bestanden keine Zweifel, hierzu erstattete Dr. Oppe sein Gutachten. Kockel führte aus, daß die größte Wahrscheinlichkeit dafür spreche, daß der Wurfgegenstand den Lehrling treffen sollte. Aus der Wirkung erkenne man, daß es ein regelrechter Volltreffer gewesen sei, die Kanne sei mit großer Intensität geworfen worden.

Dabei bestritt der Angeklagte nachdrücklich, die Absicht gehegt zu haben, den Lehrling so zu treffen, daß er körperlichen Schaden dabei erleide.

Der Staatsanwalt beantragte ein Jahr 6 Monate Gefängnis; 7 Monate Gefängnis kamen schließlich unter dem Strich für den Schlossermeister heraus. Der Landgerichtsdirektor betonte in der Urteilsbegründung, das Schwurgericht sehe nicht als erwiesen an, daß Polei nach dem Kopf des Lehrlings gezielt habe. Dagegen sei festgestellt, daß jener unglücklich verlaufene Wurf mit großer Heftigkeit erfolgt sein muß.

Unterwegs: Nicht Fachliteratur, aber Literatur zum Fach

Es gibt eine unendliche Anzahl von Menschen, die hauptsächlich – wenn sie überhaupt etwas lesen – Krimis und »Trivialliteratur« konsumieren.

Es gibt eine sehr große Anzahl hochintelligenter Menschen, bedeutender Persönlichkeiten, die auch oder gar besonders Kriminalliteratur bevorzugen: Bertolt Brecht gehörte dazu: »Der Kriminalroman handelt vom logischen Denken und verlangt vom Leser logisches Denken. Er steht dem Kreuzworträtsel nahe, was das betrifft.

Dementsprechend hat er ein Schema und zeigt seine Kraft in der Variation. Kein Kriminalromanschreiber wird die leisesten Skrupel fühlen, wenn er seinen Mord im Bibliothekszimmer eines lordlichen Landsitzes vorgehen läßt, obwohl das höchst unoriginell ist. Die Charaktere werden selten gewechselt, und Motive für den Mord gibt es nur ganz wenige. Weder in die Kreierung neuer Charaktere noch in die Aufstöberung neuer Motive für die Tat investiert der gute Kriminalromanschreiber viel Talent oder Nachdenken. Es kommt nicht darauf an. Wer, zur Kenntnis nehmend, daß ein Zehntel aller Morde in einem Pfarrhof passieren, ausruft: ›Immer daßelbe‹, der hat den Kriminalroman nicht verstanden.«[77]

Der Fachmann der Gerichtsmedizin und naturwissenschaftlichen Kriminalistik Richard Kockel hat ganz zweifellos den Kriminalroman verstanden, ge- und bewertet und sicherlich zuweilen auch genossen: Denn zumindest, wenn er auf Reisen war, gehörte der Professor zum Kreise jener Personen, die eine »leichte Lektüre« bevorzugten.

Und Kockel war viel auf Reisen: zu jener Sektion, zu diesem Prozeß, zu einem Kongreß, einer Sitzung, zu einem Vortrag. Er – meist allein –, in einem Waggon der 2. Klasse der Bahn sitzend, der zugehörige mitreisende »Gehilfe« bei Sektionsfahrten in der 3. Klasse – eine Frage der Kosten für die auftraggebende Berufsgenossenschaft oder Staatsanwaltschaft.

Er hat in den meisten Büchern, meist broschiert im Standard der zwanziger Jahre am Kiosk vor der Reise in aller Schnelle gekauft, das Datum der Reise und den Anlaß mit Bleistift vermerkt. Wenn man diese Reisen und Bücher für das Jahr 1930 hintereinandergestellt aufschreibt, so ergibt das eine informative Reiseliste, aber auch einen Einblick in das Angebot der Bahnhofskioske für Reiseliteratur in jener Zeit:

»3.1.30 Treuen«. Lektüre: Friedrich Zeckendorf, Der Mann mit der Pranke (Leipzig: Goldmann, 1929)

»16.1.30 Leipzig – Zwickau ./. Oehler«. Lektüre: Irmgard Spangenberg, Karneval. Roman (Berlin SW 48: Verlag Guido Hackebeil, 1929)

»17.1.30 Freiburg – Chemnitz – Leipzig ./. Naumann«. Lektüre: Hermann Lint, Lady Christina und mein Prinzipal (Berlin: Ullstein, 1924)

»10.02.30 Chemnitz / Mint Novelti«. Lektüre: Guy de Maupassant, Miß Harriet (Berlin: Egon Fleischel & Co., 1921)

»15.2.30 Hannover: ›Scheer‹«. Lektüre: Ludwig von Wohl, Knock out Europa (Berlin: Verlag von Th. Knaur Nachf., 1928)

»10.3.30 Leipzig – Erfurt Exhumiering« Lektüre: Belo Bellor-Lowndes, Das Ende einer Hochzeitsreise (Berlin: Ullstein, o. J.) und E. Phillip Oppenheim, Das goldene Kalb (Berlin: Neufeld – Heninis Verlag, o. J.)

»14.3.30 Leipzig – Eisenach«. Lektüre: E. Phillip Oppenheim, Das Mädchen mit den Millionen (Berlin: Verlag Martin Marschler, o. J.) und: ders., Im Kesseltreiben der Welt (gleicher Verlag)

»18.3.30 Nossen / Freiberg ./. die Winkler«. Lektüre: E. Marlitt, Das Eulenhaus (Stuttgart, Berlin, Leipzig: Union Deutsche Verlagsgesellschaft, o. J.)

»20.3.30 Leipzig – Freiberg«. Lektüre: Sergej Mintzloff, Das Theater des Herrn Pentaurow (Stuttgart: J. Engelhorns Nachf., 1930)

»14.4.30 Leipzig – Dresden – Bautzen«. Lektüre: Hjalmar Bergmann, Das Testament des Dr. Gnaden (Berlin: Ullstein, o. J.) und G. Myling-Schulte, Die drei Kuckucksuhren. Geschichte einer abenteuerlichen Entführung (Berlin: Ullstein, 1924)

»15.4.30 Bautzen – Dresden – Leipzig ./. Orlamünder 2 Mann«. Lektüre: Lisbeth Dill, Die verschlossene Tür (Berlin: Ullstein, 1925)

»24.4.30 Leipzig – Chemnitz«. Lektüre: Hans Possendorf, Der Krystallseher von Gillstreet (Leipzig: Verlag von Otto Jahnke, 1926)

»16./17.05.30: Dresden / Hygiene!« Lektüre: Hans Heyck: Deutschland ohne Deutsche (Leipzig: L. Staackmann Verlag, 1930)

»24.5.30 Leipzig – Schwarzenberg«. Lektüre: F.R.W. Oesterlen, Eine Miss kommt nach Berlin (Berlin: Ullstein, o. J.)

»24.5.30 Leipzig / Rein nach dem Jägerhaus bei Schwarzenberg«. Lektüre: Arno Alexander, Caro König (Leipzig: Goldmann, 1930)

167

»29.5.30 Leipzig – Zeitz. Himmelfahrt ›Zirbel‹«. Lektüre: Pierre Max Orlan, Dinah Miamy (Berlin: Ullstein, o. J.)

»30.5.30 Plauen ./. Lorenz und Kleber«. Lektüre: Hans Adler und Paul Frank, Kampf dem Tode. Roman (München: Verlag der Münchner Illustrierten Knorr und Hirt, 1929) und Ludwig von Wohl, Um weißes Gift (Ullstein, o. J.)

»2.6. 30 Leipzig – Freiberg ./. Hennig«. Lektüre: Emilio Salgari, Der Bergkönig (Berlin: Phönix Verlag Carl Sevina, 1930)

»10.6.30 Leipzig – Frankfurt Achema«. Lektüre: Leo Freund, Urlaub mit Hindernissen (Berlin: Knaur, 1928)

»13.6.30 Frankfurt a. Main Achema«. Lektüre: Karl Piskor, Das Rätsel des Albert Drym (München: bei Georg Müller, o. J.)

»16.7.30 Leipzig – Werdau Exh.« Lektüre: Richard Blasius, Spione am Werk (Leipzig: Mons & Co., o. J.) und Maurice Leblanc, Arséne Lupin heiratet (Verlag von Th. Knaur, o. J.)

»25.07.30 Leipzig – Delitzsch ./. Wilkau«. Lektüre: Edmund Sabott, Lix zwischen Brüdern. Die Geschichte von einem Mädchen und drei Männern (Berlin: Ullstein, 1930)

»17.8.30 Leipzig – Falkenstein«. Lektüre: H. R. Berndorff, Dr. Schall jagt nach Gift (Berlin: Ullstein, 1930)

»31.8.30 München – ... Heimfahrt – oh weh!« Lektüre: Fred Andreas, Das Schiff ohne Liebe (Berlin: Ullstein, 1928)

»7.9.30 Sonntag, Leipzig – Waldheim«. Lektüre: E. Phillip Oppenheim, Millionäre wider Willen (Leipzig: Goldmann Verlag, o. J.)

»9.9.30 Leipzig – Königberg«. Lektüre: E. Phillip Oppenheim, Douglas Guests große Chance. Roman (Berlin-Schöneberg: Delta Verlag Kurt Ehrlich, 1930)

»16.9.30 Leipzig – Rabenstein Exh.« Lektüre: Zdenko von Krafft, Das maßlose Herz (Berlin: Ullstein, 1929)

»26.9.30 Dresden, Deutscher Bund«. Lektüre: Edgar Allen Poe, Arthur Gordon Pym aus Nantucket (München: Drei Masken Verlag, 1922)

»7.10.30 Leipzig – Wien«. Lektüre: J. M. Walsh, Männer im Dunkeln. Detektivroman (Berlin, Leipzig: Paul Stegemann Verlag, o. J.)

»11.10.30 Wien – Internationale Akademie für Kriminalistik. Abfahrt 11. Oktober 1930«. Lektüre: Kurt Sonnenfeld, Fräulein Narziß (Wien: Saturn-Verlag, 1930)

»21.10.30 Hannover (Leer) – Leipzig.« Lektüre: Franz Molnar, Die Diebin (Berlin: Ullstein, 1922)

»26.10.30 Innsbruck«. Lektüre: Karl August von Laffort, Verbrechen auf Schloß Wörth (Berlin: August Schau, 1929)

»19.11.30 Leipzig – Döbeln Bußtag«. Lektüre: Kathrin Holland, Man spricht über Jaqueline (Berlin: Ullstein, 1930)

»24.11.30 Freiberg ./. Ulbricht«. Lektüre: Gabriela Zapolska, Sommerliebe (Berlin: Osterheld & Co Verlag, o. J.)

»18.12.30 Elsterwerda – Riesa – Leipzig«. Lektüre: Die Kastellanin (Berlin: Ullstein, 1919)

Da der Inhalt des Fachgebietes Gerichtsmedizin eigentlich alles – alles – impliziert, was zum menschlichen Leben gehört, kann ein Gerichtsmediziner eigentlich nichts lesen, was nicht in irgendeiner Weise zum Fach gehören würde.

Mitunter allerdings scheinen sogar die Anlässe von Kockels Reisen Bezüge zum Titel der ausgewählten Literatur gehabt zu haben. An einem Sommertag im Jahre 1932 fuhr Kockel als Sachverständiger in einer Vaterschaftssache zu einem Gerichtstermin. In dem kleinen Büchlein, das er auf der Reise las, ist auf der Titelseite vermerkt: »Zwikkau ./. d. Strothmann 25.6.32 Kind A Mutter 0 Bekl. 0«. Das Buch trug den Titel: »Das Erbe der Väter« ...

Natürlich konnte der Beklagte bei einer solchen Blutgruppenkonstellation eindeutig ausgeschlossen werden, denn woher – wenn nicht als Erbgabe des Vaters – sollte das Kind die Blutgruppe »A« haben?

Vorschläge für einen modernen Schweizer Paß

Professor Dr. Heinrich Zangger (1874 – 1957) war viele Jahre Direktor des gerichtlich-medizinischen Institutes der Universität Zürich und mit Richard Kockel gut bekannt. Er hatte – im Gegensatz zu Kockel – eine genialisch große und schwer lesbare Handschrift, und auch der Schriftexperte aus Leipzig wird mitunter Mühe gehabt haben, sie zu entziffern. Der Brief, den Kockel Mitte September 1931 von Zangger aus Zürich erhielt, war jedoch mit Schreibmaschine geschrieben und deshalb gut lesbar.

Nach einem ersten Punkt hieß es darin: »Zweitens lege ich Ihnen einen Probedruck von einer neuen schweizerischen Passform bei, dessen Papier ganz besonders geeignet sein soll, jede Art Fälschung, speziell Schriftfälschung, Druckfälschung, Stempelfälschung auszuschliessen. Ich habe mit dem eidgenössischen Polizeidepartement in dieser Angelegenheit verkehrt und betont, dass die Erfahrungen jedes einzelnen von uns naturgemäss beschränkt seien und dass ich vorschlagen möchte, gerade Ihre grossen Erfahrungen in diesem wichtigen Sonderfall zu beanspruchen. ... Ich habe gestern Sonntag noch mit Herrn Bundespräsident Häberlin ... gesprochen und mir diesen Auftrag noch bestätigen lassen.«

Kräftiges Papier mit feinen Linienmustern, solide im Umschlag – so war der Probedruck, den Kockel von Zangger für seine Untersuchungen erhalten hatte. Aber der Fachmann hatte nicht wenige Einwände: Zwar handle es sich um sehr gut geleimtes Hanfpapier, haltbar und durchaus geeignet für ein Paßformular, aber: Infolge der guten Leimung könne die Tinte nicht tiefer in das Papier eindringen. »Darin ist von vornherein die Möglichkeit einer rascheren und gründlicheren Austilgung von Tintenschriftzügen gegeben.«

Der Unterdruck auf den einzelnen Paßblättern bestand aus komplizierten Liniensystemen, eines in zartbräunlicher, das andere in zartbläulicher Färbung. Auch hier gab es Einwände: »Es ist versucht worden, die beiden Unterdrucke zu photographieren. Für den bräunlichen gelingt das ohne weiteres und für den bläulichen unter Zwischenschaltung eines geeigneten Farbfilters kaum minder gut, d. h., die Unterdrucke sind photographisch reproduzierbar in der Weise, wie das unter Zuhilfenahme von Vergrößerungen und späteren Wiederverkleinerungen in der Fälscherpraxis bekannt ist.«

Thema Radierwässer, d. h. Flüssigkeiten, mit denen Tintenschriften – es gab damals viele verschiedene Tinten – angegriffen oder gar beseitigt werden können. Auch hier hatte Kockel nicht allzu Günstiges in seinem Gutachten festzustellen: »Mit Hilfe aller drei (angewendeten) Radierwässer haben sich die Tintenschriftzüge aller Tinten zum Teil so beseitigen lassen, daß bei Betrachtung mit bloßem Auge Spuren der Austilgung fast nicht erkennbar waren, auch nicht im Unterdruck. ... Die Beseitigung gelang um so vollkommener und leichter, je frischer die Tintenschriften waren ...«

»Nach dem Ausfall der im Vorstehenden geschilderten Versuche« – so Kockels Gutachten – »haben wir folgende Vorschläge zu machen:

1.) Eine weniger feste Leimung des Papiers

2.) Ein Schutz gegenüber photographischen Reproduktionen des Unterdrucks ist nicht erreichbar. Der Unterdruck könnte etwa in der vorliegenden Art beibehalten werden, da er wenigstens vor mechanischen Rasuren schützt.

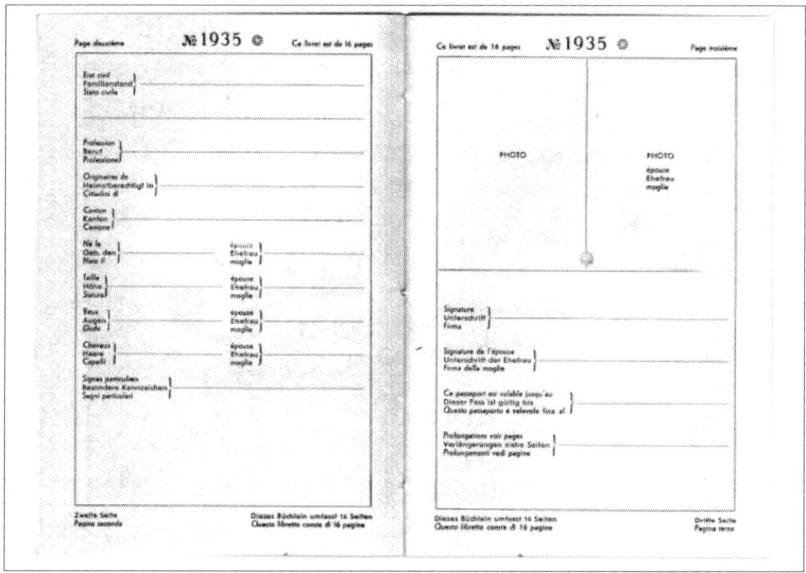

Seite 2-3 des von Kockel untersuchten Entwurfs für einen Schweizer Paß

Wir hatten daran gedacht, ob es möglich wäre, einen farblosen, d. h. nicht sichtbaren Unterdruck auf dem Papier anzubringen, der erst im Fluoreszenzlicht hervortritt, z. B. in Form einer einfachen, mit einer fluoreszierenden Lösung bewirkten Lineatur. Diese unsichtbare Lineatur müßte mit einer wäßrigen Lösung hergestellt werden, da nur dann die Gewähr dafür gegeben sein würde, daß bei Anwendung von Radierwässern eine Auslaugung, ein Auswaschen der fluoreszierenden Linien eintritt. Eine Erscheinung, die unter der Quarzlampe ohne weiteres feststellbar sein würde.

3.) Ein weitgehender Schutz gegen eine Verfälschung der ersten Seiten, auf die es ja in der Hauptsache ankommt, würde dadurch zu erreichen sein, daß man diese Blätter, nachdem sie mit Unterdruck und Aufdruck versehen sind, mit einem ganz dünnen Seidenpapier überklebt und das Ganze dann nochmals durch die Satiniermaschine gehen läßt. Das Seidenpapier müßte mit geeigneten Wasserzeichen versehen sein, um seine Nachahmung zu erschweren. Man könnte von dem doppelten Unterdruck den einen auch unter, den anderen auf dem aufgeklebten Seidenpapier aufbringen.

Wird in der gedachten Weise ein Überzug hergestellt, so ist jede auf irgendeine Weise bewirkte Austilgung von Schriftzügen nur möglich unter Beschädigung des Seidenpapierüberzugs, die ohne weiteres erkennbar ist. Außerdem würde die photographische Reproduktion wegen der überaus störenden Wasserzeichen im aufgeklebten Seidenpapier ad maximum erschwert werden.«

Natürlich hat sich auch Professor Zangger seine Gedanken über die Neugestaltung des »Passeport Suisse / Schweizer Pass / Passaporto Svizzero« gemacht. Am 4. November 1931 schrieb er an Kockel: »Es sind eine Reihe von Fälschungsschutzmassnahmen angenommen worden, die wir beide vorgeschlagen haben. Die Ausführungsform ist und soll geheim bleiben. Damit sind wir natürlich einverstanden.«

Für viele deutsche Emigranten, die nach 1933 in die Schweiz gehen wollten, wäre allerdings ein einfacher zu fälschender Paß für dieses Land weniger teuer zu erwerben gewesen ...

Wieder ein politischer Mord?

Das hatten die »Leipziger Neuesten Nachrichten« am 7. Juli 1931 gefragt und von dem Ereignis des Vortages weiter berichtet:

»Am Montag, kurz vor 3 Uhr früh, wurde in der Brüderstraße an der Ecke Stephanstraße von Passanten der 23 Jahre alte Student *Siegfried Mai* mit einer Ellbogenschußverletzung bewußtlos aufgefunden. Er wurde ins Krankenhaus St. Jakob gebracht und ist dort, ohne das Bewußtsein wiedererlangt zu haben, gestorben. ...

Die *Ortsgruppe Leipzig der NSDAP* teilt uns zu dem Tode des Studenten Mai mit: Der Student Mai trug stets das Abzeichen der NSDAP, ohne aber eingeschriebenes Mitglied der Partei zu sein. Er bewohnte ein Zimmer, das vor ihm ein ihm befreundeter Student innehatte, der selbst aktiv für die NSDAP tätig war und schon einmal an der fraglichen Ecke überfallen worden ist.

Es liegt daher die Vermutung nahe, daß der tödliche Schuß diesem Studenten gegolten hat und nicht dem Mai. An dem politischen Charakter der Bluttat besteht kein Zweifel.«

Am 7. Juli erfolgte auch die Sektion des jungen Mannes, Professor Kockel und sein Assistent Dr. Timm führten sie im Institut aus. »Der Sezierte hat den Tod erlitten infolge zahlreicher schwerster, verschiedene Körperstellen betreffender mechanischer Gewalteinwirkungen, die zu schweren Blutungen in die gequetschten Weichteile und entstandenen Wundtaschen geführt haben«, wurde protokolliert.

Der Student konnte also auch Opfer einer Schlägerei, von Mißhandlungen geworden sein.

Dazu paßten jedoch nicht so recht Feststellungen wie »Löcher im Gesäß, durch Schlüssel, Zigarettentasche zerquetscht«, wie man der Protokollantin bei der Sektion diktiert hatte. Weitere Möglichkeiten werden in der ersten Niederschrift in Erwägung gezogen: »Fenstersturz? Verkehrsmittel?« Notiert ist aber auch: »Auf Befragen des Herrn Staatsanwalt, ob der Tod Mais etwa durch einen Fenstersturz drei Stock hoch entstanden sein könne: Das ist unwahrscheinlich.«

Die Presse meldete zunächst am 9. Juli, »daß die Armverletzung keine Schußverletzung ist. Die weiteren sich hieraus ergebenden kriminalpolizeilichen Feststellungen sind im Gange.«

Zwei Tage später formulierte Kockel sein Gutachten für die Staatsanwaltschaft: »In Sachen des Todes des Studenten *Mai* – 11 St A 1131/31 – erstatten wir nach Kenntnisnahme vom Akteninhalt und eingehender Untersuchung der uns übergebenen Kleider sowie auch Besichtigung der Örtlichkeit folgendes Schlußgutachten:

Die Verletzung am linken Ellbogen des Mai ist *keine* Schußverletzung. Daß die Verletzungen des Mai sämtlich durch Mißhandlungen hervorgerufen worden wären, kann nach Untersuchung der Kleider nicht mehr aufrechterhalten werden, die hauptsächlichen von ihnen sind vielmehr durch Sturz aufs Gesäß und den Rücken bzw. die Ellbogen entstanden. Der Annahme eines Selbstmordes bzw. Unfalles durch Fenstersturz steht nichts entgegen.«

Also: kein politischer Mord, obwohl solche Verbrechen in jenen Jahren in Leipzig keineswegs selten waren und oft auch Gegner der NSDAP betrafen.

»Herr Fromm überbringt persönlich eins seiner Condoms«

»… das ihm von einem Gebraucher aus Gründen der Reklamation zugeschickt worden ist, weil es beim Gebrauch zerrissen sei.

F. wünscht ein Gutachten darüber, ob

1.) Die im Condom befindliche Öffnung durch Zerreissen beim Gebrauch entstanden sein kann oder ist.

2.) Die Öffnung der Ausdruck eines Fabrikationsfehlers ist.

3.) Die Öffnung künstlich erzeugt worden ist.

4.) Die Öffnung bei ihrer Kleinheit geeignet gewesen sein könnte, Spermatozoen hindurchtreten zu lassen und so eine Befruchtung zu ermöglichen.«

An einem Sonnabend Ende September 1931 war der Besitzer der Firma »Fromms Act«, eines Gummiwerkes aus Berlin-Köpenick, angereist und hatte diese Wünsche vorgetragen.

Im Institut machte man sich an die Arbeit, aber, »mit der Untersuchung des von Herrn Fromm uns persönlich überbrachten Musters beschäftigt, benötigen wir noch weiteres Vergleichsmaterial. Wir bitten daher, uns Condoms zuzuschicken, die sich bei der einen oder anderen Prüfung als undicht erwiesen haben und dementsprechend ausgemustert werden mußten.«

Wenige Tage später schickte Julius Fromm »eine Anzahl ausgemusterte Präservative und auch Präservative, die ich wahllos der Fabrikation entnommen und nur einmal mit Preßluft gefüllt habe. Unsere Präservative, die wir in den Handel bringen, werden zweimal mit Preßluft geprüft«.

Ende Oktober waren die Kondomuntersuchungen abgeschlossen, in dem Gutachten für die Firma Fromm heißt es u. a.: »An dem fraglichen Condom befinden sich, wie die mikroskopische Untersuchung lehrt (vgl. das beigefügte Mikrophotogramm 1), nicht eine, sondern zwei Durchbohrungen der Haut: eine größere und eine kleinere, mit eigentümlich zackigen, zugeschärften Rändern. Die Gummihaut in der Umgebung der beiden Öffnungen zeigt eine radiäre Faltenbildung, die Fältchen konvergieren gegen die Brücke zwischen den beiden Öffnungen. Jenseits der kleineren der beiden Durchbohrungen ist überdies die Kautschukmasse wallartig aufgeworfen bei annähernd konzentrischer Anordnung des Walles zu der kleineren der beiden Durchbohrungen.

Vergleicht man zunächst die Fehlerstellen an mehreren der uns übersandten ausgemusterten Vergleichsexemplare, so zeigen, wie z. B. das Mikrophotogramm 2 lehrt, die mit großen Fremdkörpern behafteten, bei der ersten Prüfung ausgemusterten Exemplare auch nicht andeutungsweise die gleichen Veränderungen wie der fragliche Condom, ebensowenig die wirklich durchlöcherten Exemplare dieser Reihe.

Die auf den Mikrophotogrammen 3 und 4 dargestellten Bläschenfehler der Reihe b, die bei der zweiten Prüfung entdeckt worden sind,

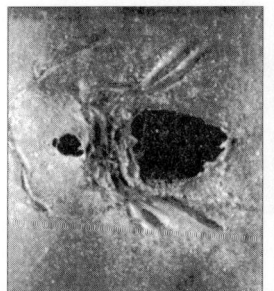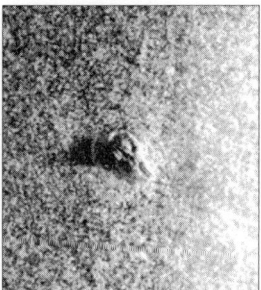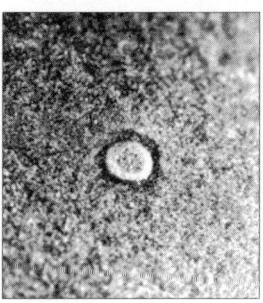

Fotos des defekten, von Herrn Fromm überbrachten (und von Kockel untersuchten) Kondoms (1) und von produktionsbedingt fehlerhaften Vergleichs-Kondomen (2: großer Fremdkörper, 3: Luftblase in ausgemustertem Kondom)

sind gleichfalls von dem Schaden im fraglichen Condom grundsätzlich verschieden, ohne daß es erforderlich wäre, hierzu angesichts der Mikrophotogramme eine nähere Beschreibung zu geben. ...

Daß die beiden Öffnungen etwa beim regulären Gebrauche entstanden wären, ist ausgeschlossen. Denn die ganze Form der Öffnungen selbst und die Beschaffenheit der Kautschukhaut in ihrer Umgebung ist so, daß ein einfaches Zerreissen beim Gebrauch oder von Hand für die Entstehung der beiden Löcher im fraglichen Condom gar nicht in Betracht kommt.«

Nach weiteren Ausführungen heißt es abschließend: »Jedenfalls geht aus unseren Versuchen hervor, daß die Durchlöcherung des fraglichen Condoms am Fertigfabrikat nicht eine zufällige sein kann, sondern offenbar vorsätzlich herbeigeführt worden ist, vielleicht durch Hitzeeinwirkung.

Die letzte Frage, ... ob die Öffnungen im fraglichen Condom geeignet waren, Spermatozoen hindurchtreten zu lassen, muß bejaht werden, denn die Öffnungen sind ausreichend groß, um selbst in wenig gespanntem Zustande des Condoms Spermaflüssigkeit austreten zu lassen.«

Vorsätzlich ein Kondom manipuliert – was mag der Grund dafür gewesen sein? Für eine eingetretene Schwangerschaft das Produkt des Herrn Fromm verantwortlich zu machen? Eine junge Frau gegen deren Willen zu schwängern? Die Akten geben darüber keine Auskunft.

Auch der Hersteller des früher umgangssprachlich als »Frommser« bezeichneten Schutzmittels hat seine Produkte schon 1930 einer

Reihe von Überprüfungen unterworfen. Inzwischen gibt es seit Jahrzehnten eine DIN- und neuerdings sogar eine Europäische Norm für die Überprüfung von Präservativen, die dem Naturprodukt Latex einiges abverlangt: Das Berstvolumen muß mindestens 18 Liter, der Berstdruck mindestens ein Kilo-Pascal betragen, bevor Kondome zerreißen dürfen. Zusätzlich müssen sie mindestens 700 Prozent Dehnungsfähigkeit haben. Und die Reißkraft soll 39 Newton betragen ...

Übrigens sind Penisumhüllungen zum Zwecke der Schwangerschaftsverhütung keineswegs eine Erfindung der Neuzeit: Medikamentengetränkte Leinenhüllen wendete man an, »französische Blasen« bestanden aus Blinddarmmembran, Schweinsblasen wurden aufbereitet. Der Name »Condom« soll auf einen englischen Arzt des 17./18. Jahrhunderts zurückgehen. Die ersten Gummi-Kondome kamen Ende des 19. Jahrhunderts auf den Markt.

Ein »Restrisiko« vor unerwünschter Schwangerschaft oder Infektion mit einer Geschlechtskrankheit bleibt bis heute. Tröstlich dennoch: »Löcher im Latex, meist sogenannte Mikrodurchlässe, dürften nur sehr selten anzutreffen sein«, heißt es in der Zeitschrift »Test« (Heft 6/1999, S. 66)

»Fromms FF« erreichte übrigens bei »Test« im Lochtest und bei Überprüfung der Berst- und Zugeigenschaften das Qualitätsurteil »Gut«. Allerdings ist Fromms auch nicht mehr einzigartig, denn es ist identisch mit »Billy Boy feucht« ...

Aktenzeichen A 1/470: nach Kockels Ansicht ungelöst

»Leiche ist eingeäschert worden; Mordkommission war nicht zur Stelle, Photogramme sind nicht gemacht worden!«, hat Richard Kockel handschriftlich auf einem in die Schreibmaschine diktierten Konzept für ein Gutachten vermerkt, es stammt aus dem Jahre 1931 und ist nach ausgiebigem Studium der Akten angefertigt worden für die Chemnitzer Staatsanwaltschaft.

Herzleidend sei Frau Maria Keller gewesen, 66 Jahre alt und seit langem sehr niedergeschlagen, traurig und von Angstanfällen geplagt. Drei Wochen vor ihrem Ableben sei sie zuletzt in ärztlicher Behandlung gewesen.

»Der Ehemann hat Bl. 7 der Polizeiakten erklärt, das Herzleiden seiner Frau habe sich in den letzten zwei Jahren derart verschlimmert, daß man mit einem frühen Ableben habe rechnen müßen, und Bl. 2, seine Frau habe wiederholt geäußert, freiwillig aus dem Leben scheiden zu wollen, weil sich ihre Krankheit immer mehr verschlimmere.

Über die Vorgänge am 7. April hat der Ehemann dem Polizeikommissar Spitze nach Bl. 1b der Akten folgendes berichtet: Als er (wohl gegen 12 Uhr) mit Briketts die Küche betreten habe, habe seine Frau auf einem Stuhl mit dem Gesicht nach dem Küchenspiegel zu gesessen. Als er nach kurzem Verweilen im Nebenraum die Küche wieder betreten habe, habe er noch gesehen, wie seine Frau ein Küchenmesser aus der Hand fallen ließ und vom Stuhl herunterfiel. Er habe sofort seine Frau, die am Hals stark blutete, an den Schultern gefaßt und mit dem Rücken auf die Diele gelegt. Dabei habe er an ihrem Halse eine etwa 10 cm lange Schnittwunde bemerkt, die er mit einem Handtuch zugedeckt habe. Dann sei er zur Stubennachbarin gegangen, die er nach Mitteilung des Geschehenen gebeten habe, sofort einen Arzt telephonisch herbeizurufen. Als dieser (Dr. Wolff) ½ 1 Uhr eingetroffen sei, sei seine Frau bereits gestorben gewesen.

Viel ausführlicher und zum Teil anders hat sich Keller dem Kriminalinspektor Zappe gegenüber Bl. 6b/7 ausgesprochen: Als er die Küche betreten habe, habe seine Frau vor dem Spiegel auf einem Stuhl gesessen und habe sich mit dem Messer den Hals durchgeschnitten. Er sei sofort hinzugesprungen und habe seiner Frau das Messer aus den Händen gewunden. Diese habe es aber mit beiden Händen festgehalten und sich zweifellos dabei in die Hände geschnitten. Er sei dabei mit seiner Frau auf den Boden gefallen. Darnach habe er die Stubennachbarin gerufen. Das Messer habe er, nachdem er es erlangt habe, neben seine Frau hingelegt. Als er wieder zurückgekommen sei, habe seine Frau das Messer wieder in den Händen gehabt, und er habe ihr dieses wieder aus den Händen reißen müßen. Die Abschürfungen am Oberarm könnten nur dadurch entstanden sein, daß er beim Aufstehen versehentlich seine Frau mit seinen Zwekkenstiefeln getreten habe. Die Kleidungsstücke seiner Frau habe er in einen Sack gesteckt und in einen Teich geworfen (in dem Teich sind die Kleider der Verstorbenen nicht gefunden worden; das Messer ist laut Quittung dem Ehemann ausgehändigt worden).

Inspektor Zappe fügt von sich aus hinzu, daß durch die Erörterungen nicht der geringste Beweis habe erbracht werden können, daß Keller an seiner Ehefrau ein Verbrechen begangen habe.

Die Heimbürgin Klauss ist nach Säuberung der Leiche zu der Annahme gelangt, daß an der Verstorbenen ein Verbrechen begangen worden ist. Die Kleider hat sie der Leiche mit der Schere heruntergeschnitten.

Auf die von Inspektor Zappe Bl. 5 der Akte wiedergegebene Ansicht des Dr. Wolff, zu der dieser nach nochmaliger Besichtigung der Leiche im Krematorium gelangt ist, daß nämlich die Verletzungen der Keller nicht von anderer Hand zugefügt worden sein könnten, braucht nicht näher eingegangen zu werden, da sie völlig unbegründet ist.«

Am 10. April 1931 war Frau Keller gerichtlich, d. h. von zwei Ärzten obduziert worden. Sie stellten fest, daß der Tod infolge Verblutung aus der Halsschnittwunde eingetreten war, und kamen zu der Ansicht, daß der Befund an der Leiche der Darstellung des Ehemannes über den Hergang beim Tod seiner Frau nicht widerspreche.

»Für die Beurteilung des Sachverhaltes sind«, so Kockel in seinem Gutachten weiter, »wichtig die verschiedenen Verletzungen, die in den Ziffern I – XXVI im Sektionsprotokoll hervorgehoben sind. Wichtig ist weiter, daß nach Ziffer 44, 45, 46, 47 ein sogenannte Herzfehler, d. h. eine organische Erkrankung am Herzen der Keller nicht bestanden hat und daß nach Ziffer 17 an der Haut des Halses keinerlei Würg- oder Kratzspuren sich vorgefunden haben.

Die tödliche Verletzung ist die Halsschnittverletzung: Die Keller hat sich aus der angeschnittenen linken Drosselblutader verblutet. Die Schnittverletzung ist eine einfache, nicht mehrfache gewesen und hat den ganzen Schildknorpel glatt durchtrennt.

Daß jemand, der sich selbst durch Halsschnitt tötet, vermittels eines einzigen Schnittes den Schildknorpel des Kehlkopfes und die linke Drosselblutader durchtrennen kann, ist möglich, d. h. der tödliche Halsschnitt an und für sich würde nicht gegen einen Selbstmord sprechen.

Für die Beurteilung des Sachverhalts sind aber auch noch die anderen Verletzungen heranzuziehen. … Die unter Ziffer 12/13 und 49 beschriebene Verletzung … stellt eine Stichschnittwunde dar, die von oben und etwas von außen her durch die Weichteile unterhalb des Unterkieferastes hindurchgegangen und bis in die Vorderwand des Schlundes … eingedrungen ist. … Daß die Verstorbene die eben genannte Verletzung sich selbst beigebracht haben sollte, ist ihrer ganzen Beschaffenheit nach nicht annehmbar (und widerspricht) der

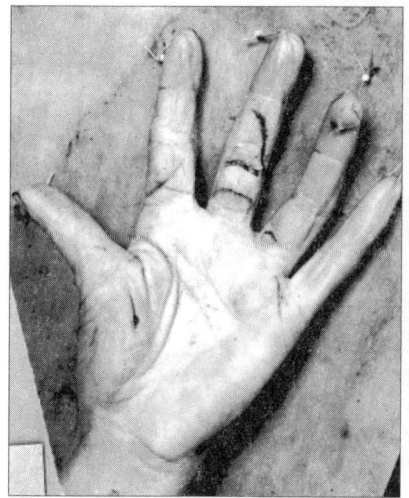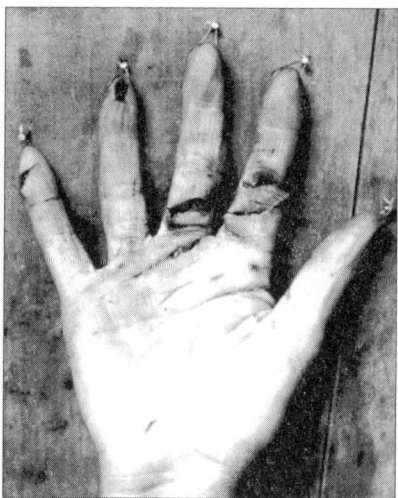

Gegen- oder Abwehrverletzungen an den Händen, entstanden durch »Hineingrei-
fen« in das Messer des Täters

bisher aus den Akten ersichtlichen Darstellung des Ehemanns über
den Vorgang.«

Nicht minder wichtig für die Beurteilung, so schrieb Kockel, seien
die im Sektionsprotokoll beschriebenen Verletzungen an den Beugeseiten der Finger an beiden Händen. »Diese Verletzungen können nur
dadurch entstanden sein, daß die Verstorbene durch das Messer, dessen Klinge sie erfaßt hatte, beschädigt wurde. Derartige Schnittwunden an den Hohlhänden und an den Beugeseiten der Finger sind in
der gerichtlichen Medizin wohlbekannt unter dem Namen *Gegen-
wehrverletzungen*.«

Auch die Schnittwunde an der Streckseite des linken Vorderarmes,
die von den Obduzenten beschrieben worden war, sei »allem
Anschein nach ebenfalls eine Abwehrverletzung«.

Schließlich wären die Verletzungen, die nicht mit einem Messer
gesetzt worden sind – ein Bluterguß am linken Oberarm und Hautab-
schürfungen am rechten Oberarm –, »Beschädigungen, die ebenfalls
recht wohl die Merkmale eines Kampfes darstellen können«.

Es müße »nochmals auf die bisher in den Akten niedergelegten
Äußerungen des Ehemannes eingegangen werden, und zwar auf
dessen Behauptung, daß bei seinem Versuche, der am Hals schwer

verletzten Frau das von ihr angeblich wiederaufgenommene Messer zu entwinden, die verschiedenen, außer dem Halsschnitt vorhandenen Verletzungen zustande gekommen wären bzw. sein müßten. Für die Schnittwunden an den Beugeseiten der Finger muß man das geradezu ausschließen. Denn wenn der Ehemann seiner Frau das Messer hätte entwinden wollen, so würde diese das Heft gehalten haben und er, nicht sie würde sich die Schnittwunden in den Hohlhänden zugezogen haben. Auch die tief, bis in den Schlundkopf eingedrungene Stichwunde an der linken Wange kann bei dem angeblichen Versuch des Ehemannes, seiner Frau das Messer zu entwinden, nicht entstanden sein. ...

Schließlich ist darauf hinzuweisen, daß Frau Keller, nachdem sie sich, wie der Ehemann behauptet, den Halsschnitt beigebracht hatte, der den Kehlkopf völlig durchtrennte und die linke Drosselblutader eröffnete, sicherlich nicht mehr imstande gewesen sein würde, sich des angeblich vom Ehemann hingelegten Messers nochmals zu bemächtigen und mit ihrem Ehemann um dieses Messer einen, wie er durchblicken läßt, heftigen Kampf auszuführen.

Überblickt man das Ganze, so kann man der Meinung der beiden obduzierenden Ärzte, wie sie am Schluß des vorläufigen Gutachtens auf Befragen des Gerichts zum Ausdruck gebracht ist, nicht beitreten, man muß vielmehr sagen, daß die Gesamtheit der Befunde an der Leiche mit der Darstellung des Ehemanns über den Hergang beim Tode der Verstorbenen in vieler Hinsicht in schroffem Widerspruch steht und daß eine Selbsttötung als äußerst unwahrscheinlich, wenn nicht als ausgeschlossen gelten muß.«

Nach mehreren Monaten hat man die Ermittlungen gegen den Ehemann der Frau Keller offenbar doch ohne Anklageerhebung eingestellt und Professor Kockel auch davon unterrichtet. Am 13. Oktober antwortete er der Staatsanwaltschaft Chemnitz, er habe »von den Erörterungsergebnissen Kenntnis genommen. Es ist nichts dabei herausgekommen, was mich veranlassen könnte, mein früher abgegebenes Gutachten zu ändern. Ich halte daher daßelbe in allen Teilen so aufrecht, wie ich es abgegeben habe.«

Ergebnis: Die auf dem Nacktbild X dargestellte Frauensperson ist *nicht* Frau Kornagel

Zu allen Zeiten haben mißtrauische Ehemänner/Ehefrauen ihren Frauen/Männern auf mögliche »Schliche« zu kommen versucht, die Literatur ist reich an solchen Begebenheiten, und auch Kriminalisten, Gerichtsmediziner und Privatdetektive wurden und werden mit derartigen Aufträgen immer wieder betraut, ohne davon reich zu werden.

Gleich 10 Vergleichsaufnahmen hatte Herr Kornagel dem Professor übersandt, dazu die »fragliche Nacktaufnahme nebst Vergrößerung«. Herausfinden sollte Richard Kockel, ob es sich bei der auf den beiden Fotos »X« dargestellten Person um Frau Kornagel handeln könne.

Kockel konnte dem mißtrauischen Ehemann in einem kurzen Gutachten mitteilen: »Vergleicht man das Bild X mit den verschiedenen Bildern der Frau Kornagel, so ergeben sich zahlreiche Abweichungen. Abweichend ist die Form des Gesichts: Bei Frau Kornagel treten die Backenknochen (Jochbeine) viel stärker hervor als bei X. Frau Kornagel besitzt vortretende obere Schneidezähne (obere Prognathie), die Person auf X dagegen nicht. Abweichend ist weiter die Stellung der Lidspalten, die bei Frau Kornagel von innen nach außen hin etwas absinken, bei X in umgekehrtem Sinne gerichtet sind. Abweichend ist die Form der Augenbrauen, die auf X fast geradlinig verlaufen, bei Frau Kornagel dagegen ausgesprochen gewölbt und am äußeren Ende abwärts gebogen sind. Abweichend ist die Form des Kinns, das bei Frau Kornagel eine eigentümlich rundliche Gestaltung besitzt, nicht dagegen auf X. Abweichend ist auch die feine Modellierung der Ober- und Unterlippe. Endlich ist darauf hinzuweisen, daß, soweit die Bilder Aufschluß geben, Frau Kornagel dunkle, wahrscheinlich dunkelbraune Augen hat, während die Person auf X helle, nicht braun gefärbte Augensterne besitzt. ...«

Ergebnis der Untersuchungen (ob es den Ehemann gefreut hat oder nicht, ist unbekannt): »Sämtliche Befunde (sprechen) bei der vergleichenden Prüfung der mir übergebenen Photogramme dagegen, daß die auf dem Nacktbild X dargestellte Frauensperson Frau Kornagel ist.« Unansehnlich kann aber zweifellos auch Frau Kornagel nicht gewesen sein.

Ein Fall von Aktenunterdrückung

Am 27. Juli 1932 wurde der Medizinprofessor Kockel mit einer besonderen, aber für den naturwissenschaftlichen Kriminalisten Kockel keineswegs außergewöhnlichen Untersuchung beauftragt. Es ging um einen Fall von »Aktenunterdrückung«. Wie der Staatsanwalt mitteilte, sollten die zu untersuchenden Akten »von Mitte April bis Anfang Juni 32 im Ziegenstall unter Dünger verborgen gewesen sein. – Trifft das zu?« fragt er an.

Schon wenige Tage später, am 5. August, sind die Untersuchungen abgeschlossen, und der Staatsanwaltschaft geht ein Gutachten mit eindeutigen Aussagen zu:

»Es war zunächst zu prüfen, ob die fraglichen Akten überhaupt Merkmale an sich tragen, die darauf schließen lassen, daß sie mit Ziegendünger bzw. Dünger in Berührung gekommen sind. Zu diesem Zwecke wurden der hintere Aktendeckel und die Einlage, auf der sich Bleistiftnotizen befinden, chemisch und mikroskopisch untersucht. Hierbei hat sich herausgestellt, daß die an verschiedenen Teilen haftenden dunkelolivgrünen Auflagerungen Gallenfarbstoff enthalten und überdies sehr stark zerkleinerte Pflanzenteile, wie sie im Kot von Wiederkäuern regelmäßig angetroffen werden.

Das fragliche Aktenstück ist seiner ganzen Beschaffenheit nach stark durchfeuchtet gewesen und ist im Bereiche der ersten Blätter auch beschädigt. Diese Beschädigungen sind zustande gekommen, als das Aktenstück naß war. Gleichzeitig mit diesen Beschädigungen ist es zu einer Verschleppung von Düngerbestandteilen bis tief in das Aktenstück hinein gekommen.

Nimmt man alle diese Befunde zusammen, so widersprechen sie nicht der Angabe des Angeklagten, daß die Akten von etwa Mitte April bis Anfang Juni 32, d. h. 6 Wochen lang im Ziegenstall unter Dünger gelegen haben, besonders auch deshalb nicht, weil es ja nicht unbedingt geschehen mußte, daß die Akten während dieser ganzen Zeit stark durchnäßt und mechanischen Insulten ausgesetzt sein mußten.«

Freilich gilt heute in der Gerichtsmedizin der Nachweis von Gallenfarbstoffen[78] nur noch bedingt als tauglich zur Identifizierung von Kot, aber der Nachweis von Nahrungsresten[79] – hier waren die Akten mit sehr stark zerkleinerten Pflanzenteilchen beschmutzt – als wichtiges zusätzliches Indiz deutet darauf hin, daß Kockel damals eine richtige Aussage getroffen hat.

»Sachverständigenkongreß« vor Gericht

Die Akte B 1/3156 – unter der Rubrik »B 1« legte Richard Kockel Gutachten über Fälschungen ab – beginnt mit dem 20. September 1932. An diesem Dienstag hatte Kockel zunächst notiert: »J.-R. Dr. Drucker überbringt Material (i. A. von Dr. Ernst Petschek). *Nachm.* erscheint R.-A. Dr. Ewald und bittet für *Dr. Caro* um Begutachtung. – Abgelehnt.«

Bei dem »Material«, das Justizrat Dr. Drucker überreicht hatte, handelte es sich um einige Photogramme und die Abschriften zweier Gutachten der Schriftsachverständigen Dr. Popp und Dr. Buss. Die Photogramme spielten in diesem Strafverfahren, das am 06. Juni 1932 vor dem Landgericht Berlin gegen den Chemiker Geheimrat Prof. Dr. Nicodem Caro begonnen hatte, eine außerordentliche Rolle, denn Caro wurde vorgeworfen, er habe eine Quittung über die Mitgift seiner Tochter in Höhe von 400 000 Mark gefälscht.

Er hingegen hatte behauptet, im Besitze einer im Texte von ihm verfaßten und von Herrn Ignaz Petschek – dem Schwiegervater seiner inzwischen geschiedenen Tochter – unterzeichneten Quittung gewesen zu sein. Diese Quittung – so der nunmehr wegen Urkundenfälschung und Meineids angeklagte Caro – will er Ende 1928 dem Rechtsanwalt Dr. von Löwenstein aus Lemberg in Warschau übergeben und niemals zurückerhalten haben. Der Rechtsanwalt habe ihm nur zwei fotografische Reproduktionen zugehen lassen, die nach einem ganz neuen Verfahren in so vollendeter Technik hergestellt gewesen seien, daß jede von ihnen den Eindruck eines Originalschriftstückes gemacht habe.

Aber auch diese beiden Reproduktionen existierten nicht mehr, vielmehr hatte Caro sie am 22. Juli 1929 – als der Obergerichtsvollzieher Möbius die Wohnung von Caro aufgesucht hatte, um diese Urkunden auftragsgemäß »wegzunehmen« (es existiert ein gedrucktes mehrseitiges »Wegnahmeprotokoll«) – kurzerhand aus Verärgerung »der Kanalisation übergeben«, der Gerichtsvollzieher hatte sogar das Rauschen der Wasserspülung deutlich vernehmen können.

Was – welch Wunder – noch existierte, waren zwei Fotografien von Fotografien der ehemals angeblich so brillanten polnischen Reproduktion der Quittung. Doch bis diese keineswegs brillanten Kopien der Kopien der Reproduktion des verschollenen Originals ihren Weg in den Gerichtssaal gefunden hatten, waren über 50 Verhandlungstage ins Land gegangen.

Am 16. September – es war der 52. Verhandlungstag – hatte Caro eine umfangreiche Erklärung über die Herkunft der Kopien der Quittung vorgetragen und gleichzeitig mit zwei bereits von ihm angeregten Sachverständigengutachten aufgewartet, in denen keine Bedenken hinsichtlich der Echtheit der ursprünglichen Quittung erhoben wurden. [80]

Nun aktivierte jede Seite weitere Sachverständige ... Die Fragen, die das Gericht an den vorgelegten Fotografien der Urkunde interessierten, rankten sich im wesentlichen um einen »Fleck« im Bereich der Unterschrift des alten Petschek: War hier manipuliert worden, lag der Schriftzug der Unterschrift über dem darüberstehenden Text oder war zuerst die Unterschrift auf einem leeren Stück Papier, wann – vor oder nach dem Beschreiben – war das Blatt Papier gefaltet worden, war die Unterschrift überhaupt echt, hatte man vielleicht nachträglich eine echte Unterschrift Petscheks in das Dokument hineinkopiert?

Kockel hatte seine Meinung zunächst einem der Rechtsanwälte des ehemaligen Caroschen Schwiegersohnes, Dr. Ernst Petschek, dem Justizrat Dr. Drucker, mitgeteilt: »Die Kreuzungsstelle zwischen Unterschrift und Textschrift (imponiert) als die Folge einer an der Unterschrift der Quittung vermittels eines Radierwassers geschickt bewirkten, eng umschriebenen Austilgung.« Auch in seinem maschinenschriftlichen Entwurf für sein mündliches Gutachten am 14.10.32 hob er hervor, daß gerade an der wichtigsten Stelle der Urkunde eine Störung vorhanden sei. »Soweit die Photogramme überhaupt Aufschluß geben können, (macht diese Störung) geradezu den Eindruck einer geschickt mit einem chemischen Mittel bewirkten Austilgung der sich kreuzenden Schriftzugteile.«

Aus London hatte Justizrat Drucker den bekannten Foto- und Schriftsachverständigen Mansfield herbeikommen lassen. Mansfield hatte selbst eine Reproduktionsmethode geschaffen, nach welcher seit Anfang 1931 der Straßenplan der Londoner Omnibus-Gesellschaft bereits in einer Auflage von 9 Millionen Stück hergestellt worden war. Der Engländer setzte sich in seinem 31 Seiten langen Gutachten, das ebenso wie andere dem Gericht schriftlich vorlag, mit den Gutachten zugunsten Caros auseinander und betonte: Die »Aufklärung eines strittigen Punktes in einer Photographie (ist) nicht die einfache Sache, die der Laie geneigt ist anzunehmen. Wenn nun gar ein Photo eines Photos vorliegt, dann ist die Sache noch viel schlim-

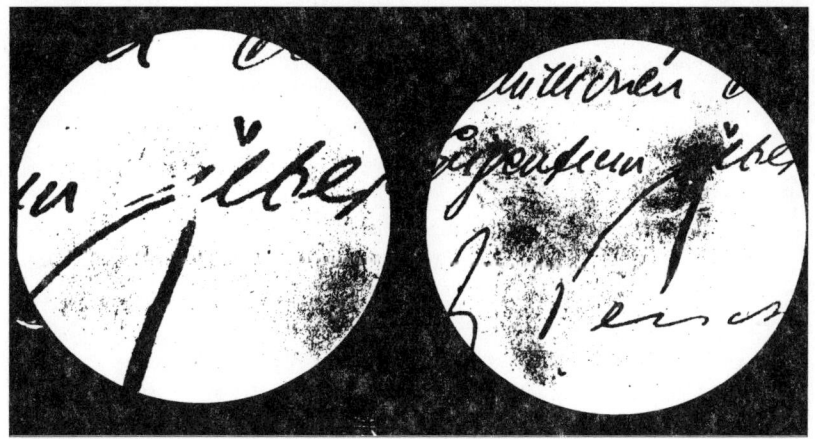

Zwei Vergrößerungen der möglicherweise manipulierten Kreuzungsstelle zwischen Text und Unterschrift

mer, die Schwierigkeiten wachsen potenzmäßig.« Er, der sich seit vielen Jahren mit Strichkreuzungen befaßt und das Ineinanderlaufen von Tinten beim Schreiben studiert hatte, hegte keinen Zweifel daran, daß auf der Originalurkunde chemisch radiert worden sei, fotografisch könne man einen solchen Fleck nicht herstellen.

Kockel reiste zum ersten Mal in der Sache Dr. Caro am 5. Oktober 1932 nach Berlin, es war inzwischen der 58. Verhandlungstag. Auch 11 andere Sachverständige waren an diesem Tage anwesend, die Zeitungen sprachen von einem »Sachverständigenkongreß«.

Für die Behauptungen des Angeklagten Dr. Caro hatten 7 Sachverständige (darunter die auch schriftsachverständigen Gerichtsmediziner Lochte, Nippe und Raestrup) ein Kollektivgutachten erarbeitet: Nach ihrer Ansicht war die Annahme gerechtfertigt, »daß das ›P‹ auf dem ›ü‹ lag, die Unterschrift also später als der Text geschrieben wurde«, und daß »die Urkunde nicht durch Zusammensetzung aus verschiedenen Stücken und durch photographische Bearbeitung dargestellt worden« sei.

Auch einige andere Sachverständige fanden bei den untersuchten Fotografien keine Merkmale, die auf eine Fälschung oder Verfälschung schließen lassen würden. Weitere Sachverständige waren der Ansicht, der »helle Fleck« auf der Fotografie spreche für die Anwendung einer chemischen Radierflüssigkeit ...

Nach der Sitzung am Donnerstag – die Vorträge der einzelnen Sachverständigen hatten inzwischen begonnen – fuhr Kockel nach Leipzig zurück, am 8. Oktober formulierte er das, was er vor Gericht zum Vortrag bringen wollte.

Acht Tage später war er erneut im Gerichtssaal des Landgerichtes III in Berlin vor der 3. Strafkammer in der Sache Dr. Caro. Die Sachverständigen Prof. Brüning, Dr. Roemer und – nachmittags schon – Langenbruch und Prof. Luther trugen ihre Gutachten vor. Den Leipziger Professor haben die Vorträge offenbar doch sehr interessiert – Wichtiges hat er genau mitgeschrieben, zum »Malen« am Rande der Notizbögen blieb keine Zeit.

Am 14. Oktober hat dann Kockel seine Ansichten vertreten, 25 Minuten lang trug er vor; auch Mansfield kam an diesem Tage zu Wort, zunächst, wie Kockel notiert hat, 42 Minuten und schließlich am nächsten Tag, es war inzwischen Sonnabend, noch eine Stunde. Weitere Gutachter mit unterschiedlichen Ansichten kamen zu Wort, auch Gegenrede unter den Herren Sachverständigen entwickelte sich wohl ...

Natürlich war der Prozeß mit der Anhörung der Sachverständigen keineswegs zu Ende, er schleppte sich weiter durch den Rest des Oktober und durch den November in den Dezember hinein. Am St. Nikolaustag waren die Anwälte der beiden Parteien, bevor es wieder zur Sache ging, besonders nett zueinander: Dr. Drucker und Dr. Roth – Petscheks Vertreter – erhielten von der Gegenpartei kleine Geschenkpäckchen – war doch die strittige Quittung genau am 6. Dezember ausgefertigt worden.

Am 24. Dezember 1932 schließlich konnte man in den »Leipziger Neuesten Nachrichten« lesen: »Geheimrat Caro ist freigesprochen« und »Dem Nebenkläger Dr. Petschek wurden die Kosten des Verfahrens und die dem Angeklagten erwachsenen notwendigen Kosten auferlegt«. Die Zeitung schätzte diese Kosten auf 100 000 bis 150 000 Mark. Auch sonst war das Ganze eine höchst aufwendige Angelegenheit: »Die Vernehmung des Angeklagten nahm zehn Tage in Anspruch. Die Zahl der Aktenbände auf dem Gerichtstisch betrug etwa 150. Die Protokolle der Parteien schwollen auf etwa je 12 000 Seiten Maschinenschrift an. Einen Rekord stellen auch die Schlußvorträge der Verteidiger dar: Die drei Anwälte Caros sprachen insgesamt elf Tage, die Dr. Petscheks zwölf Tage.«

Und das Ganze wegen dieses Papiers, das hier – als weitere Kopie einer Kopie einer Kopie – vorgestellt werden soll.

Dreifach versichert – aber auch Versicherungen müssen sich absichern

»Bei uns schwebt ein Schadenfall (Jagd-Todesfall) des Wagenbauers Karl Pietzsch aus Werdau, Kurze Str. 7. Pietzsch war bei uns mit M 20 000,-- für den Todesfall, mit der gleichen Summe bei der Öffentlichen Versicherungs-Anstalt der Sächsischen Sparkassen in Dresden und auch beim Gerling-Konzern in Köln (die Höhe der Todesfallsumme ist uns im Augenblick nicht bekannt) versichert. Mit Rücksicht auf die in letzter Zeit wiederholt vorgekommenen Jagdtodesfälle sind alle Versicherungsgesellschaften gehalten, solchen Schadenfällen skeptisch gegenüberzustehen und alle Möglichkeiten auszuschöpfen, die geeignet sind, eine Klärung des Falles in bezug auf die Frage des Selbstmordes herbeizuführen.«

Mit diesem Schreiben wandte sich die »Neue Frankfurter Allgemeine Versicherungs-Aktiengesellschaft« am 14. April 1932 an Professor Kockel und beauftragte ihn »event. nach Vornahme von Schießversuchen« mit der Erstattung eines Gutachtens, aus dem hervorgehen sollte, ob »es sich um einen Jagdunfall oder um einen Selbstmord gehandelt hat«.

Schneller als die »Frankfurter« war der Gerling-Konzern: Er hatte Kockel bereits am 16. März mit der Durchführung der Sektion, die in Glauchau stattfinden sollte, beauftragt.

Noch schneller als der Gerling-Konzern waren die dortigen Behörden: Der Bezirks- und Gerichtsarzt Dr. Müller hatte die Leiche des Karl Pietzsch bereits am 16. März seziert, am 17. März fuhr Müller nach Leipzig und legte dem Professor ein ausführliches Leichenöffnungsprotokoll vor, auch das Gewehr, ein Stück Stoff von der Einschußstelle an der Kleidung und die aus der Haut des Toten herauspräparierte Stelle mit der Einschußöffnung am Körper sowie zwei Fotoaufnahmen von der Auffindesituation hatte der Obduzent mitgebracht. Bei der Unterredung war auch Dr. Förster vom Gerling-Konzern dabei.

»3 cm seitlich und ebensoweit nach abwärts von der linken Brustwarze befindet sich ein länglich-rundes Schußloch, das in horizontaler Richtung 9 mm lang und in senkrechter Richtung 5 mm breit ist und auf der Außenseite einen leichten Einriß zeigt«, hatte Dr. Müller protokolliert und dies als Einschuß angesehen, der Ausschuß lag am Rücken »in Höhe der 11. Rippe querhandbreit nach links von der Wirbelsäule«. Im Schußkanal fand Müller »Metallsplitter des Geschosses

(Stauchpatrone)«. Todesursache war eine »Absprengung der Herz-spitze«. Dadurch war es zu einer Verblutung nach innen in die linke Brusthöhle und nach außen durch die Einschußöffnung gekommen. »Rekonstruiert man sich die *Schußrichtung* am aufrechtstehenden Ske-lett, so zeigt diese eine geringe Neigung nach abwärts (etwa 10-15 Win-kelgrad) gegenüber der Horizontalen.«

Wahrscheinlich waren die Bedenken des Vertreters des Gerling-Konzerns, daß es sich um einen Suizid handeln könnte, weniger schwerwiegend als die der »Neuen Frankfurter«, denn als Kockel am 5. Mai sein Gutachten formulierte, war dieses an die Frankfurter Ver-sicherungs-AG adressiert.

»Ich habe unter Berücksichtigung der bei der Sektion festgestell-ten Schußrichtung zunächst zu ermitteln versucht, unter welchen Vor-aussetzungen es möglich gewesen wäre, daß der Verstorbene den Schuß vorsätzlich selbst löste.

Hierzu scheint mir in erster Linie wichtig zu sein, daß nach den Photogrammen und nach dem, was mir Herr Med.-Rat Dr. Müller mündlich mitgeteilt hat, in der Umgebung der Leiche irgendwelche Spuren von Hin- und Hertrampeln oder Herumwälzen etc. im Schnee sich nicht vorgefunden haben. Das einzige, was vielleicht auffällig sein könnte, ist, daß auf dem einen Bild ... neben dem Gewehr, und zwar gegen den Hut hin, ein zweiter Eindruck des Laufs im Schnee sich vor-findet und daß an der Unterfläche des Kolbens der Schnee sich eine Wenigkeit angehäuft hat.

Will man davon ausgehen, daß der Verstorbene sich den Schuß vor-sätzlich selbst beigebracht hätte, so scheidet bei der Richtung, in wel-cher der Kugelschuß den Körper durchschlagen hat, d. h. von vorn nach hinten zu eine Wenigkeit abfallend, eine Beibringung des Schus-ses in selbstmörderischer Absicht bei aufrechter Körperhaltung mit so gut wie völliger Sicherheit aus. Denn es würde hierzu einer ganz unnatürlichen Haltung des Gewehrs bedurft haben.

Gegen eine vorsätzliche Selbsttötung, sei es in aufrechter Körper-haltung, sei es in unnatürlich vorn übergebeugter Körperhaltung, sei es im Liegen, spricht aber noch etwas: nämlich die Entfernung, aus der der Schuß abgegeben worden sein muß.

An dem Joppenstück, daß Herr Med.-Rat Dr. Müller mir übergeben hat, ist die Stelle des Einschußes im Durchmesser von 4:5 cm ein-schließlich des anliegenden Saums der Joppenklappe unregelmäßig zerfetzt. Die zerrissenen Futter- und Zwischenfutterteile, die schwach von Blut durchtränkt sind, lassen nur an wenigen Stellen, und zwar im Zentrum des zerfetzten Bezirks, eine leichte Angrauung der zerrissenen Gewebsfasern erkennen, nirgends aber die Spuren einer Inbrandsetzung der Textilgewebe durch die Pulverflamme. ...

Zur weiteren Klarstellung wurden aus dem genannten Bezirk ... von verschiedenen Stellen durch Abklopfen und Abbürsten Staubteilchen entnommen und mikrochemisch auf das Vorhandensein von unverbrannten Schießpulverteilchen untersucht. Hierbei hat sich herausgestellt, daß der ganze Bezirk geradezu übersät ist mit derartigen Schießpulverteilchen.

Schließlich ist die vom Obduzenten herausgeschnittene Einschußstelle in der Brusthaut einer Präparation unterzogen worden dadurch, daß sie in Wasserstoffsuperoxylösung gebleicht wurde. Durch das Bleichen werden alle Gewebe weiß, und schwarz bleiben zurück nur die in den durchschossenen Geweben bzw. auf der Hautoberfläche in der Nähe der Einschußöffnung zum Niederschlag gekommenen Pulverschmauchmassen und Pulverkohleteilchen.

Die mikroskopische Untersuchung der in der vorgenannten Weise behandelten Hauteinschußstelle hat ergeben, daß lediglich in dem fetzigen Rande der Einschußöffnung spärliche, äußerst feine schwärzliche Einsprengungen sich vorfinden, aber keine Spur einer diffusen Schmauchschwärzung, ebensowenig eine solche in dem unter der Haut gelegenen durchbluteten zerquetschten Fettgewebe.

Die eben genannten Befunde weisen mit Bestimmtheit darauf hin, daß der Kugelschuß nicht mit aufgesetzter Waffe abgegeben worden sein kann, sondern daß er aus einer Entfernung von mindestens mehreren cm den Körper getroffen haben muß. ...

Wenn man, von den eben genannten Feststellungen ausgehend, versucht, den Tatbestand des Selbstmordes zu rekonstruieren, so ist ein Lösen des Schußes mit der Hand bei der Länge des Gewehrs nur möglich, wenn die Mündung dem Körper anliegt. Es ist nur denkbar, daß im Selbstmordfalle die vorsätzliche Lösung des Schußes durch den Verstorbenen, nachdem er sich niedergelegt hatte, in der Weise erfolgt wäre, daß der Abzug des Gewehrs an einen der kleinen Unterholzäste angehängt worden wäre und daß durch Ziehen am Gewehr, dessen Mündung sich vielleicht 10 cm vom Körper befunden hätte, Feuer gegeben worden wäre. Dabei ist indessen zu bedenken, daß es für eine derartige ausgeklügelte Manipulation vorbereitender Handhabungen durch Aussuchen einer solchen Rutenstubbe, durch

Hin- und Hertreten und durch Niederlegen bedurft haben würde. Derartige Merkmale sind aber, soweit ich mich an Hand Ihrer Akten und der Photogramme orientieren kann, nicht vorgefunden worden.

Wenn man nunmehr den Versuch unternehmen will, sich zu vergegenwärtigen, auf welche Weise ein unfallweises Erschießen zustande gekommen sein kann, so ist dabei zu berücksichtigen, daß der Hut des Verstorbenen ziemlich weit, schätzungsweise über 1 Meter entfernt vom Kopfe der Leiche am Boden lag. Das deutet darauf hin, daß der Verstorbene gestürzt ist, und auf einen Sturz deutet auch hin der bereits erwähnte Mangel von Tritt- und sonstigen Spuren im Schnee in der Umgebung der Leiche. Die Schußrichtung im Körper und der Abstand, aus dem der Schuß den Körper getroffen hat, sind sehr gut vereinbar mit der Annahme eines Unfalls, in dem Sinne, daß der Verstorbene, nachdem er aus irgendwelchen Gründen zu Fall gekommen war, wobei er Hut und Gewehr verlor, vielleicht versucht hat, das Gewehr aufzuheben oder beiseite zu schieben und daß bei dieser Gelegenheit, so wie das vorhin bereits angedeutet wurde, der Abzug des Kugellaufs durch Hängenbleiben an einem der dünnen Rutenstubben gelöst wurde. Das Gewehr hat hiernach einen Rückstoß erfahren und gleichzeitig eine seitliche Verschiebung: Darauf weisen hin die Lage des Kolbens an einem Rutenbüschel, die Anhäufung von Schnee an der Unterfläche des Kolbens und ein Laufeindruck im Schnee neben dem Gewehr gegen den Hut hin.«

Natürlich läßt sich der Gutachter abschließend auch ein kleines »Hintertürchen« offen. »Naturgemäß kann man, wie oft bei derartigen Vorgängen, zu einem völlig abschließenden Ergebnis nicht gelangen, ganz besonders da ich die Leiche am Ort ihrer Auffindung nicht gesehen habe. Wenn ich indessen das gesamte Tatsachenmaterial, das mir vorliegt, überblicke, so weisen die Befunde weitaus überwiegend darauf hin, daß der Verstorbene das Opfer eines Unfalls geworden ist, als darauf, daß er sich vorsätzlich selbst getötet hat.«

Der Tod des SA-Mannes Hentsch

Der 28. Dezember 1932 muß für Professor Kockel ein anstrengender Tag gewesen sein. Früh 8.03 Uhr startete er mit der Eisenbahn von Leipzig nach Pirna, um hier auf dem Friedhof die enterdigte Leiche eines am 08. November 1932 verstorbenen Stahlwerkarbeiters zu sezieren. Max Schneider, sein Gehilfe, begleitete ihn. Durch die Sektion im Auftrag der Mitteldeutschen Eisen-Berufsgenossenschaft sollte geklärt werden, ob ein ursächlicher Zusammenhang zwischen einem 17 Jahre zurückliegenden Unfall und dem Tod des 50 Jahre alt gewordenen Mannes bestand.

Nach dem Ende der Sektion fuhren Kockel und Schneider weiter nach Dippoldiswalde, wieder zum Friedhof. Staatsanwalt Dr. Hartmann war anwesend, als 2. Obduzent stand der Arzt Dr. Horstmann bereit. Von vornherein war die Angelegenheit klar: Es handelte sich zweifelsfrei um einen Mord, und anzunehmen war auch, daß dies ein »politischer Mord« – so eine Zeitungsmeldung – war, denn die Leiche war die eines 22jährigen SA-Mannes.

Weiter war in der Zeitung zu lesen: »Im Laufe des 26. Dezember hat sich der Wasserstand in der Talsperre Malter infolge der Eisbildung wesentlich gesenkt. Das war die Ursache, daß man am gleichen Tage unter Sand verborgen die Leiche des seit dem 4. November vermißten SA-Mannes Hentsch aus Dresden fand. Die Leiche war ... in Säcke gehüllt, die Säcke waren mit schweren Steinen belastet. Die zunächst vorgenommene äußere Besichtigung der Leiche hat ergeben, daß Hentsch offensichtlich durch einen Schuß in die Brust getötet worden ist. ... Es sei in die Erinnerung zurückgerufen, daß seinerzeit, als Hentsch verschwand, ganz besonders von nationalsozialistischer Seite bestritten wurde, daß irgendein Verbrechen in Frage kommen könnte.«

Nach der gerichtlichen Sektion erstatteten die Obduzenten Prof. Dr. Kockel und Dr. Horstmann das folgende vorläufige Gutachten:

»Hentsch ist gestorben an innerer Verblutung in die linke Brusthöhle infolge einer Schußverletzung, die die linke Lunge durchsetzt hat. Außerdem hat er eine Schußverletzung in der rechten Speiche erlitten (Steckschuß) und überdies eine oberflächliche Schußverletzung in der linken Ohr-Nackengegend und in der Gegend des rechten Handgelenks. Die beiden Letztgenannten können zusammengehören. Ein beim Entkleiden der Leiche aufgefundenes 6,35 mm Pistolengeschoß gehört zweifellos zu dem Durchschuß der linken Brust. Hentsch hat also mindestens drei Schüsse erhalten. Als Hentsch ins Wasser befördert wurde, war er bereits tot.«

Bemerkenswert war, daß kurz nach dem Verschwinden des Hentsch einige andere Dresdener SA-Leute ebenfalls spurlos verschwunden waren und bis zum Jahresende 1932 – trotz der erlassenen

Haftbefehle – noch immer nicht ermittelt werden konnten. Man vermutete sie in Italien, ein Auslieferungsantrag der sächsischen Regierung wurde fertiggestellt und nach Berlin weitergeleitet. Schenk, Fränkel und Woicik waren die Namen der gesuchten Tatverdächtigen.

So fanden sich z. B. am Schutzblech des Motorrades von Schenk, das er in der Tatnacht benutzt hatte, Blutspritzer, die nach einem entsprechenden Auftrag der Staatsanwaltschaft Dresden vom 26. Januar 1933 von Kockel hinsichtlich einer möglichen Identität der festzustellenden Blutgruppe mit der Blutgruppe des Ermordeten untersucht werden sollten. Auch war Woicik in jener Nacht mit einer blutbefleckten Hose nach Hause gekommen.

Am 24. Februar erhielt Kockel vom Untersuchungsrichter beim Landgericht Dresden, Landgerichtsrat Harazim, den Auftrag, zwei Pistolen zu untersuchen, um festzustellen, ob »gerade diese Pistolen bei der Ermordung des Hentsch Verwendung gefunden haben«.

Inzwischen hatten die Anhänger Hitlers am 30. Januar 1933 die Macht »übernommen« und eine Regierung, die »den Gesetzen einer veredelten Demokratie entspricht« (Goebbels), gebildet.

Während jener Wochen liefen im Leipziger Institut für gerichtliche Medizin die Untersuchungen im Mordfall Hentsch weiter, allerdings nur bis zum Eintreffen eines am 24. März 1933 ausgefertigten Schreibens von Landgerichtsrat Harazim: »In der Strafsache gegen Schenk und Genossen sind Sie von der Staatsanwaltschaft Dresden durch Ersuchen vom 16.1.1933 und 26.1.1933 sowie durch mein Ersuchen vom 24.2.1933 um Sachverständigen-Gutachten ersucht worden. Da mit großer Wahrscheinlichkeit anzunehmen ist, daß die Angeschuldigten auf Grund der Verordnung des Reichspräsidenten vom 21.3.1933 (RgBl. Seite 134/135) des Vorteils der Straffreiheit teilhaftig werden, bitte ich Sie, Ihre Gutachter-Tätigkeit sogleich einzustellen und weitere Anweisungen abzuwarten.«

Anfang Mai 1933 schließlich traf ein am 5. dieses Monats von einem Justizsekretär unterzeichnetes Schreiben mit »weiteren Anweisungen« im Institut ein: »In der Strafsache gegen *Schenk* und Genossen wird mitgeteilt, daß sich der Ihnen erteilte Auftrag durch den Amnestie-Beschluß erledigt hat. Sie werden gebeten, sämtliche Unterlagen zu 16 St A 3625/32 an die hiesige Staatsanwaltschaft zurückzugeben, da der Untersuchungsrichter mit der Sache nicht mehr befaßt ist.«[81]

Dabei hatte, nachdem von der Mutter des SA-Mannes Hentsch sogar in der von ihr veröffentlichten Todesanzeige schwere Vorwürfe gegen die Nazipartei erhoben worden waren, deren lokale Zeitung »Freiheitskampf« – natürlich vor dem 30. Januar – eine parteiamtliche Erklärung der NSDAP publiziert, in der betont wurde, daß keine Stelle der Partei einen gemeinen Mord begünstige oder decke oder gutheiße ...

Eine Methode für ein halbes Jahrhundert

»Widmark, Richard, amerikan. Filmschauspieler, geb. Sunrise (Minn.) 26.12.1914; spielte in vielen Western und Kriminalfilmen. Filme: Der Todeskuß (1947) ... True colours (1990).« Leider ist auch im modernen und umfänglichen »Brockhaus« dies der einzige Eintrag unter »Widmark«. Dabei gibt es einen weiteren Widmark, der, nicht nur weil sein Vorname mit »E« beginnt, sondern auch weil er bei nahezu jedem zweiten »Krimi« des täglichen Lebens jahrzehntelang seine Rolle spielte, vor dem Star Richard genannt werden müßte. Der Eintrag brauchte nicht umfangreicher als der des Westernfilmhelden zu sein, er könnte etwa so lauten:

»Widmark, Erik M.P.W., physiol. Chemiker, 1889-1945, Lund; entwickelte und beschrieb 1922 eine Methode zur Bestimmung der → Blutalkoholkonzentration.« Dann müßte allerdings unter dem Schlagwort »Blutalkoholkonzentration« auch etwas Vernünftigeres oder zumindest Verständlicheres erklärt werden als im 3. Band der 19. Ausgabe der Enzyklopädie.

Die Bedeutung der von Erik Widmark entwickelten Methode zur Bestimmung der Blutalkoholkonzentration war schon Ende der zwanziger/Anfang der dreißiger Jahre erkannt worden: »Die von dem schwedischen Professor Dr. Widmark ausgearbeitete Mikromethode zum Nachweis von Alkohol im Blut ist nach dem einstimmigen Urteil maßgeblicher Chemiker vom chemischen Standpunkt als vollkommen zu bezeichnen. Sie ist in sächsischen Laboratorien bereits mehrere Jahre ausprobiert (worden). Empfohlen wird von den Sachverständigen, gleichzeitig den Harn des Betreffenden auf Alkohol zu untersuchen und die Entnahme des Blutes in der Regel durch einen Arzt vornehmen zu lassen, der über die dabei zu beobachtenden Vorsichtsmaßnahmen unterrichtet ist und auch in der

Lage ist, das psychische Verhalten des zu Untersuchenden zu beurteilen.«

Diese Zeilen finden sich in einem Schreiben des Dresdener Landesgesundheitsamtes an das Sächsische Ministerium des Innern vom 18. Februar 1933. Darin heißt es aber auch einschränkend:»Erschwerend für die praktische Verwertung der Methode ist die rechtliche Unmöglichkeit, von einer Person wider ihren Willen Blut zu entnehmen. Die Blutuntersuchung von blutenden Verletzten stößt zwar nicht auf rechtliche Schwierigkeiten, wohl aber die Verwertung des Befundes, da der Arzt ohne Genehmigung des Betreffenden nicht über den Befund aussagen darf (§ 300 RStrGB.). Für das private Versicherungswesen ... dürfte es nicht schwierig sein, durch Einfügung einer diesbezüglichen Bestimmung in die allgemeinen Versicherungsbedingungen, die Genehmigung zur Hergabe von Blut zum Zwecke der Blutalkoholbestimmung von Versicherten zu fordern.«

Vorangegangen war diesen wenigen Feststellungen eine vom Landesgesundheitsamt einberufene Sitzung, die am 30. Januar 1933 in Dresden stattgefunden hatte; Vertreter des Justizministeriums, der sächsische Generalstaatsanwalt, beamtete Ärzte der Polizei und des Gerichts hatten teilgenommen, auch Professor Kockel war nach Dresden gekommen. Dr. Goldhahn, der auf der chirurgischen Abteilung des Leipziger Universitätskrankenhauses umfangreiche Untersuchungen mit der Widmark-Methode durchgeführt hatte, hielt den Hauptvortrag über »die Feststellung von Trunkenheit mittels Blutalkoholbestimmung«.[82]

Nach Widmarks Erfahrungen, so führte Dr. Goldhahn aus, sei ein Mensch bei einem Alkoholgehalt des Blutes von 1,6 Promille an aufwärts nicht mehr zur sicheren Führung eines Kraftwagens imstande. Für Sachsen allerdings, so Goldhahn, sei diese Zahl »verhältnismäßig hoch gewählt«, da die Leute hier wahrscheinlich weniger alkoholgewohnt seien. »Für alle Fälle ist bei Konzentrationen von über 2 Promille mit Trunkenheit und von über 2,6 Promille mit erheblichem Alkoholrausch zu rechnen.«

Nach Dr. Goldhahn sprach der an dessen Untersuchungen beteiligte Chemiker Dr. Büll; weitere kompetente Redner – Mediziner, Chemiker – folgten und waren sich einig: Die von Widmark beschriebene Mikromethode ist ein sicheres Hilfsmittel, um sich darüber zu orientieren, ob und in welchem Grade ein Kraftfahrer oder Unfallverletzter unter Alkoholwirkung steht. Die Technik müße absolut einheitlich gehandhabt werden, mögliche Fehlerquellen müsse man kennen, die Ergebnisse seien evtl. durch Mehrfachbestimmungen zu überprüfen.

Auch Professor Kockel hat sich an der Aussprache beteiligt. Er scheint jedoch kein ausgesprochener Verfechter des »Widmark« gewesen zu sein: Die Untersuchung des Blutes auf seinen Alkoholgehalt werde im Institut für gerichtliche Medizin in Leipzig seit etwa 4 Jahren bei allen zur Sektion gelangenden Verkehrsunfällen, Selbstmördern usw. vorgenommen. »Die Bestimmung des Blutalkoholgehaltes erfolgt bei uns mittels einer Makromethode (Interferometer).« Welche Methode besser sei, die Mikro- oder die Makromethode, vermöge er nicht zu entscheiden.[83]

Überhaupt scheint der alte Professor der Einführung eines organisierten Systems der Blutalkoholbestimmung in Sachsen unter ausschließlicher Beteiligung des Laboratoriums der medizinischen Abteilung des Städtischen Krankenhauses St. Georg Leipzig, des Institutes für gerichtliche Medizin der Universität, der staatlichen Landesstelle für öffentliche Gesundheitspflege in Dresden und des Labors im Sächsischen Serumwerk A.G. Dresden etwas kritisch gegenübergestanden zu haben: Als am 22. März das Sächsische Ministerium für Volksbildung bei Kockel anfragt, »ob die Untersuchungen in dem Ihnen unterstehenden Institut ausgeführt werden können, ohne daß dadurch besondere Kosten entstehen, bzw. ob derartige Kosten durch die für die Untersuchungen zu erhebenden Gebühren gedeckt werden können«, schweigt der Direktor und muß am 17. Juli vom Ministerium an die Anfrage erinnert und »um baldige Berichterstattung« ersucht werden.

Fünf Tage später antwortet Kockel schließlich recht wenig ausführlich: »An das Ministerium für Volksbildung Dresden. Auf die Anfrage vom 17./22. d. Mts. – A: 4a In 14 – teilt die unterzeichnete Direktion mit, daß die Durchführung von laufenden Alkoholbestimmungen vorerst nicht übernommen werden kann, da die zur Verfügung stehenden Arbeitskräfte durch die Sektionen und durch die Übernahme der Blutgruppenuntersuchungen voll in Anspruch genommen sind.«

Das Ministerium nahm diese Mitteilung zur Kenntnis. Aber natürlich wurden auch in Kockels Institut und schon zu seinen Zeiten Blutalkoholbestimmungen nach der Widmark-Methode durchgeführt.[84] Bis weit in die 70er und 80er Jahre hinein war »der Widmark«

– später etwas modifiziert und modernisiert –, *das* Verfahren der Blutalkoholbestimmung, an fast allen deutschen und ausländischen gerichtsmedizinischen Instituten bestens eingeführt. Erik Widmark sollte deshalb in einer neuen Brockhausedition noch vor dem Westernstar Richard W. genannt werden.

Mißgriff in die Geschichte – und: Die letzten Tage des Professors

Auf der 500. Seite seines Buches über den Reichstagsbrand [85] hat der Historiker Fritz Tobias folgendes geschrieben: »Marinus van der Lubbes sterbliche Überreste wurden auf dem Leipziger Südfriedhof verscharrt, nachdem sie im Gerichtsmedizinischen Institut der Universität Leipzig seziert worden waren. Bei einer Vorlesung des Anatomen Prof. Dr. Kockel entdeckte einer der Besucher, der nachmalige Rechtsanwalt Dr. Arno Winkler, van der Lubbes Kopf auf einem Tisch der Anatomie. Das Fallbeil hatte das Kinn durchschnitten; van der Lubbe hatte auch im Tode den Kopf zu sehr gebeugt gehalten.«

An dieser Darstellung stimmt fast nichts – außer, daß van der Lubbe auf dem Südfriedhof bestattet wurde: Früh 1/2 9 Uhr geschah das, am Montag, dem 15. Januar 1934, ein eichener Sarg aus Holland mit solidem Zinkeinsatz wurde in doppelter Tiefe versenkt.

Natürlich war Kockel kein Anatom, und er hat auch nach van der Lubbes Tod keine Vorlesungen mehr halten können. Also kann jener »nachmalige Rechtsanwalt« Winkler eine Vorlesung mit derartigem Anschauungsmaterial bei Kockel auch nicht gehört haben.

Richtig ist, daß man van der Lubbe mit dem Fallbeil hinrichtete, am Mittwoch, dem 10. Januar 1934, früh 1/2 8 Uhr. Wie das Fallbeil getroffen hat, bleibt Außenstehenden wahrscheinlich – bis zu einer Exhumierung der Leiche des Getöteten – unbekannt, denn Oberreichsanwalt Karl Werner hatte schon zwei Tage vor der Hinrichtung den Direktor des Anatomischen Institutes der Leipziger Universität, Prof. Dr. Hans Held, angewiesen, am Tage der Urteilsvollstreckung dafür Sorge zu tragen, daß der Leichnam zwar sofort in *dieses* Institut geschafft werde, aber von dort nicht darüber verfügt werden dürfe, »da zunächst noch die Angehörigen befragt werden müssen, ob sie auf einer Herausgabe des Leichnams bestehen«. Als die Angehörigen van der Lubbes am 14. Januar 1934 zusammen mit einem Beerdigungsunternehmer aus Holland in Leipzig – im Anatomischen Institut – erschienen, wurde die Leiche des Hingerichteten zwar an dessen Stiefbruder »übergeben«, die Überführung nach der Heimatstadt Leiden von Oberreichsanwalt Werner aber strikt untersagt.

Richard Kockel hingegen erlebte seine letzten Tage meist zu Hause, kaum im Institut.

Schon Mitte Dezember kann er an einer wichtigen Besprechung mit Ministerialrat von Seydewitz vom Sächsischen Ministerium für Volksbildung nicht teilnehmen: »Am 18. Dezember habe ich im Institut für gerichtliche Medizin mit Herrn Privatdozent Dr. Timm in Vertretung des erkrankten Prof. Dr. Kockel über dessen Bericht vom 9. Dezember d. J. mündlich verhandelt. Zugegen war noch Herr Univ.-Rentmeister Scholle«, schreibt von Seydewitz in einer Niederschrift.[86]

Am 29. Dezember bittet Kockel das Volksbildungs-Ministerium in Dresden um die endgültige Versetzung in den Ruhestand.

Noch einmal unternimmt Kockel eine letzte – vermutlich dienstliche – Reise: Am 30. Dezember fährt er nach Frankfurt am Main. Was

Richard Kockel auf dem Totenbett

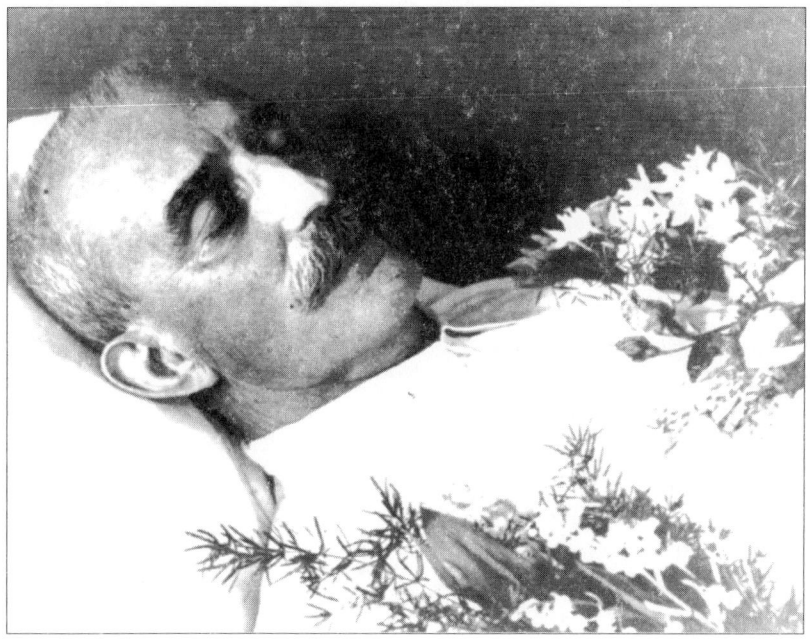

liest er auf der Fahrt? »Kopfsprung ins Leben«, ein Buch von Ludwig von Wohl ...

Am 19. Januar, es ist ein Freitag, stirbt Richard Kockel. Es ist kein plötzlicher Tod, sondern das Ende einer langwierigen Krankheit, eines Tumorleidens. Eine Sektion, so wollte es der Professor der gerichtlichen Medizin, hat stattgefunden.

Richard Kockel: Ein Leben für ein
sehr spezielles medizinisches Fachgebiet

»Sag mal, Kleinchen, bist du eigentlich mit dem Gonokokken-Neisser verwandt?« hat Richard Kockel seine zukünftige Schwiegertochter gleich am ersten Abend des Kennenlernens gefragt.[87] Viele Jahre später hat sie sich als Ehefrau seines ältesten Sohnes Carl Walter und Mutter von vier Söhnen ihrer Reaktion erinnert: »Ihr könnt euch gar nicht vorstellen, wie peinlich berührt ich durch diese unanständige Krankheit war. Ich wurde rot und sehr verlegen.« Dabei war diese Frage einfach und zu bejahen.

Auch die Vorfahren der Ehefrau Richard Kockels, »Lena«, waren Mediziner: Der Vater der am 24. März 1877 in Leipzig geborenen Helene war der Hygieniker Franz Adolf Hofmann (1843-1920), Professor an der Leipziger Universität, und ihr Großvater mütterlicherseits der ebenfalls in Leipzig tätige Internist Carl Reinhard Wunderlich, der die Fiebermessung in die medizinische Diagnostik eingeführt hat.[88]

Richard Kockels eigene Vorfahren hatten nichts mit der Medizin zu tun: Richard, nach Lotte, Adolf und Georg am 5. Januar 1865 in Dresden geboren, war der Sohn des Geheimen Schulrates im Kultusministerium des Königreichs Sachsen, Franz Wilhelm Kockel, und seiner Ehefrau Juilane Eleonore Franziska Conradine Maier, einer aus der Nähe von Bayreuth stammenden Pfarrerstochter.

Der Vater hatte nach entbehrungsreicher Kindheit und schwer erstrittener Schulamtskandidatenprüfung im Jahre 1851 zunächst eine Lehrerstelle im »Rauhen Haus« in Hamburg inne.[89] Es folgten mehrjährige Tätigkeiten als Volksschul- und Seminarlehrer. Schließlich war der inzwischen 36jährige zum Direktor des Lehrer-Seminars in Dresden-Friedrichstadt ernannt worden. Unkonventionell waren die Methoden des jungen Direktors – er besuchte z. B. mit seinen Primanern erstmals die Dresdner Hofoper: »Welch ein Aufsehen! Seminaristen, denen früher der Besuch des Theaters streng verboten gewesen war, wurden jetzt sogar von ihrem Direktor hingeführt.«[90]

Seit 1874 als Vortragender Rat und Dezernent des Volksschulwesens in das Königliche Kultusministerium berufen, erarbeitete Franz Wilhelm Kockel in den folgenden Jahren einen Lehrplan für die einfachen Volksschulen des Königreiches Sachsen, der am 5. November 1878 veröffentlicht wurde.

Sohn Richard erhielt in jenen Jahren seine erste Schulbildung in der III. Bürgerschule in Dresden, ab Ostern 1875 setzte er seine Ausbildung am Gymnasium zum Heiligen Kreuz fort. Ostern 1884 legte er – mit sehr gutem Erfolg – die Reifeprüfung ab.

Nach der Reifeprüfung folgte vom 1. April bis 1. Oktober 1884 eine staatsbürgerliche Pflichtübung für einen künftigen Beamten: der Dienst als Einjährig-Freiwilliger,[91] der in Dresden abgeleistet wurde.

Beginnend mit dem Wintersemester 1884 studierte Richard Kockel in Leipzig Medizin. Das Medizinstudium war damals wie an allen anderen deutschen Universitäten eine reine Männersache. Der Professor der Astrophysik an der Universität Leipzig, Friedrich Zöllner, hielt noch 1880 »das Studiren von Damen und ihre Zulassung an den Universitäten für eine Perversion des sittlichen Instinctes bei den ›Damen‹ und der praktischen Vernunft bei den deutschen Professoren.« Kein Wunder, denn von einem Schweizer Kollegen hatte er Erschreckendes gehört: An der Genfer Universität studierten damals bereits etwa 30 junge Damen. »Auf meine Frage, ob bei den Medicin studirenden Damen auch die Vorlesungen und praktischen Uebungen in der Anatomie in Gemeinschaft mit Studenten betrieben würden, bejahte mein College diese Frage nicht nur, sondern versicherte mir, dass er persönlich Zeuge gewesen sei, wie an ein und demselben männlichen Cadaver zwei Studentinnen sich mit dem Zerschneiden der unteren Extremitäten beschäftigten, während *gleichzeitig* zwei Studenten die Brust und den Kopf präparirten.«[92]

Die anatomischen Studien und der Inhalt anderer medizinischer Grundlagenfächer haben Kockel sehr interessiert, das Lernen fiel ihm leicht, das Physikum – die erste große Hürde im Medizinstudium – absolvierte er mit sehr guten Noten. Gewohnt hat er sehr günstig:Von der Sternwartenstraße 38 bei Frau Wirtin Schlick waren es nur wenige Minuten Weg bis zu den Hörsälen und Kliniken.

Ob der junge Student Kockel damals schon an eine zukünftige Tätigkeit als Gerichtsmediziner gedacht hat, ist nicht bekannt. Seine Dissertation, die er in jener Zeit in Arbeit nahm, war eher eine klinische Beschreibung »über einen Fall von Kompression des Rücken-

Richard Kockel im Kreise seiner Kollegen vom Pathologischen Institut (14. Juli 1894)

marks durch ein Melanosarkom«, also über einen besonderen Tumor, der z. B. von einem Pigmentfleck der Haut ausgehen kann. Promoviert hat Kockel mit dieser Arbeit am 5. März 1889, im gleichen Jahre legte er auch das Staatsexamen ab und erhielt die Approbation als Arzt. Es folgte wieder ein militärisches Zwischenspiel: ein halbjähriger Dienst als Einjährig-Freiwilliger, nun als Arzt, günstigerweise in Dresden, wo das Elternhaus nicht fern war.

Am 1. Oktober 1889 schließlich begann das eigentliche Berufsleben: Richard Kockel nahm seine Tätigkeit am Pathologischen Institut der Universität Leipzig auf. Für den jungen »stellvertretenden Assistenten« dürfte der 5. Oktober ein sehr wichtiger Tag gewesen sein: Er durfte – unter Anleitung eines erfahreneren Kollegen – seine erste Obduktion durchführen: »Frau Hille, 76 Jahre« war verstorben an »Carcinoma ventriculi, intestinii, hepatis. Abscessus vesicae. Peritonitis acuta«, d. h. an einem Magenkrebs mit all seinen schrecklichen Folgeleiden. Am gleichen Tage wurde im Institut noch ein Kind seziert: »Gertrud, 3 Jahre, verstorben an akuter Miliartuberkulose«.

Das Thema Tuberkulose hat Kockel über viele Jahre beschäftigt: Seine Habilitationschrift, die er am 22. Februar 1895 verteidigte, ist ein »Beitrag zur Histogenese des miliaren Tuberkels«, und auch in den

folgenden Jahrzehnten hat er auf den von ihm gefertigten Sektions-
protokollen den Befund »Tub« (also Tuberkulose) stets besonders vermerkt.

Nur wenige Monate dauerte diese Tätigkeit in der Pathologie,
schon am 1. Februar 1890 begann Kockel seine klinische Ausbildung
und wurde Assistent an der Medizinischen Klinik, die unter der Leitung von Prof. Heinrich Curschmann stand. Curschmann, ein wissenschaftlich sehr bedeutender Internist, hat sich in jenen Jahren besonders auch für den Ausbau und die Modernisierung der medizinischen
Universitätseinrichtungen eingesetzt: Auf seine tätige Anregung wurden 1891/92 die damals errichteten 17 Baracken um 6 neue (4 medizinische, 2 chirurgische) sowie ein Diphtheriehaus vermehrt. 9 Assi-
stentenstellen waren damals in seiner Klinik besetzt, eine davon durch
Richard Kockel. Gerade in den ersten Monaten des Jahres 1890 gab es
sehr viel zu tun: In Leipzig war eine schwere Grippeepidemie aufgetreten, und das Krankenhaus war bis auf das letzte Bett belegt. Zu Professor Curschmann dürfte Kockel einen guten Kontakt gehabt haben:
»Unter unserem großzügigen Chef war es eine Lust zu arbeiten. Von
vornherein wurde man zur Selbständigkeit erzogen und auf die eigene Verantwortung und das eigene Gewissen hingewiesen. Medizinische Anregungen gab es viel, einen Zwang fühlte man nicht, die
älteren Assistenten hatten viele Erfolge in Neuentdeckungen«,
schreibt ein junger Arzt, der in jenen Jahren ebenfalls Assistent bei
Curschmann war.[93]

Trotz der guten Bedingungen in der Klinik für innere Medizin
übernahm Richard Kockel am 1. Januar 1893 eine Assistentenstelle am
Pathologischen Institut der Universität Leipzig unter Prof. Birch-
Hirschfeld.

Der 1842 geborene Pathologe hatte selbst großes Interesse an
forensisch-medizinischen Fragen, hielt ab 1889 gerichtsmedizinische
Vorlesungen und übertrug diese Haltung zur Gerichtsmedizin auch
auf seine Assistenten. Georg Schmorl, ein Kollege und Freund Kockels
aus jenen Tagen, übernahm, als er 1. Assistent wurde, diese Vorlesungen. Als Schmorl 1894 nach Dresden ging, wurde Kockel ab August
1894 1. Assistent. Nun oblagen ihm die Vorlesungen in gerichtlicher
Medizin.

Seiner guten Leistungen und natürlich auch seiner wissenschaftlich soliden Habilitationsschrift über die Tuberkulose wegen ging es
für Richard Kockel auf der akademischen Leiter aufwärts: Am 1. Fe-

bruar 1895 erfolgte durch Beschluß des Königlich-Sächsischen Ministeriums die Zulassung als Privatdozent an der Medizinischen Fakultät. Am 25. Juni 1897 wurde er zum a. o. Professor für gerichtliche Medizin an der Universität Leipzig ernannt. Er behielt weiterhin die Stelle des 1. Assistenten am Pathologischen Institut und baute hier – mit Billigung und Unterstützung von Birch-Hirschfeld – allmählich ein »Laboratorium für gerichtliche Medizin« auf; ab 1. Oktober erhielt er einen Lehrauftrag für das Fach gerichtliche Medizin.

Am 11. Juni 1898 schließlich hielt Kockel seine Antrittsvorlesung, natürlich zum Thema: »Die gegenwärtige Bedeutung der gerichtlichen Medizin«.

Der enge Kontakt zum Institut für Pathologie, wo Kockel auch weiterhin 1. Assistent war, blieb erhalten, Birch-Hirschfeld stellte für eine zu gründende gerichtsärztliche Sammlung zwei Räume seines Instituts zur Verfügung, für die Kurse und Vorlesungen durften der Hörsaal sowie ein kleiner Sektionssaal des Pathologischen Instituts genutzt werden. »In nicht minder gütiger Weise hatte Herr Geheimrat Birch-Hirschfeld für die Beschaffung von Lehr-Material zum Zwecke des Unterrichtes in der gerichtlichen Medizin Sorge getragen, indem er dem Unterzeichneten für den forensisch-medizinischen Unterricht die Leichen Verunglückter und plötzlich Verstorbener überwies«, heißt es in einem Brief Kockels an das Königliche Ministerium vom 21. Februar 1900.

Kockels Qualitäten als Vortragender mögen das Interesse der Studierenden an der gerichtlichen Medizin – für Mediziner war die gerichtliche Medizin kein Pflichtlehrfach und erst recht kein Prüfungsfach[94] – wachgerufen haben: Die Zahl der medizinischen Hörer stieg von 13 im Sommersemester 1895 auf 28 im Sommersemester 1899, während die im Augusteum – dem Universitätshauptgebäude – für Juristen gehaltene Vorlesung über gerichtliche Medizin im Wintersemester 1897/98 von 33, im Wintersemester 1899/1900 von 53 Hörern besucht wurde.

Nach dem Tode von Birch-Hirschfeld übernahm Felix Marchand (1846-1928) im Jahre 1900 dessen Nachfolge. Obwohl Marchand die getroffenen kooperativen Abmachungen mit Kockel bestätigte, scheint dieser Zeitpunkt für von Kockel über die Fakultät an das Ministerium herangetragene Initiativen zur Gründung eines eigenen Institutes günstig gewesen zu sein. In dem bereits zitierten Brief heißt es abschließend: »Der Unterzeichnete richtet daher an das Königliche

Ministerium des Kultus und öffentlichen Unterrichts die ganz gehorsamste Bitte,

1.) zur erstmaligen Ausstattung der Abteilung für gerichtliche Medizin mit allen zum Unterricht und zur wissenschaftlichen Forschung nötigen Hilfsmitteln eine Summe von Mk. 4775,- bewilligen zu wollen;

2.) den für die Zwecke des Unterrichtes in der gerichtlichen Medizin bereits vorhandenen Etat von Mk. 350,- auf Mk. 1500,- jährlich zu erhöhen;

3.) beim Justizministerium für die Ernennung des Unterzeichneten zum Gerichtsarzt für den Landgerichts-Bezirk Leipzig sich verwenden zu wollen.«

Als »Anlagen« zum Brief finden sich in den Unterlagen von Kockel sehr detailliert erarbeitete Kostenanschläge zur »erstmaligen Einrichtung der Lehrstelle für gerichtliche Medizin an der Universität Leipzig« und zur »Unterhaltung der Lehrstelle für gerichtliche Medizin ...«

In einem von Curschmann im Auftrag der Fakultät verfaßten Schreiben an das Ministerium des Kultus und öffentlichen Unterrichts – es trägt das Datum des 15.03.1900 – werden Kockels Anliegen und Vorschläge vorbehaltlos unterstützt, gleichzeitig wird die Bitte ausgesprochen, ihn zu einem »vollwertigen Gerichtsarzt« zu ernennen.

Da das über das Kultusministerium angesprochene Justizministerium des Königreiches Sachsen wegen der bestehenden gesetzlichen Vorschriften gebunden ist und auch die »Änderung in der Stellung des Prof. Kockel als einen ausreichenden Grund zur Entlassung des gegenwärtigen Gerichtsarztes und Gerichtsassistenzarztes nicht anzusehen vermöchte«, bleibt der Universitätsprofessor für gerichtliche Medizin weiter »stellvertretender Gerichtsarztassistent«. Freilich mit dem Versprechen des Justizministeriums, »daß es aber, wenn sich einmal die Stelle des Leipziger Gerichts- oder Gerichtsassistenzarztes erledigte, in Erwägung ziehen werde, ob alsbald auf die Ernennung des Prof. Kockel zuzukommen sein werde«.[95]

Als diese Informationen an Kockel gelangten – sie wurden erst am 31.05.1900 formuliert – hatte dieser eines der wohl wichtigsten Dokumente seiner beruflichen Laufbahn längst erhalten, es war am 08.05.1900 unter der Journal-Nr. 31 eingegangen: der »Beschluß des Ministeriums des Kultus und öffentlichen Unterrichts vom 5. Mai 1900«, der den »Betrieb der Lehrstelle für gerichtliche Medizin, künftig ›Institut für gerichtliche Medizin‹«, regelte.

204

Der Elan, mit welchem Kockel die wenigen verfügbaren Räume des neugegründeten Institutes einrichtete, ist vielleicht auch ablesbar an einer »Nachricht über den Stand der Fonds für das Institut für gerichtl. Medicin aufs Jahr 1900 am 3. August 1900«: Von den insgesamt bewilligten 5785,34 Mark waren drei Monate nach der Institutsgründung bereits 4718,19 Mark verausgabt, für die folgenden 5 Monate des laufenden Jahres 1900 verblieben somit noch 1067,15 Mark. Für das Ein-Mann-Institut für gerichtliche Medizin mag das bei den damaligen Preis- und Verdienststrukturen eine beträchtliche Summe gewesen sein: Am 1. März 1900 hatte das Kultusministerium beschlossen, »das Gehalt des außerordentlichen Professors in der Medizinischen Fakultät zu Leipzig, Dr. med. Franz Richard Kockel, von dermalen 3000 M.-Pf. vom 1. April 1900 auf 4500 M.-Pf. in der Voraussetzung zu erhöhen, daß der Genannte die seither von ihm bekleidete 1. Assistentenstelle am Pathologischen Institut aufgibt«.

Kockel gab diese 1. Assistentenstelle auf und erhielt also fortan 375,- M Gehalt pro Monat. »6 Tage Montage für 1 Monteur« zur Installation elektrischer Beleuchtung, ausgeführt durch die Firma Oscar Schöppe, Leipzig, kosteten im Jahre 1900 42,- Mark. Im »Anschlag über die Kosten der Unterhaltung der Lehrstelle für gerichtliche Medizin« ist unter »IX. Bedienung« von Kockel notiert: »Aufwartung für 300 Tage – täglich 1,- ... 300,- M« – aber diese Position wurde vom Universitätsamt gestrichen.

Der erste »Diener« des Institutes war dann doch weiblichen Geschlechts: Am 1. April 1901 begann »Frau Marie Bremer, 31j., Brettschneidemüllers Frau« ihren Dienst als »Aufwarte-Frau«; sie arbeitete täglich von 8-10 Uhr vormittags im Institut »gegen Gewährung eines wöchentlichen Lohnes von 4 M«. Ein wichtiger Helfer Kockels bei wissenschaftlicher und praktischer Arbeit wurde ab 1902 der zweite Angestellte des Institutes, Richard Zöllner, ein zum Zeitpunkt der Einstellung 25jähriger Mann, dessen Arbeitszeit anfangs von 8-12 Uhr währte und mit zunächst 10,- M, wenig später mit 12,-, dann mit 15,- M wöchentlich vergütet wurde, bis schließlich ab 5. März 1903 100,- M monatlich gezahlt wurden.[96]

Kockels praktische Tätigkeit in den ersten Jahren nach der Institutsgründung läßt sich an der Zahl der »Eingänge« ablesen: 1900 waren es 181, 1905 bereits 296. In diesem Jahre erfolgte im Zuge des Neubaus des Pathologischen Institutes eine beträchtliche räumliche Erweiterung auch des gerichtsmedizinischen Institutes. Anläßlich der

Eröffnung des neuen gerichtsmedizinischen Institutes am 1. Oktober 1905 erschien eine von Kockel verfaßte Festschrift, die neben einer Darstellung der Geschichte der gerichtlichen Medizin in Leipzig auch zwei medizinische und drei kriminalistische Arbeiten Richard Kockels enthält.

In den folgenden Jahren stiegen die Arbeitsleistungen weiter: 1906 auf 417 Eingänge, 1907 auf 560. Die »amtliche Anerkennung« der wissenschaftlichen und praktischen Leistungen blieb nicht aus: In einer Verordnung vom 10. April 1911, Gutachten des Instituts für gerichtliche Medizin der Leipziger Universität betreffend, erklärte das Königlich-Sächsische Justizministerium das Institut für besonders geeignet zur Vornahme gerichtlicher Sektionen, zur makroskopischen, mikroskopischen und bakteriologischen Untersuchung von Leichenteilen, für den Nachweis und die Artbestimmung von Blutflecken, Haaren, Federn, körperlichen Geweben, für die ärztliche Untersuchung krankhafter Körperzustände, für photographische und mikrophotographische Untersuchungen von Schriftstücken und Urkunden, von Fingerabdrücken, Schartenspuren, Geschossen und Gebrauchsgegenständen aller Art.

In diesem ersten Jahrzehnt sehr erfolgreicher Arbeit fungierte Kockel, der inzwischen ausgewiesene und über die Grenzen Sachsens hinaus bekannte Universitätsprofessor der gerichtlichen Medizin, z. B. bei gerichtlichen Sektionen nur als »stellvertetender Gerichtsassistenzarzt«. Am 7. Oktober 1910 schließlich kann er dem Kultusministerium mitteilen, daß er ab 1. Oktober als Gerichtsassistenzarzt beim Königlichen Land- und Amtsgericht Leipzig verpflichtet worden ist. Wieder vergingen viele Jahre: Mit Schreiben vom 12. August 1924 wurde Kockel endlich »zum Gerichtsarzt für Leichensachen und Leichenöffnung ... bei den Leipziger Justizbehörden bestellt«.

Trotzdem blieben Auszeichnungen auch zu König Friedrich August III. Zeiten nicht aus: Zu Königs Geburtstag 1907 verlieh man dem Professor die Ehrenspange »Augustus Rex« (A. R.), 1916 erhielt er am gleichen Ehrentage »die Krone zu A. R.«. Zu seinem eigenen Ehrentag – es ist der 5. Januar 1917, also sein 52. Geburtstag – wurde ihm, dem Einjährig-Freiwilligen von 1884/1889, das »Kriegsverdienstkreuz« verliehen. Am 7. Dezember des gleichen Jahres schließlich haben »Seine Majestät der König ... allergnädigst geruht«, dem Professor »Titel und Rang als Obermedizinalrat in der III. Klasse der Hofrangordnung zu verleihen«.

Seit seinen Lehrjahren bei dem Pathologen Birch-Hirschfeld hatte sich Kockel intensiv dafür verwendet, daß die gerichtliche Medizin ein eigenständiges medizinisches Lehr- und Prüfungsfach an den deutschen Universitäten wird. In den Jahren 1917/18 bemühte er sich, die Vertreter der gerichtlichen Medizin aller deutschen Universitäten über dieses Thema zu befragen. Es gelang, ein gemeinsames Schriftstück zu erarbeiten, das, von fast allen an Universitäten tätigen Gerichtsmedizinern unterschrieben, am 31. August 1918 als »Eingabe« an den Reichskanzler Georg Graf von Hertling vom Leipziger Postamt 3 verschickt wurde. »Die Eingabe macht ... einen guten Eindruck, und die fehlenden Unterschriften stören nicht«, fand Prof. Dr. Fritz Straßmann, der Berliner Kollege. Die gesellschaftlichen Umbrüche der folgenden Monate verhinderten, daß ernsthafte Bemühungen zur Aufwertung der Gerichtsmedizin an den deutschen Universitäten unternommen wurden. Erst mit der Prüfungsordnung von 1924 wurde das Fach auch im medizinischen Staatsexamen geprüft.

An der Leipziger Universität hatten das Institut für gerichtliche Medizin und sein Direktor einen guten Ruf. 1921 wurde Kockels Lehrauftrag, der bisher auf »forensische Medizin« lautete, in einen solchen für »forensische Medizin sowie ärztliche Rechts- und Gesetzeskunde« erweitert.

Am 22. Juni 1922 erfolgte gemäß Antrag der Leipziger Medizinischen Fakultät der Universität Leipzig vom 1. Juni die Ernennung »zum ordentlichen Professor ad personam« durch das Ministerium für Kultus und öffentlichen Unterricht des Landes Sachsen.[97]

Daß Kockel mit seinen Vorlesungen bei den Studenten »ankam«, ist nicht nur der Eigenart des Faches, sondern zweifellos auch seinem rhetorischen Talent zu verdanken. Selbst fachfremde Hörer – wie Ernst Jünger, der um 1923/24 in Leipzig Naturwissenschaften und Philosophie studierte – saßen in seinen Vorlesungen.

Die naturwissenschaftlich-kriminalistischen Leistungen des Mediziners Richard Kockel sind heute allgemein anerkannt, seine wissenschaftlichen Arbeiten auf diesem Gebiet werden heute noch zitiert. Zu seinen Lebzeiten allerdings haben manche seiner medizinischen Kollegen über seine Untersuchungen an verbrannten Papieren, Geldspielautomaten, Papierbruchfalten, Vogelfedern, Messerschartenspuren, Siegellack oder über die »sachverständige Beurteilung von Geschossen in Kriminalfällen« gelächelt, wenn nicht gar auf Kongres-

Richard Kockel und Helene –
Lena – Hofmann am 12. Juni 1896,
kurz nach der Verlobung im
Leipziger Johannisthalgarten

sen darüber diskutiert, ob solche Untersuchungen überhaupt in die Hand eines Gerichtsmediziners gehörten. Kockel hat sich davon nicht beirren lassen: Zeit seines Wirkens als Direktor des Leipziger Instituts für gerichtliche Medizin hat er sich eben nicht nur als Mediziner, sondern auch als wissenschaftlicher Kriminalist verstanden. Selbst Schriftexpertisen gehörten zu seinem Arbeitsbereich, auch hier war er als Spezialist bei Gericht anerkannt. Mit Schreiben vom 14. Dezember 1915 zeigte er dem Königlichen Ministerium an, daß er »am 24. September d. J. als Sachverständiger für Schriftvergleichung und Gerichtsphotographie beim Königlichen Land- und Amtsgericht Leipzig in Pflicht genommen worden« ist.

»Er hatte ein Institut, das phantastisch funktionierte«, berichtet seine Schwiegertochter. »Es war ein Familienbetrieb. Meine Schwiegermutter war seine Sekretärin und hielt alles in Gang. Sie nannte es ›Insche‹, und es nahm sie vollkommen in Beschlag. Das war eben ihr Beruf. Seine Sachen, sein Institut, seine Interessen, seine Arbeit – das war ihr Leben. Der Haushalt kam dabei ein wenig zu kurz, aber das spielte keine Rolle. Auch meine Schwägerin hat im Institut die Schreibkraft gespielt.«

Kockels Arbeitsstil hätte eigentlich auch gut in das heutige Compu-

Richard Kockel mit seiner engsten Mitarbeiterin, seiner Ehefrau

Die ganze Familie (von links nach rechts): Lilli, Carl Walter, Richard Kockel, Heinz und Lena Kockel (1926)

Gegen Ende seiner Zeit: Richard Kockel

terzeitalter gepaßt: Er diktierte – meist seiner Frau – »in die Maschine« und korrigierte dann handschriftlich das Manuskript, verbesserte eigene Formulierungen, strich und ergänzte. Anschließend hatte Lena die Aufgabe, das Ganze noch einmal sauber abzuschreiben ... Seine Handschrift, klein und zierlich, war gut lesbar, keine »Doktorschrift«. Die Sprache seiner Gutachten ist klar und – wie es sich für einen Gerichtsmediziner gehört – frei von dem medizinischen Laien fremden Fachausdrücken.

Was den Umfang seiner Arbeit anbetrifft, so muß Kockel ein »Arbeitstier« gewesen sein: Die große Anzahl von bearbeiteten Vorgängen belegt dies, dazu kamen Vorträge und etwa 70 wissenschaftliche Veröffentlichungen, die – meist zwar ausgehend von einem konkreten Fall – nicht etwa nur diesen Fall dokumentierten, sondern oft Anregung für die wissenschaftlich-experimentelle Beschäftigung mit einem bis dahin kaum bearbeiteten Problem waren.

Alles, was der Professor hinterlassen hat, zeugt von sorgfältiger Dokumentation, in jeder Akte sind Vermerke über den Fortgang der jeweiligen Angelegenheit, Zeitungsauschnitte, Bilder u. ä. zu finden, ein Pedant allerdings ist Kockel ganz sicher nicht gewesen.

Richard Kockel hatte »Lena« – Helene Hofmann – am 14. August 1897 geheiratet. 1898 wurde Carl Walter, der spätere Geologie-Professor und Ehemann der zitierten Schwiegertochter, 1900 Tochter Lilli und 1906 Sohn Heinz geboren. Lilli studierte in Leipzig Physik und war eine der ersten Frauen in Deutschland, die in diesem Fach promovierten. Heinz wurde wie sein Vater Gerichtsmediziner. Helene Kockel hat ihren Ehemann um viele Jahre überlebt, sie starb am 24. Dezember 1957.

Weiter im Bericht der Schwiegertochter: »Mein Schwiegervater war, wie alle Mediziner, ziemlich ruppig. Er kannte keinen Sonntag, auch sonntags wurde gearbeitet, jedenfalls am Vormittag. Dazu sagte er dann immer: ›Meine Leichen faulen auch sonn- und feiertags‹. Er sowohl wie seine Frau und auch seine Tochter rochen nach Leichen, obwohl sie sich sehr sauber hielten. Er trug z. B. nur weiße Schlipse, weil die mit gekocht wurden. Natürlich jeden Tag einen frischen Kittel. Wenn man in das Institut kam, stank es nach Leichen aus dem Keller unten.«

Daß das Familienleben der Kockelfamilie allerdings unter der engagierten Tätigkeit von Vater und Mutter wirklich gelitten hätte, ist nicht anzunehmen – zu viele Fotos gemeinsamer Unternehmungen und Ausflüge existieren noch heute.

In den zwanziger und den folgenden Jahren bis zu seiner Emeritierung war Kockel umgeben von einer Reihe interessierter und dankbarer Schüler: 1923 begann Gottfried Raestrup seine Ausbildung. Später – 1934 – wird er Kockels Nachfolger werden. Auch Friedrich Timm, später Professor für gerichtliche Medizin in Jena, war ein wichtiger Schüler und qualifizierter Mitarbeiter: Als ausgebildeter Chemiker konnte er mit besonderen Aufgaben betraut werden. Sein Medizinstudium hat er teilweise nebenher absolviert.

Zum 1. April 1933 wurde Richard Kockel emeritiert, zugleich aber mit der vertretungsweisen Weiterführung des Lehrstuhls beauftragt, am 29. Dezember bat er, in den endgültigen Ruhestand versetzt zu werden.

Nur wenige Tage dieses Ruhestandes sind ihm vergönnt gewesen: Er stirbt am 19. Januar 1934 an einem Bronchialkarzinom – Schicksal eines Freundes guter Zigarren?

Obgleich »ein Bär«, war Kockel nicht nur nach Ansicht seiner Schwiegertochter, sondern auch nach den wenigen überlieferten Zeugnissen seiner Mitarbeiter »ein furchtbar netter und gemütlicher Mann«. Im Institut wurde intensiv gearbeitet, aber es ging – nach allem, was überliefert ist – freundlich und fast familiär zu. Jeder der 8 bis 10 Mitarbeiter, die in den zwanziger Jahren im Institut tätig

Eines der handwerklichen Meisterwerke
des Professors

waren, fand mit allen seinen Anliegen und Problemen beim Chef ein
offenes Ohr, erinnerte sich noch Jahrzehnte später der damalige
Laborant Kurt Hermann, und auch »Strupl« – so wurde Raestrup von
Chef und »Chefeuse« genannt – machte ähnlich gute Erfahrungen.
Der Ehefrau des ältesten Kockel-Sohnes sind weitere Eigenschaften
erinnerlich: »Mein Schwiegervater war mit den Händen ungeheuer
geschickt, und in gewisser Weise wäre es wahrscheinlich richtiger
gewesen, er wäre Ingenieur geworden. Und er hat sich ja auch als Arzt
eine andere als die Tätigkeit eines Arztes rausgesucht. Diese praktischen Fähigkeiten hat er in den frühen Jahren genutzt, als er noch
nicht so viel beschäftigt war. Er hat getischlert und fast alle Möbel in
seinem Haus selbst gemacht, alles aus massiver Eiche, die Türen auf
Rahmen gearbeitet – wie das eben früher so war. Er hat das nach Vor-
lagebüchern für Hobby-Tischler gearbeitet. Die Möbel sind im Prinzip sehr schlicht, haben ein bißchen Jugendstil-Anklang, sind ungeheuer solide gearbeitet und für unseren Geschmack schön.«

Seinen Lebensabend hat sich Richard Kockel zweifellos etwas län-
gerwährend vorgestellt, für einen Alterssitz war vorgesorgt. Der gebür-
tige Dresdener, der den größten Teil seines Lebens in der Leipziger
Tieflandsbucht verbrachte, hatte in den Zeiten, die die wenigen jährlichen Urlaubswochen voneinander trennten, immer eine Sehnsucht:
die Berge, und für 25jährige Mitgliedschaft im Alpenverein hatte er

schon in den zwanziger Jahren eine Urkunde erhalten. Einer seiner Enkel, der Geologe Dr. Franz Kockel, schreibt dazu: »Im Jahre 1923, mitten in der Inflation, kaufte er für eine Perlenkette aus dem Besitz seiner Frau einen sumpfigen Wiesenhang an einem Voralpensee im Allgäu bei Füssen – der Urtrieb des Sachsen hin zum Gebirge ließ sich nicht verleugnen. Das Grundstück wurde so ausgewählt, daß man auf keinen Fall das Ludwig-Schloß Neuschwanstein sehen konnte. Dort entwarf und baute er zusammen mit seinen Söhnen ein Haus, das im Laufe der Jahre mehrmals umgebaut und erweitert wurde. ... Hier spürt man noch auf Schritt und Tritt etwas von dem, was Richard Kokkel und Mem, seine Frau, als Persönlichkeiten waren: seine private Bibliothek mit all den heute leicht ranzig erscheinenden Bestsellern aus der ersten Dekade dieses Jahrhunderts, seine umfangreiche Krimi-Sammlung aus den zwanziger Jahren, die er sich als Eisenbahn-Lektüre zusammengekauft hatte, wenn er unterwegs war, die Jugenstil-Bilder, seine Werkstatt mit den fossil anmutenden Werkzeugen und natürlich einige der Möbel, die er selbst getischlert hatte ...«

Anmerkungen und Quellennachweise

1 Wuttke, R. (Hrsg.): Sächsische Volkskunde, Dresden: G. Schönfeld's Verlagsbuchhandlung, 1901 (2. Aufl.). Zitat: S. 230

2 Heute gilt als Maßzahl die sog. Suizidrate oder -frequenz: die Anzahl der Suizide pro 100 000 Einwohner und Jahr.

3 Recognoszierung: Wiedererkennung, Anerkennung, im Rechtswesen die Echtheit einer Person oder Sache »anerkennen«, heute im gerichtsmedizinischen Sprachgebrauch ersetzt durch den Begriff Identifizierung

4 Quelle: Stadtarchiv Leipzig, Kap. 16, Nr. 81, Bl. 12 ff.

5 Die Arbeit erschien unter dem Titel »Blausäure – ein Verbrennungsprodukt des Celluloids« in der Vierteljahrschrift für gerichtliche Medizin und öffentliches Sanitätswesen, 3. Folge, XXVI. Band (1903), S. 1-11

6 Der polnische Anatom Ludwik Teichmann (1823-1895) entwickelte eine Kristallreaktion zum Blutnachweis in Spuren (Chlorhämin-Probe), die zwar spezifisch, aber nur mäßig empfindlich ist.

7 Der Bakteriologe und Serologe Paul Uhlenhuth (1870-1957) entwickelte und publizierte 1901 – nahezu gleichzeitig mit den Berliner Medizinern A. Wassermann und A. Schütze – »eine Methode zur Unterscheidung der verschiedenen Blutarten, im besonderen zum differential-diagnostischen Nachweis des Menschenblutes«. Ihm war es gelungen, durch Einspritzung von Blutlösungen verschiedener Tierarten bzw. von Menschen in den Bauchraum von Kaninchen (intraperitoneale Immunisierung) im Blutwasser (Serum) dieser Kaninchen Antikörper zu erzeugen. Diese Stoffe bildeten – in kleinen dünnen Reagenzröhrchen – mit verdünnten Blutlösungen ein Präzipitat, einen weißlichen Ring an der Berührungsfläche beider Flüssigkeiten, wenn es sich um das gleiche Blut handelte, mit dem immunisiert worden war. Er erzeugte zuerst ein gegen Rind gerichtetes präzipitierendes Serum und vermochte mit diesem Anti-Rind-Serum unter 19 zur Auswahl angebotenen verschiedenen Tierbluten das Rinderblut zu erkennen.

In den folgenden Jahren gewann die Präzipitinreaktion mehr und mehr an Bedeutung: In der Nahrungsmittelhygiene wurde die Präzipitinreaktion bald zur Unterscheidung der verschiedenen Fleischsorten, insbesondere zur Ausschaltung von Pferdefleischbeimengungen zu Wurst- und Fleischwaren angewendet. Fälschungen von Ei- und Milchpräparaten sind ebenfalls durch die Anstellung der Präzipitinreaktion erkennbar. Auch Kaviar- und Honigfälschungen sollen auf diese Weise auszuschalten sein. In der gerichtlichen Medizin hat das Verfahren sehr rasch enorme Bedeutung für die Unterscheidung von Tier- und Menschenblut gewonnen.

Richard Kockel hat das Verfahren ab 1903 im Institut angewendet, im »Justizministerialblatt für das Königreich Sachsen« wurde bekanntgemacht, daß Staatsanwälte und Untersuchungsrichter wegen der Ermittlung der Herkunft von Blutspuren sich an das Institut für gerichtliche Medizin der Universität Leipzig wenden könnten. Durch »seine Apparate und sonstigen Einrichtungen« sei das Institut »in der Lage, jederzeit zu bestimmen, ob das irgendeinem Gegenstande anhaftende Blut von einem Menschen oder Tiere herrührt«.

8 Karl Landsteiner, der Entdecker der menschlichen Blutgruppen, hatte zwar schon 1900 im Zentralblatt für Bakteriologie »über Agglutinationserscheinungen normalen menschlichen Blutes« berichtet, aber bis man die enorme Bedeutung dieser Entdeckung voll erkannte und sie medizinisch und forensisch nutzen konnte, vergingen noch viele Jahre.

9 Prof. Dr. Felix Marchand (1846-1928) war der Direktor des Pathologischen Instituts der Universität Leipzig.

10 Noch heute gibt es in der BRD für die Durchführung von Obduktionen völlig unzureichende rechtliche Regelungen. Ein entsprechendes Gesetz ist seit vielen Jahren »in Vorbereitung« – als Novellierung des §168 StGB, der in der jetzigen Fassung besagt, daß sich strafbar macht, »wer unbefugt aus dem Gewahrsam des Berechtigten eine Leiche, Leichenteile oder die Asche eines Verstorbenen wegnimmt ...«.

Zunehmend weniger Obduktionen werden als sog. klinische Sektionen in Krankenhäusern durchgeführt. Einzige Rechtsgrundlage ist ein Gewohnheitsrecht, wonach die Zustimmung des Verstorbenen (besonders früher in sog. Sektionsklauseln von Krankenhausordnungen bei der Aufnahme des Patienten erfragt) bzw. der Angehörigen eingeholt werden muß. Die Ablehnung einer Sektion ist nicht möglich, wenn nach § 87 StPO eine sog. gerichtliche Sektion angeordnet wird (zwei Obduzenten erforderlich), bei Anordnung nach dem Bundesseuchengesetz und – allerdings nicht im modernen Sachsen – nach dem Feuerbestattungsgesetz.

»Verwaltungssektionen«, die in der DDR – nach altem österreichischem Vorbild – eine gute Tradition hatten, haben keine entsprechende Rechtsgrundlage im vereinten Deutschland. Je weniger Leichen seziert werden, desto weniger kann man einer Todesursachenstatistik (eine wichtige Grundlage gesundheitspolitischer Maßnahmen) glauben – in Deutschland beträgt die Sektionsfrequenz gegenwärtig um die 8 %.

11 Prof. Dr. Werner Spalteholz (1861-1940) war Erster Prosektor am Anatomischen Institut der Universität Leipzig.

12 Prof. Dr. Albert Neisser (1855-1916) war Dermatologe in Breslau, entdeckte 1879 den Erreger des Trippers (Gonorrhoe) und sicherte 1880-81 mit neuzeitlichen Färbemethoden den Nachweis des von G.H.A. Hansen entdeckten Lepraerregers. Die Bakteriengattung, zu der auch der Trippererreger gehört, wurde ihm zu Ehren Neisseria genannt; der Trippererreger heißt dementsprechend Neisseria gonorrhoea. Auch die übergeordnete biologische Gruppe – die Familie – trägt seinen Namen (Neisseriaceae).

13 Zitat aus: Casper, Johann Ludwig, und Carl Liman: Practisches Lehrbuch der gerichtlichen Medicin; Berlin: Verlag von August Hirschwald, 1871, S. 1210 f.

14 In den Jahren nach dem Zweiten Weltkrieg hingegen waren solche Exhumierungen sehr viel häufiger: Massengräber mit verstorbenen oder ermordeten

Kriegsgefangenen und anderen Opfern der Gewaltherrschaft der Nazis wurden von Leipziger Gerichtsmedizinern untersucht, z. B. in Zeithain bei Riesa (Tausende sowjetische Kriegsgefangene), auf dem »Judenfriedhof« in Bautzen (187 Skelette, einige mit Schußverletzungen) und im Gelände der »LOWA-Werke« Bautzen (30 Leichen, davon 24 mit Schußverletzungen, 10mal Reste sowjetischer Uniformen), in der Gemarkung Frauendorf bei Tettau (17 Skelette mit Kopfschußverletzungen) und in der Gemarkung Uhyst bei Hoyerswerda (102 skelettierte Leichen, sehr viele mit Kopfschußverletzungen). Nur in ganz wenigen Fällen gelang eine Identifizierung, nicht selten aber die Feststellung eines nichtnatürlichen Todes.

15 Quelle: Universitätsarchiv Leipzig: Rep. I/II No. 26, Bd. 1 – Acta, Mitteilungen der Facultäten zu dem Rectorats-Berichte über das letztvergangene Universitätsjahr betr.; Bl. 33 v. 24.10.1905

16 Das Institut für gerichtliche Medizin der Universität Leipzig nebst Mitteilungen aus seinem Arbeitsgebiete. Festschrift zur Eröffnung des neuen Instituts am 1. Oktober 1905. Mit 1 Plan, 10 Textfiguren und 10 Tafeln. Leipzig: J. M. Gebhardt's Verlag, 1905

17 Handbuch der gerichtlichen Medizin, hrsg. von A. Schmidtmann; Berlin: Verlag von August Hirschwald, 1905; Bd. 1, S. 724

18 Gummihandschuhe wurden zwar bereits um 1890 durch den Amerikaner Wiliam Stuart Halsted in die Chirurgie eingeführt, die Sektionstechnik profitierte jedoch davon erst Jahrzehnte später.

19 Nach den Vorschriften der StPO vom 1. Februar 1877 (§ 87) muß die (richterlich angeordnete) »Leichenöffnung im Beisein des Richters von zwei Ärzten, unter welchem sich ein Gerichtsarzt befinden muß, vorgenommen« werden.

20 Nach den preußischen »Vorschriften für das Verfahren der Gerichtsärzte bei den gerichtlichen Untersuchungen menschlicher Leichen« vom 4. Januar 1905 durfte eine Leichenöffnung wegen vorhandener Fäulnis nicht abgelehnt werden.

21 Dura: harte Hirnhaut

22 Gesetzliche Empfängniszeit (»Beiwohnungszeit«) nach § 1592 des BGB: 181.-302. Tag vor Geburt des Kindes

23 Der Augenschein ist ein Beweismittel, das die Prüfung des Zustandes einer Sache oder eines Sachverhaltes durch unmittelbare persönliche Sinneswahrnehmung (durch Sehen, Fühlen, Hören, Schmecken) durch das Gericht bezweckt.

24 Windt, C.: Über Daktyloskopie. Archiv für Kriminal-Anthropologie und Kriminalistik 12 (1903), S. 101-123

25 Kockel, R.: Über die Abnahme latenter Fingerabdrücke. Archiv für Kriminal-Anthropologie und Kriminalistik 54 (1914), S. 100-102

26 Kockel, R.: Daktyloskopisches. Deutsche Zeitschrift für die gesamte gerichtliche Medizin 13(1929), S. 77-94

27 Solche »Teilsektionen« sind heute auch in Fällen, in denen es »nur« um die Feststellung der Todesursache geht (also z. B. kein Straftatverdacht besteht), nicht mehr üblich: Bei jeder Sektion sollten unbedingt die Organe aller drei Körperhöhlen untersucht werden. Das wußte auch Kockel, denn er hatte selbst geschrieben: »Immer sind sämtliche Körperhöhlen zu eröffnen; mag es auch dem Richter oder Staatsanwalt mitunter ausreichend erscheinen, nur die eine

oder andere Höhle zu sezieren, der Arzt muß den Standpunkt vertreten, daß nur die vollständige Sektion die erwarteten Aufschlüsse zweifelsfrei zu bieten vermag.« (In: Handbuch der gerichtlichen Medizin, hrsg. von A. Schmidtmann; Berlin: Verlag von August Hirschwald, 1905; Bd. 1, S. 724).

28 Puppe, G.: Vollzug der Todesstrafe (Vortrag). Versammlungsbericht in: Zeitschrift für Medizinalbeamte 1910, S. 108-109

29 Zitat aus: Meyers Konversations-Lexikon, Bd. VI, 1875, S. 308

30 Obwohl man die Zusammensetzung des von Herodot erwähnten »Nitron« nicht genau kennt, kann man davon ausgehen, daß das Wesen der Einbalsamierung in einer Art »Einpökelung« bestand, wie auch Kockel vermutete.

31 Kockel in: Handbuch der gerichtlichen Medizin, hrsg. von A. Schmidtmann; Berlin: Verlag von August Hirschfeld, 1905; Bd. 1, S. 738 f.

32 Eingedeutscht bedeutet dies, daß man zunächst mit Hilfe einer großen Injektionsspritze durch die linke Oberschenkelschlagader Formalin in den Körper drückte, die Auffüllung des linken Beines durch die gleiche Schlagader hingegen mißlang, so daß eine größere Anzahl kleiner Einspritzungen am linken Bein erfolgten. Nates: Gesäßbacken.

33 Allerdings ist die Leichenkonservierung mittels Formalin auch heute noch nicht unüblich, wenn es um den Transport Verstorbener über Tausende von Kilometern geht: etwa in der Ferne eines natürlichen Todes gestorbene Touristen oder Opfer von Flugzeugkatastrophen.

34 Uhlenhuthsche Präzipitinreaktion: s. Anm. 7

35 Quelle: Stadtarchiv Leipzig: Kap. 15, Nr. 80, Band 1 Acta, die Leichenverbrennung betr. (1892), Bl. 6

36 Quelle: ebd.: Kap. 35, Nr.1797, Akten des Polizeiamtes der Stadt Leipzig, betreffend den Verein für Feuerbestattungen zu Leipzig, Bl. 67-69

37 Quelle: ebd.: Kap. 15, Nr. 80, Band 2; Akten, die Leichenverbrennung, jetzt: Feuerbestattung betr., Bl. 306 bzw. 303

38 zit. nach: Beilage zu den Verhandlungen der Sächsischen Volkskammer; 1920, Nr. 83, S. 8 f.

39 Aus einem Schreiben des Ministeriums des Innern, IV. Abteilung (unleserl. Unterschrift) an Prof. Dr. Kockel vom 4. Januar 1921

40 Oertel: Die strafrechtliche Behandlung der Geldspielautomaten. Deutsche Juristenzeitung 1909, Nr. 20

41 Kockel, R.: Die Grundzüge der sachverständigen Prüfung von Geldautomaten. Archiv für Kriminal-Anthropologie und Kriminalistik 39 (1910), S. 236-276

42 Ganz versteckt im umfangreichen »Hagers Handbuch der Pharmazeutischen Praxis«, (Berlin – Heidelberg: Springer Verlag, 1998; Band 9, Seite 581) findet man folgenden Satz:»Hinweis: Unter Oleum (rauchende Schwefelsäure) versteht man reine H_2SO_4, die SO_3 in gelöster Form enthält. Ca. 33 % H_2SO_4 (entspr. dem Leitfähigkeitsmaximum) wird als sog. Akkumulatorensäure verwendet.«

43 Bis zum 1. April 1924 setzten sich die zur Aburteilung besonders schwerer Straftaten an den Landgerichten bestehenden Schwurgerichte aus drei richterlichen Mitgliedern und 12 lediglich zur Entscheidung über die Schuldfrage berufenen Geschworenen – rechtlich nicht vorgebildete ehrenamtl. Richter – zusammen. Nach Schluß der Beweisaufnahme wurden den Geschworenen die

von den Richtern schriftlich formulierten Schuldfragen vorgelegt, die mit Ja oder Nein zu beantworten waren und über die die Geschworenen allein, ohne Mitwirkung der richterlichen Mitglieder, entschieden. Das eigentliche Urteil, insbesondere die Entscheidung über die Strafe, hatte auf der Grundlage des Schuldspruches der Geschworenen nur das Richterkollegium zu fällen. Seit 1972 werden die an Gerichten tätigen Laienrichter »Schöffen« genannt.

44 Mit der Einführung der Gewerbeordnung im Jahre 1869 wurde – ohne Rücksicht auf die fachliche Eignung des Behandelnden – eine allgemeine »Kurierfreiheit« möglich, d. h., es konnte jedermann Heilbehandlungen nach eigenem Ermessen durchführen. Bis zum Erlaß eines Heilpraktikergesetzes am 17.02.1939 war es nicht möglich, Kurpfuscher – solange bei ihrer Tätigkeit nichts »schiefging« – strafrechtlich zu belangen.

45 Zitat aus: »Sachsen unter König Albert« / Die Entwicklung des Königreiches Sachsen auf allen Gebieten des Volks- und Staatslebens in den Jahren 1873-1898. Leipzig: Sächsischer Volksschriften-Verlag, o. J., S. 215

46 Sepsis nach Diabetes-Gangrän: Blutvergiftung nach durch die Zuckerkrankheit bedingtem Gewebsuntergang (Brand)

47 Das hier auszugsweise vorgestellte, im Jahre 1911 von Richard Kockel gefertigte erbbiologische Ähnlichkeitsgutachten ist ein Beweis dafür, daß auch in renommierten gerichtsmedizinischen Lehrbüchern (Praxis der Rechtsmedizin für Mediziner und Juristen, hrsg. von B. Forster, 1986) nicht immer alles stimmt, was sich über Jahrzehnte durch die wissenschaftliche Literatur geschleppt hat: »Das erste gerichtliche Ähnlichkeitsgutachten wurde 1926 von Reche in Wien erstattet« (S. 339). Der zitierte Satz ist nur insofern richtig, als der Nazi-Anthropologe Otto Reche – später Schöpfer des Begriffes »Sippenschande« (als Ergänzung zu »Rassenschande«) – 1926 in der »Österreichischen Richterzeitung« ein entsprechendes Gutachten publizierte.
Bis weit in die achtziger Jahre hinein wurden erbbiologische Gutachten dann erstellt, wenn Blut- und Serumuntersuchungen in Vaterschaftssachen kein eindeutiges Ergebnis erbrachten, sie waren dann sozusagen die »ultima ratio«, die letzte Möglichkeit, dem Gericht bei der Vaterfindung behilflich zu sein.

48 Kockel, R.: Beitrag zur kriminalistischen Bedeutung der Geruchsdiagnose. Deutsche Zeitschrift für die gesamte gerichtliche Medizin 6 (1926), S. 1-4

49 Zitat aus: Casper, J. L., und C. Liman: Practisches Handbuch der gerichtlichen Medicin, 5. Auflage. Berlin: Verlag von August Hirschwald, 1871, S. 829

50 Diese Therapieempfehlung stammt aus dem modernen »Lehrbuch der Inneren Medizin«, hrsg. von Siegenthaler, W. Kaufmann, H. Hornbostel und H. D. Waller (Stuttgart – New York: Georg Thieme Verlag, 1992, S. 1376) – die Gabe von Ethanol verzögert den Abbau des Methanols und verhütet somit besonders drastische Vergiftungserscheinungen.

51 Als Embryo wird der menschliche Keim bis zur Herausbildung der Organanlagen, bis zum Verschwinden der sog. Kiemenspalten und dem Beginn der Gesichtsentwicklung verstanden, etwa ab 85. Schwangerschaftstag wird das im Mutterleib heranwachsende Kind als Fötus (auch: Foet, Fetus, Fet) bezeichnet.

52 Die Arbeit erschien in der Zeitschrift für mikroskopisch-anatomische Forschung 20 (1930), S. 175-184.

53 O. Grosser hatte 1927 ein Buch über die »Frühentwicklung, Eihautbildung und Placentation des Menschen und der Säugetiere« verfaßt. W. von Möllendorff beschrieb 1921 das »jüngste bisher bekannte Abortivei« des Menschen, das den wissenschaftlichen Namen »Ei SCH« erhielt.

54 Der Vortrag wurde veröffentlicht in: Vierteljahresschrift für gerichtliche Medizin und öffentliches Sanitätswesen, 3. Folge, XLVII. Band. Suppl.-Heft (1914), S. 150-167.

55 Exceptio plurium (lat., eigtl. Ausnahme … plurium): die bei der Feststellung der Vaterschaft bedeutsame Einrede des Mehrverkehrs (§ 1600 des BGB)

56 § 51 StGB behandelte die Zurechnungsunfähigkeit eines Täters; Absatz 1 lautete damals: »Eine strafbare Handlung ist nicht vorhanden, wenn der Täter bei Begehung derselben sich in einem Zustand von Bewußtlosigkeit oder krankhafter Störung der Geistestätigkeit befand, durch welchen seine freie Willensbestimmung ausgeschlossen war.«

57 Siehe z. B. Prokop, O.: Lehrbuch der gerichtlichen Medizin. Berlin: VEB Verlag Volk und Gesundheit, 1960, S. 63

58 Im Zweiten Weltkrieg war nach dem § 5 der Kriegssonderstrafrechtsverordnung »wegen Zersetzung der Wehrkraft« mit der Todesstrafe bedroht, »wer es unternimmt, sich oder einen anderen durch Selbstverstümmelung, durch ein auf Täuschung berechnetes Mittel oder auf andere Weise der Erfüllung des Wehrdienstes ganz, teilweise oder zeitweise zu entziehen«. Die sachverständige Beurteilung solcher Vorkommnisse war oftmals Aufgabe von Gerichtsmedizinern, aber auch von Truppenärzten.

59 Zitat aus: »Der Spiegel« 2/1999, S. 182

60 Fischer-Dückelmann, Anna: Die Frau als Hausärztin. Ein ärztliches Nachschlagebuch für die Frau. Stuttgart: Süddeutsches Verlags-Institut, 1908

61 Unter »postmortaler Dekomposition« ist der Abbau des Organismus nach dem Tode zu verstehen. Günstige Voraussetzungen, um z. B. eine weitgehende Konservierung der Leichen, die Bildung von sog. Fettwachs (Adipocire), stinkende Fäulnis oder Mumifizierungsvorgänge zu vermeiden, sind die Anwesenheit von Sauerstoff und entsprechenden Mikroorganismen (aerobe Bakterien) sowie eine bestimmte Temperatur und – von der Bodenbeschaffenheit abhängig – ein ungehinderter Abgang der Fäulnisgase.
Die Bestattung der auf Schlachtfeldern gefallenen Menschen und Tiere war somit eine wichtige hygienische Aufgabe, die auch der Verhinderung von Seuchen diente.

62 Schlegel: Der Mord an der Witwe W. Deutsche Zeitschrift für die gesamte gerichtliche Medizin 5 (1925), S. 63-65

63 Ganzoni, M.: Die Ursachen und die Verhütung der Liftunfälle mit Berücksichtigung des vorliegenden Entwurfes von Vorschriften über Bau und Betrieb von Aufzügen. Zürich: Druck und Verlag Art. Institut Orell Füssli, 1918

64 Aus einer Zeitungsmeldung (»Leipziger Volkszeitung«) vom 17./18.04.1999: »Ein dreijähriges Mädchen ist gestern … in einem Grünauer Hochhaus … mit seinem Bruder im Fahrstuhl des 16-Geschossers in der Stuttgarter Allee 30 zwischen der dritten und vierten Etage steckengeblieben. … Ersten Ermittlungen zufolge war es dem 13jährigen gelungen, die Tür des Aufzugs zu öffnen. Er

kletterte heraus und versuchte seine Schwester zu befreien. Dabei rutschte ihm das Mädchen aus den Händen. Es fiel mehrere Meter tief in den Schacht ... (und) starb noch am Unfallort.«

65 Kockel, R.: Die gerichtliche Sektion. In: Handbuch der biologischen Arbeitsmethoden, Abt. 4, Teil 12. Hrsg.: Emil Abderhalden. Berlin und Wien: Urban & Schwarzenberg, 1923

66 Sohn Heinz studierte während dieser Zeit noch Medizin, verbrachte natürlich – wie alle Mitglieder der Familie Kockel – einen erheblichen Teil seiner Zeit im Institut und half (es waren Semesterferien) also auch als »Sektionsgehilfe« bei Auswärtstouren.

67 Lexikon der Rechtsmedizin, hrsg. von H. Hunger, W. Dürwald und H. D. Tröger. Leipzig: Johann Ambrosius Barth / Kriminalistik Verlag, 1993, S. 178

68 Bulbi: Augäpfel

69 Xeroform: pulverförmige Substanz, die Formaldehyd abgibt

70 Formaldehyd: Methanal, chem. HCHO, farbloses, stechend riechendes, in Alkohol und Wasser lösliches Gas (»Formalin«), das Eiweißkörper denaturiert und vielfältig eingesetzt wird, in der Gerichtsmedizin u. ä. Fächern z. B. zur Härtung und Fixierung von Organmaterial.

71 Kockel, R.: Die gerichtliche Sektion. In: Handbuch der biologischen Arbeitsmethoden, hrsg. von Emil Abderhalden. Berlin und Wien: Urban & Schwarzenberg, 1923

72 Moderne morphologische Methoden zur Identifizierung sind z. B. die sog. Superprojektion: Projektion des Schädels bzw. entsprechender Röntgenaufnahmen in ein Foto (z. B. Paßfoto) einer vermuteten Person, aber auch die Rekonstruktion von verlorengegangenen Weichteilen etwa bei Funden weitgehend skelettierter Leichen (durch spezialisierte Experten). Daneben hat die DNA-Diagnostik in den letzten Jahren für die Identifizierung enorme Bedeutung erlangt.

73 Zum Tierversuch heißt es in einem großen mikrobiologischen Lehrbuch der sechziger Jahre (Wildführ, G.:): Man setzt bei der Maus oder dem Meerschweinchen in der Gegend der Schwanzwurzel eine Wunde und bringt das Untersuchungsmaterial, evtl. zusammen mit kleinen Holzstückchen, in eine Hauttasche ein. Bei Vorhandensein von Tetanussporen wird bald eine mäßige Vermehrung der Tetanusbazillen mit Toxinbildung einsetzen. Das Tier wird unter den charakteristischen Erscheinungen eines Tetanus im Verlauf von 1-3 Tagen zugrunde gehen. Die sich zunächst in der Umgebung der Infektionsstelle entwickelnde Muskelstarre greift fortschreitend auf die benachbarten Muskelgruppen und schließlich auf das Zwerchfell über. Das Tier stirbt in Robbenstellung, d. h. mit nach hinten krampfartig ausgestreckten Beinen. Nicht selten aber versagt der Tierversuch, und gelegentlich täuscht er auch nach der positiven Seite.

74 Kockel, R.: Eine neue Methode des Versicherungsbetrugs: Der Fall Tetzner. Deutsche Zeitschrift für die gesamte gerichtliche Medizin 21 (1933), S. 112-119

75 Landsteiner, K., und M. Richter: Über die Verwerthbarkeit individueller Blutdifferenzen für die forensische Praxis. Zeitschrift für Medizinalbeamte 16 (1903), S. 85-89

76 Raestrup, G.: Die Blutgruppenkunde in der gerichtlichen Medizin. In: Hand-

buch der Blutgruppenkunde, hrsg. von Dr. Paul Steffan. München: J. F. Lehmanns Verlag, 1932
Ursprüngliche Absicht des Verlegers Lehmann war, in dem Buch durch zahlreiche Autoren »die Beziehungen der Blutgruppen zu den menschlichen Rassen darstellen« zu lassen. Die Nutzung der Blutgruppenzugehörigkeit zu einer »Rassendiagnostik« i. S. der Nazi-»Ideologie« gelang jedoch zu keiner Zeit.

77 Brecht, B.: Über die Popularität des Kriminalromans. In: Der wohltemperierte Mord, hrsg. von Viktor Zmegac. Frankfurt a. M.: Athenäum Verlag, 1971, S. 97

78 Gallenfarbstoffe entstehen hauptsächlich durch den Abbau des beim Untergang von roten Blutkörperchen frei werdenden Hämoglobins: Aus dem roten Blutfarbstoff entsteht durch Oxidation das grüne Biliverdin, aus diesem durch Reduktion das gelbbraune Bilirubin. Das Bilirubin wird über die Leber mit der Galle in den Darm ausgeschieden und dort teilweise von Bakterien zu sog. Sterkobilinogenen umgebaut. Die Farbe von Kot ist auf diese Gallenfarbstoffe zurückzuführen.

79 Schon makroskopisch können Hinweise durch Speisereste gewonnen werden. Mikroskopisch wird nach Darmparasiten und deren Eiern gesucht, da ein solcher Befund Anhaltspunkte für die Herkunft einer Kotspur liefern kann. Der bakteriologische Nachweis von sog. Coli-Bakterien wird als charakteristisch für Kot zur Unterscheidung von Spuren durch andere Substanzen gewertet.

80 Die Gutachten stammten von Dr. Buss, einem Sachverständigen aus Berlin, und von Prof. Dr. Popp, dem Leiter des privaten »Institutes für gerichtliche Chemie und Mikroskopie« in Frankfurt a. Main, und waren bereits im Februar 1930 erstellt worden.

81 Der »Amnestie-Beschluß« wurde gemäß »Verordnung des Reichspräsidenten über die Gewährung von Straffreiheit vom 21.3.1933« wirksam.

82 Die Arbeit erschien unter dem Titel: »Blutalkoholbestimmung bei Unfällen« in der Zeitschrift »Klinische Wochenschrift« 1932, Nr. 44, S. 1834

83 In den zwanziger Jahren unterschied man Mikro- und Makromethoden für die Alkoholbestimmung – für Mikromethoden brauchte man wenig Blut (z. B. aus Ohrläppchen oder Fingerbeere, auch bei Versuchen mit kleinen Labortieren eingesetzt), für Makromethoden entnahm man mit einer gewöhnlichen Injektionsspritze dem Probanden etwa 10 ml Blut. Für forensische Zwecke waren damals Makromethoden besser geeignet. Blut, aber auch Urin und Organmaterial (bei Leichen) wurden in allen Fällen erst sorgfältig destilliert, am Destillat erfolgte dann mittels eines optischen Meßinstrumentes (Interferometer nach Loewe) die Ermittlung des Alkoholgehaltes. Als chemische Methode wendete man z. B. die Bichromatmethode nach Nicloux an. Außerdem gab es qualitative, für forensische Belange wenig geeignete Nachweisverfahren. Ein wirklicher Durchbruch gelang mit dem von Widmark beschriebenen Verfahren. Prinzip des (Original-) Verfahrens: In einem geschlossenen Glasgefäß verdampft während der Reaktionszeit in einem Thermostat aus einem Näpfchen das Ethanol aus der genau eingemessenen (0,10 ml oder 0,1 g) Blut- bzw. Urinprobe und reagiert mit einer vorher genau dosierten Menge Kaliumdichromat-Schwefelsäure, indem diese durch Oxidation des Ethanols reduziert wird. Der Verbrauch

an Kaliumdichromat ist dem Ethanolgehalt der Probe äquivalent und wird jodometrisch durch Titration mit Natrium-Thiosulfatlösung bestimmt.

84 Verständlich wird Kockels leicht widerspenstige Haltung gegenüber den Sächsischen Ministerien wahrscheinlich nur bei Kenntnis der in den Jahren 1932/33 ständig geführten Verhandlungen wegen bestimmter Einzelheiten im Zusammenhang mit Blutgruppenbestimmungen in Vaterschaftssachen.

85 Tobias, Fritz: Der Reichstagsbrand. Köln: G. Grote'sche Verlagsbuchhandlung, 1962

86 Quelle: Sächs. Hauptstaatsarchiv Dresden, MfV. Nr. 10209/3, Bl. 140-143

87 s. Anm. 12

88 Wunderlich (1815-1877) »war sicher einer der hervorragendsten inneren Kliniker seiner Zeit. ... Sein Hauptverdienst erwarb sich Wunderlich ... durch die Einführung regelmäßiger Temperaturmessungen bei fieberhaften Krankheiten und durch den Nachweis des charakteristischen Fieberverlaufs bei diesen Infektionskrankheiten. Den ›Fieberkurven‹ blieb sein Hauptinteresse bis in seine letzte Zeit zugewandt, so daß man im Scherz Wunderlich manchmal den Vorwurf machte, daß er seine klinische Visite mehr bei den Fieberkurven als bei den Kranken selbst machte«, schrieb Adolf Strümpell, einer seiner Schüler und später selbst Professor für innere Medizin in Leipzig in seinem autobiographischen Buch »Aus dem Leben eines deutschen Klinikers«.

89 Das »Rauhe Haus« ist eine 1833 von dem christlichen Sozialisten Johann Heinrich Wichern (1808-1881) in Hamburg-Horn gegründete Anstalt der Inneren Mission zur Betreuung gefährdeter Jugendlicher (Jungen) mit angeschlossener Ausbildungsanstalt für die Erzieher (Brüderhaus). Es wurde mit der Hinführung zu selbständiger Mitarbeit und der Erziehung in »Familienhäusern« richtungweisend für die Fürsorgeerziehung. Zum Rauhen Haus gehörten bereits damals Werkstätten, eine Druckerei, ein Schulhaus sowie landwirtschaftliche Betriebe. Das Rauhe Haus gliedert sich heute in die Abteilungen Jugend-, Behinderten-, Altenhilfe und Sozialpsychiatrie (mit Fachschule für Altenpflege), Diakonenanstalt mit evangelischer Fachhochschule, der evangelischen »Wichern-Schule« (allgemeine Privatschule), Brüder- und Schwesternschaft, Landwirtschaft. Außerdem besteht ein wissenschaftliches »Institut für soziale Praxis«.

90 Zitat aus: Franz Wilhelm Kockel. Aus dem Leben eines sächsichen Schulmannes. Nebst Festgabe früherer Schüler. Dresden: Verlag von Alwin Huhle, 1900, S. 52
»Herrn Geheimen Rat Franz Wilhelm Kockel, Dezernenten für das Volksschulwesen im Königl. Sächs. Ministerium des Kultus und öffentlichen Unterrichts, Komtur hoher Orden, in Ehrerbietung und Dankbarkeit gewidmet von früheren Schülern«

91 Die »Einjährig-Freiwilligen« erstrebten durch freiwilligen Eintritt in den Militärdienst eine Abkürzung der gesetzlichen Dienstzeit, sie bildeten in Deutschland den Ersatz für die Offiziere der Reserve und der Landwehr. Man verlangte von ihnen die Reife für die Gymnasial-Sekunda, die entweder durch Schulzeugnisse der dazu ermächtigten Schulanstalten oder durch eine am Sitz der Bezirksregierungen vor einer Kommision zu bestehenden besonderen Prüfung nachzuweisen war. Während des Dienstjahres hatten sie sich aus eigenen Mitteln zu

kleiden und für ihren Unterhalt zu sorgen. Die Waffengattung sowie den Truppenteil, wo sie dienen wollten, konnten sie selbst wählen. Einjährig-Freiwillige traten bei allen Waffen zum 1. Oktober, bei der Infanterie auch am 1. April jeden Jahres ein. Nach Ablegung eines Reserveoffizierexamens konnten Einjährig-Freiwillige bei der Entlassung zu Unteroffizieren ernannt werden, die übrigen wurden als Gemeine mit sechsjähriger Reserveverpflichtung den Landwehrbezirkskommandos überwiesen.

92 Zitat aus: Zöllner, F.: Über den wissenschaftlichen Mißbrauch der Vivisektion mit historischen Dokumenten über die Vivisektion von Menschen. Leipzig: Commissionsverlag von L. Staackmann, 1880, S. 182 f.

93 Zitat aus: Eggebrecht, Ernst. Vom Jungsein und Altern. Selbstverlag, o. J., S. 45 f.

94 Die »Prüfungsordnung für Ärzte« vom 28.05.1901 schrieb zwar den Nachweis für einen Besuch einer Vorlesung in gerichtlicher Medizin vor (§ 25), überließ aber die Überprüfung der erworbenen Kenntnisse anderen Fächern: »Bei den einzelnen Prüfungsfächern sind ihre Geschichte, und, soweit solche vorhanden, ihre Beziehungen zur gerichtlichen Medizin nicht unberücksichtigt zu lassen«, hieß es im § 47.
Die Prüfungsordnung vom 25.07.1924 erklärte im § 26 die Gerichtsmedizin im medizinischen Staatsexamen zum Prüfungsfach, im § 51 wurde erläutert: »Die Prüfung in der Gerichtlichen Medizin erfolgt mündlich; sie ist in einem Tag von einem Prüfer abzunehmen. Der Kandidat hat nachzuweisen, daß er über die für einen praktischen Arzt wichtigen Lehren der Gerichtlichen Medizin sowie die Versicherungsmedizin, ferner über die Grundregeln der Gutachtenerstattung, endlich auch über die Rechte und Pflichten des Arztes unterrichtet ist.«

95 Gerichtsärzte waren in Sachsen in der Regel nur die Bezirksärzte, Anstaltsbezirksärzte und festangestellten Gerichtsärzte, die die staatsärztliche Prüfung abgelegt hatten. Jedem Landgericht und meist auch jedem Amtsgericht war ein Gerichtsassistenzarzt beigegeben.

96 Zu dem vorstehenden Text s. Herber, F.: Das gerichtsmedizinische Universitätsinstitut im »Königreich Sachsen«: Präliminarien und Details einer Institutsgründung vor 88 Jahren. In: Beiträge zur Geschichte der gerichtlichen Medizin (Leipzig) 1 (1988), S. 72-82 (dort auch archivalische Quellenangaben).

Alle in diesem Buche beschriebenen Vorfälle sind dokumentarisch belegt und haben sich wie geschildert zugetragen. Einem möglichen Vorwurf der Verletzung des Schutzes des Lebensbildes oder des Schutzes des Rechtes am eigenen Bild gegen Herabwürdigung und Erniedrigung wurde – sofern dies dem Verfasser erforderlich erschien – durch Veränderung von Namen und anderen privaten Details vorgebeugt.

Hervorhebungen in Zitaten stammen vom zitierten Autor und sind kursiv gesetzt.

Die Originalzitate wurden in der damaligen Rechtschreibung wiedergegeben.

Die Abbildungen stammen aus der Schriftgutsammlung des Instituts für Rechtsmedizin der Universität Leipzig, aus dem Archiv der Familie Kockel und dem Archiv des Verfassers.